VISIÓN DE LOS VENCIDOS
RELACIONES INDÍGENAS DE LA CONQUISTA

Visión de los vencidos
Relaciones indígenas de la Conquista

Introducción, selección y notas
Miguel León-Portilla

Versión de textos nahuas
Ángel María Garibay K.
Miguel León-Portilla

Ilustraciones de los códices
Alberto Beltrán

Universidad Nacional Autónoma de México
México, 2020

Catalogación en la publicación UNAM. Dirección General de Bibliotecas
Nombres: León-Portilla, Miguel, 1926-2019, editor, traductor. |
Garibay K., Ángel María (Garibay Kintana), 1892-1967, traductor. |
Beltrán, Alberto, 1923-2002, ilustrador.
Título: Visión de los vencidos : relaciones indígenas de la conquista /
introducción, selección y notas Miguel León-Portilla ; versión de textos
nahuas, Ángel María Garibay K. y Miguel León-Portilla ; ilustraciones
de los códices Alberto Beltrán.
Descripción: Vigésima novena edición, corregida y aumentada. |
México : Universidad Nacional Autónoma de México, Coordinación
de Humanidades, 2007. | Serie: Biblioteca del estudiante universitario ;
81. | Reimpresiones: (1a, 2008) -- (2a, 2009) -- (3a, 2010) -- (4a, 2011)
-- (5a, 2012) -- (13a, 2020) -- (14a, 2020).
Identificadores: LIBRUNAM 1121077 | ISBN 978-970-32-4469-0.
Temas: Náhuatl - Textos. | México – Historia - Conquista, 1519-1540.
Clasificación: LCC F1230.L5 2007 | DDC 972.02—dc23

Ediciones de la Biblioteca del Estudiante Universitario:
1959; 1961; 1963; 1969; 1971; 1972; 1976; 1980; 1982; 1984; 1987; 1989;
1992; 1997; 1998; 1999; junio y noviembre de 2000; 2001; marzo y agosto de
2002; abril y julio de 2003; abril y noviembre de 2004; mayo y diciembre de 2005;
2006; edición corregida y aumentada: 2007; 2008; 2009; 2010; 2011; 2012;
2013; 2014, 2015, 2016, 2017, 2018, 2019 y enero de 2020.

Edición cubana, Casa de las Américas: 1969
Edición SEP/UNAM: 1981
Edición española, Historia-16: 1985, con varias reimpresiones
Edición venezolana, Biblioteca Nacional de Venezuela: 2007
Edición H. Ayuntamiento de Texcoco 2016-2018-UNAM: 2016
Edición conmemorativa por los sesenta años de la primera edición: 2019
Existen también ediciones en: inglés, francés, italiano, alemán, hebreo,
polaco, sueco, húngaro, serbocroata, portugués, japonés, catalán, otomí,
checo, esperanto, coreano, chino mandarín, náhuatl, rumano y braille.

Diseño de portada: Pablo Rulfo

Décima cuarta reimpresión de la vigésima novena edición: marzo de 2020

DR © 2020, Universidad Nacional Autónoma de México
        Ciudad Universitaria, Alcaldía Coyoacán
        04510 Ciudad de México

        COORDINACIÓN DE HUMANIDADES
        DIRECCIÓN GENERAL DE DIVULGACIÓN DE LAS HUMANIDADES
        Programa Editorial

ISBN 978-970-32-4469-0

Impreso y hecho en México

Prefacio

En esta nueva edición he incluido dos capítulos que, según creo, enriquecen al conjunto de testimonios sobre la invasión o conquista de México contemplada desde la perspectiva indígena.

Uno de ellos, que aparece como capítulo XVII, se intitula "Lo que siguió". En él se reúnen expresiones, todas originalmente en náhuatl, a partir de una carta escrita en 1556 por varios nobles mexicas dirigida a quien llegaría a ser Felipe II, dándole a conocer los agravios de que era víctima el pueblo indígena. El conjunto de estos testimonios comprende además evocaciones como las que acompañaron a la "Danza de la gran Conquista". Textos también de gran fuerza de expresión son los manifiestos en náhuatl de Emiliano Zapata, difundidos en 1918. Y de momentos más cercanos, la denuncia de Joel Martínez Hernández y un bello poema de Natalio Hernández Xocoyotzin, ambos maestros de estirpe náhuatl.

En el otro capítulo, incluido como el XVI, presento un antiguo cantar con su texto original en náhuatl y con traducción al castellano. Compuesto ese canto hacia mediados del siglo XVI, forma parte de la colección preservada en la Biblioteca Nacional de México. Titulado Tlaxcaltecáyotl, en él aparecen mencionados los principales personajes que tomaron parte en el violento enfrentamiento que se desarrolló durante el sitio de México-Tenochtitlan.

La visión de los vencidos y de sus hijos, nietos y otros descendientes reaparece en estos testimonios que nos hablan de "Lo que siguió" hasta llegar al presente. Su voz es de resuelta afirmación. No piden favor o limosna. Los pueblos originarios exigen ser escuchados y tomados en cuenta. Conocen sus derechos y por ellos luchan. La palabra, con la dulzura del náhuatl y de otras muchas lenguas vernáculas de México, comienza a resonar con fuerza. En un mundo amenazado por una globalización rampante, es ella prenuncio de esperanza. Nos hace ver, entre otras muchas cosas, que las diferencias de lengua y cultura son fuente de creatividad perdurable.

MIGUEL LEÓN-PORTILLA
Ciudad Universitaria, UNAM

Introducción general

Revelación y asombro para los europeos de los siglos XVI *y* XVII, *fueron las crónicas, noticias y relaciones de los descubridores y conquistadores del Nuevo Mundo. Europa —continente antiguo, poseedor de larga historia— mostró avidez por conocer las extrañas formas de vivir de esos "pueblos bárbaros", que sus navegantes, exploradores y conquistadores iban "descubriendo".*

Los datos aportados, con espontaneidad o con doblez, por los "cronistas de Indias", se recibieron en Europa con el más vivo interés. Pudieron convertirse algunas veces en tema de controversia, pero nunca dejaron de ser objeto de reflexión. No sólo los conquistadores y los frailes misioneros, sino también los sabios y humanistas europeos, los historiadores reales, intentaron forjarse imágenes adecuadas de las diversas realidades físicas y humanas existentes en el Nuevo Mundo.

Los resultados fueron diversos. Hubo "proyecciones" de viejas ideas. Se pensó, por ejemplo, que determinados indígenas eran en realidad los descendientes de las tribus perdidas de los judíos. Tal es el caso de fray Diego de Durán a propósito del mundo náhuatl. Otras veces las relaciones e historias eran una apología más o menos consciente de la Conquista, como en el caso de Hernán Cortés. En algunas crónicas aparecen los indígenas del Nuevo Mundo

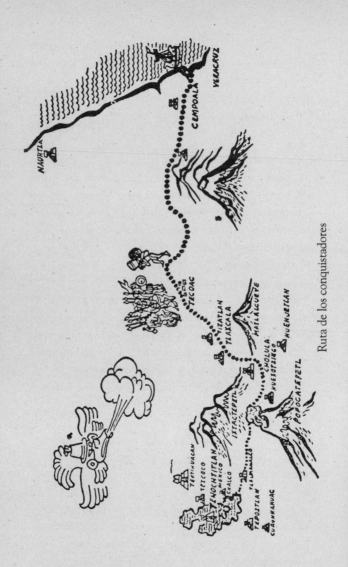

Ruta de los conquistadores

como gente bárbara, idólatras entregados a la antropofagia y a la sodomía, mientras que en otras son descritos como dechado de virtudes naturales.

Aprovechando las noticias que llegaban, se escribieron luego en Europa historias con el criterio humanista propio de la época. Bastaría con recordar las décadas De orbe novo del célebre Pedro Mártir de Anglería, en las que tantas veces expresa su admiración al describir las artes y formas de vida de los indios. O el impresionante cúmulo de información de primera mano que acerca de las Indias allegó e incorporó en su Historia general el cronista real Antonio de Herrera. En resumen, puede decirse que la historiografía, no ya sólo española y portuguesa, sino también francesa, inglesa, alemana e italiana, cobraron nueva vida al hacer objeto de su estudio las cosas naturales y humanas del Nuevo Mundo.

Pero, frente a este innegable estupor e interés del mundo antiguo por las cosas y los hombres de este continente, rara vez se piensa en la admiración e interés recíproco que debió despertar en los indios la llegada de quienes venían de un mundo igualmente desconocido. Porque, si es atractivo estudiar las diversas formas como concibieron los europeos a los que, por error, llamaron "indios", el problema inverso, que lleva a ahondar en el pensamiento indígena —tan lejano y tan cercano a nosotros— encierra igual, si no es que mayor interés. ¿Qué pensaron los hombres del Nuevo Mundo, en particular los mesoamericanos, nahuas, mayas y otros al ver llegar a sus costas y pueblos a los "descubridores y conquistadores"? ¿Cuáles fueron sus primeras actitudes? ¿Qué sentido dieron a su lucha? ¿Cómo valoraron su propia derrota?

Es cierto que estas preguntas no podrán contestarse en todos los casos. Mas, por lo menos, habrá algunas respuestas, tratándose de las culturas indígenas que alcanzaron mayor desarrollo. Sus textos y pinturas por una parte, y las relaciones españolas por otra, constituirán las dos caras distintas del espejo histórico en el que se refleja la Conquista. Como es natural, las imágenes logradas por mesoamericanos y españoles mostrarán grandes variantes. No obstante condenaciones e incomprensiones mutuas, en el fondo ambos tipos de imágenes son intensamente humanas. En cuanto tales, deberán estudiarse sin prejuicio. Porque, su examen sereno, más allá de fobias y filias, ayudará a comprender la raíz del México actual, consecuencia viviente del encuentro violento de esos dos mundos.[1]

Dentro de Mesoamérica, son las culturas maya y náhuatl las que ofrecen el más amplio testimonio indígena de la Conquista. Ambas fueron culturas con historia, escritura y transmisión oral. Una breve mención del interés que tenían por la historia esos pueblos indígenas, pondrá de manifiesto el porqué de su empeño por conservar su propia visión de la Conquista.

[1] En el volumen 2 de esta misma Biblioteca del Estudiante Universitario publicó Agustín Yáñez una selección de algunas de las principales relaciones españolas de la Conquista, a las que añadió la crónica maya de Chac-Xulub-Chen. Véase *Crónicas de la Conquista* (1939); introducción, selección y notas de A. Yáñez, 5ª ed., México, UNAM, 1993. (Biblioteca del Estudiante Universitario, 2)
Principalmente la lectura de la relación de Andrés de Tapia y de las secciones de las *Cartas de relación* de Cortés, así como de la *Historia verdadera* de Bernal Díaz, que se incluyen en ese volumen, muestran ya varios aspectos fundamentales de la "imagen española de la Conquista". La otra "cara del espejo", la ofrecen los textos indígenas nahuas que aquí se publican.

Las estelas mayas y otros monumentos conmemorativos mayas y nahuas, los códices históricos, xiuhámatl, "libros de años", del mundo náhuatl prehispánico, redactados a base de una escritura principalmente ideográfica e incipientemente fonética, dan testimonio del gran interés que ponían, entre otros, nahuas y mayas por preservar el recuerdo de los hechos pasados de alguna importancia. Complemento de lo anterior eran los textos fielmente memorizados en sus centros prehispánicos de educación, donde se enseñaban a los estudiantes, además de otras cosas, las viejas historias acerca de cuanto había sucedido, año por año, tal como se consignaba en sus códices.

Un único testimonio vamos a aducir de este aprecio indígena por conservar su historia, tomado de quien, sin pretender la alabanza de los indios, allegó en pleno siglo XVI, mejor que nadie, relaciones y noticias acerca de la Historia general de los hechos de los castellanos en las Islas y Tierra Firme de el Mar Océano, o sea, el cronista mayor de Felipe II, don Antonio de Herrera. Sea excusa de una larga cita el interés de la misma. Escribe así Herrera en el libro X de su Década cuarta:

Conservaban las Naciones de Nueva-España, la memoria de sus antiguallas: En Yucatán, i en Honduras, havia vnos Libros de Hojas, enquadernados, en que tenian los Indios la distribución de sus tiempos, i conocimento de las Plantas, i Animales, i otras cosas naturales.

En la Provincia de Mexico, tenian su Libreria, Historias, i Kalendarios, con que pintaban; las que tenian Figuras, con

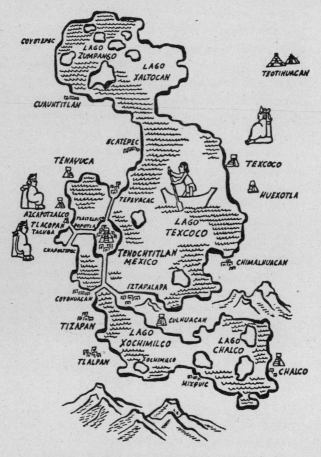

El Valle de México en 1519

sus proprias Imagen i con otros Caracteres, las que no tenian Imagen proprias: asi figuraban cuanto querian.

Y para memoria del tiempo, en que acaecia cada cosa, tenian aquellas Ruedas, que era cada vna de vn Siglo de cinquenta i dos Años; i al lado de estas Ruedas, conforme al Año, en que sucedian cosas memorables, iban pintando con las Pinturas, i Caracteres dichas, así como poniendo vn Hombre pintado con vn Sombrero, i vn Saio colorado, en el Signo de Caña, que corria entonces, como señalaron el Año, que los Castellanos entraron en su Tierra, i asi en los demás sucesos.

I como sus Figuras no eran tan suficientes, como nuestra Escritura, no podian concordar puntualmente en las palabras, sino en lo substancial de los conceptos: pero vsaban aprender de coro, Arengas, Parlamentos, i Cantares. Tenian gran curiosidad, en que los Muchachos los tomasen de memoria, i para esto tenian Escuelas, adonde los Ancianos enseñaban a los Mozos estas cosas, que por tradición, se han siempre conservado mui enteras.

I luego que entraron los Castellanos en aquella Tierra, que enseñaron el Arte de Escrivir a los Indios, escrivieron sus Oraciones, i Cantares, como entre ellos se platicaban, desde su maior antiguedad: por sus mismos Caracteres, i Figuras escrivian estos razonamientos, i de la misma manera escriven el Pater Noster, i el Ave Maria, i toda la Doctrina Christiana.[2]

Pues bien, nahuas y mayas que tanto empeño ponían y "tanta curiosidad tenían" en conservar "la memoria de sus antiguallas", no dejaron perecer el recuerdo —su propia visión— del más impresionante y trágico de los acontecimientos: la Conquista hecha por hombres extraños, que acabarían por destruir para siempre sus antiguas formas

[2] Antonio de Herrera, *Historia general de los hechos de los castellanos en las Islas y Tierra Firme de el Mar Océano.* Década IV, lib. X, t. IV, Buenos Aires, Argentina, Editorial Guaranía, pp. 130-131.

de vida. El presente libro —especie de antología de textos y pinturas— ofrece algunos rasgos de las varias imágenes que los mesoamericanos de idioma náhuatl de Tenochtitlan, Tlatelolco, Tetzcoco, Chalco y Tlaxcala se formaron acerca de Cortés y los españoles, acerca de la Conquista y la ruina final de su metrópoli, México-Tenochtitlan.

Un trabajo semejante podrían preparar también los mayistas, que disponen asimismo de relaciones indígenas de la Conquista, entre otras, las contenidas en los Anales de los Xahil, Títulos de la Casa Ixquin-Nehaip, en la Crónica de Chac-Xulub-Chen, y por lo menos fragmentariamente, en algunos de los libros de los Chilam Balam.[3]

Toca tratar ahora, con la brevedad que exige esta introducción, acerca del origen y modo como se escribieron y pintaron los varios testimonios dejados por hombres de cultura náhuatl, varios de ellos testigos de la Conquista, y que constituyen la que hemos llamado una Visión de los vencidos.

RELACIONES Y PINTURAS NAHUAS
ACERCA DE LA CONQUISTA

Fray Toribio de Benavente, Motolinía, llegado a México-Tenochtitlan en junio de 1524, formando parte del célebre grupo de los doce franciscanos venidos a Nueva España, es el primero en descubrir el interés que tuvieron los indios por con-

---

[3] En El reverso de la Conquista, relaciones nahuas, mayas y quechuas, México, Joaquín Mortiz, 1964 (y numerosas reimpresiones), he reunido algunos de los testimonios que dan cuenta del punto de vista de dichos grupos acerca de la invasión o conquista de que fueron víctimas.

servar sus propios recuerdos acerca de la Conquista. He aquí las palabras mismas de Motolinía, al principio del Tratado tercero de su Historia de los indios de la Nueva España:

Mucho notaron estos naturales indios, entre las cuentas de sus años, el año que vinieron y entraron en esta tierra los españoles, como cosa muy notable y que al principio les puso muy grande espanto y admiración. Ver una gente venida por el agua (lo que ellos nunca habían visto, ni oído que se pudiese hacer), de traje tan extraño del suyo, tan denodados y animosos, tan pocos entrar por todas las provincias de esta tierra con tanta autoridad y osadía, como si todos los naturales fueran sus vasallos. Así mismo se admiraban y espantaban de ver los caballos y lo que hacían los españoles encima de ellos [...] A los españoles llamaron teteuh, que quiere decir dioses y los españoles, corrompiendo el vocablo decían teules...

Asimismo los indios notaron y señalaron para tener cuenta con el año que vinieron los doce frailes juntos...[4]

En la actualidad se conservan varias de esas relaciones nahuas, en las que, como lo nota Motolinía, consignaron la venida de los españoles y los principales hechos de la Conquista. Esas relaciones y pinturas, junto con otras varias historias escritas un poco más tarde también por indígenas, son en conjunto más de doce. De desigual importancia, antigüedad y extensión, son suficientes para estudiar los rasgos característicos de la imagen que se formaron los cronistas de lengua náhuatl acerca de la Conquista. Brevemente describiremos las principales de estas relaciones, tomando en cuenta tanto su antigüedad, como su mayor o menor extensión.

[4] Fray Toribio de Benavente (Motolinía), *Historia de los indios de la Nueva España*, México, Editorial Salvador Chávez Hayhoe, 1941, pp. 161-162.

a) Cantares acerca de la Conquista

Parece ser que los más antiguos testimonios indígenas sobre la Conquista encontraron natural expresión en varios cantares, compuestos a la usanza antigua, por algunos de los pocos cuicapicque *o poetas nahuas sobrevivientes. Así, para no citar otros, pueden recordarse al menos aquellos dos poemas, verdaderos ejemplos de los llamados icnocuícatl, "cantos tristes", o elegías, en el primero de los cuales se describen los últimos días del sitio de Tenochtitlan, mientras que en el segundo se refiere cómo se perdió el pueblo mexícatl. Copiamos aquí siquiera unas estrofas de cada uno de dichos poemas, para mostrar ya cuál fue la reacción de los mexicas, al contemplar destruido su mundo y forma de vida antigua:*

En los caminos yacen dardos rotos,
los cabellos están esparcidos.
Destechadas están las casas,
enrojecidos tienen sus muros.

Gusanos pululan por calles y plazas,
y en las paredes están salpicados los sesos.
Rojas están las aguas, están como teñidas,
y cuando las bebimos,
es como si bebiéramos agua de salitre.
Golpeábamos, en tanto los muros de adobe,
y era nuestra herencia una red de agujeros.
Con los escudos fue su resguardo,
pero ni con escudos puede ser sostenida su soledad...[5]

[5] *Ms. Anónimo de Tlatelolco* (1528), edición facsimilar de E. Mengin, Copenhague, 1945, fol. 33.

Llorad, amigos míos,
tened entendido que con estos hechos
hemos perdido la nación mexícatl.
¡El agua se ha acedado, se acedó la comida!
Esto es lo que ha hecho el Dador de la Vida en
        Tlatelolco…[6]

Como indica el doctor Ángel María Garibay, al analizar estos documentos en su Historia de la literatura náhuatl, para la composición del segundo de esos poemas podría fijarse la fecha de 1523 y para la del primero el año siguiente de 1524.[7]

b) La relación anónima de Tlatelolco (1528)

Pero además de los poemas, existen las relaciones netamente indígenas, escritas ya desde 1528. Verdaderamente importante es en este sentido el manuscrito 22 de la Biblioteca Nacional de París, conocido bajo el título de Unos anales históricos de la nación mexicana, escrito en náhuatl por autores anónimos de Tlatelolco hacia 1528. Tan valioso testimonio pone al descubierto un hecho ciertamente extraordinario: el de un grupo de mexicas, que antes de la fundación misma del Colegio de Santa Cruz, llegaron a conocer a la perfección el alfabeto latino y se sirvieron de él para consignar por escrito diversos re-

[6] Ms. Cantares mexicanos, edición facsimilar de A. Peñafiel, México, 1904, fol. 54 vuelta.
[7] Ángel Ma. Garibay K., Historia de la literatura náhuatl, 2 vols., México, Editorial Porrúa, 1953-1954, t. II, pp. 90-92.

cuerdos de sus tiempos pasados y sobre todo su propia visión de la Conquista.

Si como documento son valiosos estos anales, desde un punto de vista literario y humano lo son todavía mucho más, porque en ellos se expresa por vez primera con no pocos detalles el cuadro de la destrucción de la cultura náhuatl, tal como lo vieron algunos de sus supervivientes. La versión castellana de este texto, preparada por Garibay sobre la base de la reproducción facsimilar del mencionado manuscrito de la Biblioteca Nacional de París, se incluye íntegramente, en lo que a la Conquista se refiere, en el capítulo XIV de este libro. En el elenco bibliográfico que va al final de esta obra, podrán hallarse las referencias correspondientes, tanto de la versión castellana, como de otra al alemán, así como de la reproducción facsimilar de tan importante testimonio.

c) Testimonio de los informantes de Sahagún

Sigue en importancia y antigüedad al texto de 1528, la mucha más amplia relación de la Conquista que, bajo la mirada de fray Bernardino de Sahagún, redactaron en idioma náhuatl varios de sus estudiantes indígenas de Tlatelolco, aprovechando los informes de algunos ancianos, testigos de la Conquista. Según parece, la primera redacción de este texto "en el lenguaje indiano, tan tosco como ellos lo pronunciaron", como escribe Sahagún, quedó terminada hacia 1555. Posteriormente fray Bernardino hizo un resumen en castellano de la misma. Se tiene noticia de que hubo una segunda redacción asimismo en náhuatl, concluida hacia 1585 y en la que, según Sahagún, se hicieron varias correcciones, respecto de la primera, ya que en aquélla "se pusieron algunas cosas que fueron mal puestas y otras se callaron que fueron mal calladas…"

No es posible decir si ganó o perdió el texto con esta enmienda, ya que se desconoce el paradero del texto en náhuatl revisado. El hecho es que, tal como hoy se conserva la relación de la Conquista, debida a los informantes de Sahagún, constituye el testimonio más amplio dejado al respecto. Abarca desde los varios presagios que se dejaron ver, "cuando aún no habían venido los españoles a esta tierra" (incluido en el capítulo I de este libro), hasta uno de los discursos, "con que amonestó don Hernando Cortés a todos los señores de México, Tetzcoco y Tlacopan", exigiéndoles la entrega de oro y de sus varios tesoros.

En este libro se incorporan numerosas secciones de tan valioso testimonio. De igual manera que en el caso anterior, se ofrecen al fin las correspondientes referencias bibliográficas.

d) Principales testimonios pictográficos

Tanto en lo que se refiere a la obra de los informantes de Sahagún, como en otras varias recopilaciones llevadas a cabo por hombres de lengua náhuatl, encontramos la supervivencia de su antigua manera de escribir la historia, sobre la base de pinturas. Mencionamos aquí tan sólo algunos de los principales trabajos en este sentido: las pinturas correspondientes al texto náhuatl de los informantes de Sahagún, que hoy día se conservan en el Códice

Ciudad de Tenochtitlan

Florentino. *El célebre* Lienzo de Tlaxcala, *de mediados del siglo* XVI, *que ofrece en ochenta cuadros una relación de los tlaxcaltecas, aliados de los conquistadores. La serie de pinturas del impropiamente llamado Manuscrito de 1576 (ya que en él se ofrecen datos de fecha posterior a la citada), conocido también bajo el nombre de Códice Aubin, en el que al lado de importantes textos, se conservan también ilustraciones alusivas. Hay asimismo dibujos de procedencia indígena en el manuscrito conocido como Códice Ramírez, debido probablemente a la recopilación de datos que en los años anteriores a 1580, llevó a cabo el jesuita Juan de Tovar, así como en la obra de fray Diego de Durán, quien, como se sabe, tuvo acceso a otros muchos testimonios indígenas hoy desaparecidos.*

De esas fuentes pictográficas, provienen las ilustraciones que se incluyen en el presente libro y que fueron copiadas por la hábil pluma de Alberto Beltrán.

e) Otras relaciones indígenas más breves

Además de las ya mencionadas fuentes pictográficas, existen otras varias relaciones indígenas de menor extensión, de algunas de las cuales se transcribirán aquí varios fragmentos. En el ya citado Códice Aubin, o de 1576, se encuentran varios textos de sumo interés. De él se tomó una de las versiones indígenas que acerca de la matanza del Templo Mayor se dan en el capítulo IX *de este libro.*

Otros importantes testimonios nos ofrecen don Fernando Alvarado Tezozómoc en sus dos crónicas "Mexicana" y "Mexicáyotl", así como el célebre historiador oriundo de Chalco, Domingo Francisco de San Antón Muñón Chimalpain Cuauhtlehuanitzin, de cuya VII relación se tomó un texto incluido en el capítulo XIII de este libro en el que se describen las pesquisas llevadas a cabo por Cortés, después de tomada la ciudad.

Además del ya citado Códice Ramírez, en el que también se contienen importantes noticias de informantes de Tlatelolco, deben mencionarse las breves secciones acerca de la Conquista contenidas en los Anales tepanecas de Azcapotzalco y en los más breves de México y Tlatelolco. De todas estas fuentes se ofrece, como en los casos anteriores, la correspondiente referencia bibliográfica al final de este libro.

f) Testimonios de los aliados indígenas de Cortés

Deficiente resultaría esta presentación de textos indígenas acerca de la Conquista, si no se incluyeran en ella, por lo menos en algunos casos, los testimonios de algunos escritores indígenas y mestizos, que hacen gala de descender de quienes se aliaron con Cortés para conseguir la derrota de los mexicas. La pintura que de algunos hechos nos ofrecen, distinta de las otras descripciones indígenas, no cae fuera del título general de este trabajo Visión de los vencidos. Porque, si es cierto que los tlaxcaltecas y los tetzcocanos lucharon al lado de Cortés, no deja de ser igualmente verdadero que las consecuencias de la Conquista fueron tan funestas para ellos como para el resto de los pueblos nahuas: todos quedaron sometidos y perdieron para siempre no poco de su antigua cultura.

De estos testimonios, además del ya citado Lienzo de Tlaxcala, se aducen aquí algunos textos tomados de la Historia de Tlaxcala, redactada en castellano por Diego Muñoz Camargo, mestizo que escribió durante la segunda mitad del siglo XVI. Es particularmente interesante su versión, claramente tendenciosa, de la matanza de Cholula, texto que se incluye en el capítulo V de este libro.

La interpretación histórica de la Conquista, desde el ángulo de los tetzcocanos, nos la ofrece el célebre descendiente de la casa de Tetzcoco, don Fernando de Alva Ixtlilxóchitl. Tanto en su XIII relación, como en su Historia chichimeca, escritas ambas en castellano, se encuentran numerosos datos recogidos por Ixtlilxóchitl de antiguas fuentes indígenas en náhuatl hoy desconocidas, pero interpretadas con un criterio muy distinto al de los escritores de México y Tlatelolco. Los textos de Ixtlilxóchitl que aquí se transcribirán son en algunos casos particularmente interesantes. Así, para citar sólo un ejemplo, aquel breve cuadro en el que nos pinta la reacción de la vieja indígena Yacotzin, madre del príncipe Ixtlilxóchitl, hijo de Nezahualpilli y aliado de Cortés, que calificó a su hijo de loco y sin juicio por haber abrazado tan de prisa la religión de "esos bárbaros" (los españoles), que en forma tan violenta habían hecho su aparición en Anáhuac.[8]

[8] Como en los casos anteriores, véanse las referencias bibliográficas de estas obras al final de este libro.

Conviene notar aquí, expresamente, para evitar posibles confusiones, que en Tetzcoco hubo tres personajes principales llamados *Ixtlilxóchitl*. El primero fue el padre del célebre Nezahualcóyotl, conocido como Ixtlilxóchitl el Viejo, entronizado señor de Tetzcoco hacia 1363 y muerto por orden de Tezozómoc, señor de Azcapotzalco.

El segundo es don Hernando Ixtlilxóchitl, hijo de Nezahualpilli

Tales son, descritas de manera general, las principales fuentes indígenas de las que provienen los textos e ilustraciones que en este trabajo se ofrecen. Preservándose en ellas el testimonio de quienes vieron y sufrieron la Conquista, sin hipérbole puede afirmarse que la presentación de estos documentos, con todas las limitaciones propias de quienes llevamos a cabo la versión y selección de los mismos, constituye un cuadro indígena de la Conquista: una Visión de los vencidos.

VALOR HUMANO DE LAS RELACIONES INDÍGENAS DE LA CONQUISTA

Un estudio comparativo de los textos y pinturas indígenas que acaban de describirse mostrará sin duda numerosos puntos de desacuerdo respecto de las diversas crónicas y relaciones españolas de la Conquista. Sin embargo, más que constatar diferencias y posibles contradicciones entre las fuentes indígenas y las españolas, nos interesan aquí los textos que van a aducirse en cuanto testimonio profundamente humano, de subido valor literario, dejado por quienes sufrieron la máxima tragedia: la de ver destruidos no ya sólo sus ciudades y pueblos, sino los cimientos de su cultura.

---

y hermano de Coanacochtzin, señor de Tetzcoco a la llegada de los españoles. Fue precisamente a quien reprendió su madre Yacotzin, en el episodio aludido, por abrazar tan de prisa la religión de los castellanos.

Finalmente, el tercero, pariente de los anteriores, es el historiador don Fernando de Alva Ixtlilxóchitl autor de la *Historia chichimeca* y de numerosas relaciones acerca de la historia prehispánica de Tetzcoco, así como acerca de la Conquista.

No es exageración afirmar que hay en estas relaciones del hombre náhuatl pasajes de un dramatismo comparable al de las grandes epopeyas clásicas. Porque, si al cantar en la Ilíada la ruina de Troya nos dejó Homero el recuerdo de escenas del más vivo realismo trágico, los escritores indígenas, antiguos poseedores de la tinta negra y roja de sus códices,[9] supieron también evocar los más dramáticos momentos de la Conquista. Valgan como ejemplo de lo dicho, unos cuantos párrafos entresacados de los documentos que en este libro se presentan.

En pocas líneas narran los informantes indígenas de Sahagún el modo como comenzó la terrible matanza del Templo Mayor perpetrada por Pedro de Alvarado. Después de describir el principio de la fiesta de Tóxcatl, "mientras se van enlazando unos cantos con otros", aparecen de pronto los españoles entrando al patio sagrado:

> Inmediatamente cercan a los que bailan, se lanzan al lugar de los atabales: dieron un tajo al que estaba tañendo: le cortaron ambos brazos. Luego lo decapitaron: lejos fue a caer su cabeza cercenada.
>
> Al momento todos acuchillan, alancean a la gente y les dan tajos, con las espadas los hieren. A algunos les acometieron por detrás; inmediatamente cayeron por tierra dispersas sus entrañas. A otros les desgarraron la cabeza: les rebanaron la cabeza, enteramente hecha trizas quedó su cabeza.
>
> Pero a otros les dieron tajos en los hombros: hechos grietas, desgarrados quedaron sus cuerpos. A aquéllos hieren en

[9] "La tinta negra y roja" (in tlilli, in tlapalli), en el simbolismo náhuatl la yuxtaposición de estos dos colores, negro y rojo, oscuridad y luz, evoca la idea del saber más elevado. De los sabios nahuas (los tlamatinime), se dice expresamente que "eran los dueños de la tinta negra y roja".

los muslos, a éstos en las pantorrillas, a los de más allá en pleno abdomen. Todas las entrañas cayeron por tierra. Y había algunos que aún en vano corrían: iban arrastrando los intestinos y parecían enredarse los pies en ellos. Anhelosos de ponerse a salvo, no hallaban a donde dirigirse...[10]

Otro cuadro, obra maestra del arte descriptivo de los nahuas, nos pinta el modo como vieron a esos "ciervos o venados", sobre los que montaban los españoles, es decir, los caballos. Ya Motolinía, en el párrafo que se citó más arriba, nos habla de la admiración de los indios al contemplar "los caballos y lo que hacían los españoles encima de ellos". Ahora son los informantes de Sahagún quienes nos ofrecen su propia descripción. Tal es su fuerza, que parece una evocación de aquella otra pintura extraordinaria del caballo, que dejó escrita en hebreo el autor del Libro de Job. Escuchemos la descripción dada por los hombres de Mesoamérica:

> Vienen los "ciervos" que traen en sus lomos a los hombres. Con sus cotas de algodón, con sus escudos de cuero, con sus lanzas de hierro. Sus espadas penden del cuello de sus "ciervos".
>
> Éstos tienen cascabeles, están encascabelados, vienen trayendo cascabeles. Hacen estrépito los cascabeles, repercuten los cascabeles.
>
> Esos "caballos", esos "ciervos", bufan, braman. Sudan a mares: como agua de ellos destila el sudor. Y la espuma de sus hocicos cae al suelo goteando: es como agua enjabonada con amole: gotas gordas se derraman.

[10] Textos de los informantes indígenas de Sahagún, *Códice Florentino*, lib. XII, cap. XX.

Cuando corren hacen estruendo; hacen estrépito, se siente el ruido, como si en el suelo cayeran piedras. Luego la tierra se agujera, luego la tierra se llena de hoyos en donde ellos pusieron su pata. Por sí sola se desgarra donde pusieron mano o pata...[11]

Finalmente, para no alargar más la serie de ejemplos que podrían aducirse, copiamos tan sólo el breve relato conservado por los autores anónimos del manuscrito de Tlatelolco de 1528, en el que mencionan la suerte que corrieron aquellos sabios o magos, seguidores de Quetzalcóatl, que vinieron a entregarse a los conquistadores en Coyoacan, después de sometido ya todo el Valle de México. Llegaron con los libros de pinturas bajo el brazo, los poseedores de la antigua sabiduría, simbolizada por la tinta negra y roja de sus códices. No sabemos por qué voluntariamente optaron por entregarse. Pero los conquistadores les echaron los perros. Sólo uno pudo escapar. Escuchemos el testimonio indígena:

Y a tres sabios de Ehécatl [Quetzalcóatl], de origen tetzcocano, los comieron los perros. No más ellos vinieron a entregarse, nadie los trajo. No más venían trayendo sus papeles con pinturas [códices]. Eran cuatro, uno huyó: sólo tres fueron alcanzados, allá en Coyoacan.[12]

Escenas como las citadas abundan en las relaciones indígenas que aquí se publican. Quien lea el presente libro, no podrá menos de sorprenderse al encontrar en la documentación indígena incontables pasajes, tan dramáticos y

---

[11] *Ibid*., cap. XV.
[12] *Ms. Anónimo de Tlatelolco* (1528), edición facsimilar de E. Mengin, Copenhague, 1945, fol. 38.

en cierto modo tan plásticos, que parecen una invitación al artista, pintor o dibujante, capaz de llevarlos al lienzo o al papel.

Por otra parte, la riqueza de información y el modo mismo como la presentan los nahuas en sus relaciones, abre sin duda el camino a numerosos temas de investigación.

Piénsese por ejemplo en estudios tales como el de "la imagen indígena del otro" (los españoles), que podría mostrar los diversos esfuerzos realizados por los indios para comprender quiénes eran esos hombres desconocidos, venidos de más allá de las aguas inmensas.[13] Proyectando primero sus viejos mitos, creyeron los mexicas que Quetzalcóatl y los otros teteo (dioses) habían regresado. Pero, al irlos conociendo más de cerca, al ver su reacción ante los objetos de oro que les envió Motecuhzoma, al tener noticias de la matanza de Cholula y al contemplarlos por fin frente a frente en Tenochtitlan, se desvaneció la idea de que Quetzalcóatl y los dioses hubieran regresado. Cuando asediaron a la ciudad los españoles, con frecuencia se les llama popolocas (bárbaros). Sin embargo, nunca se olvidan los cronistas nahuas del poder material superior de quienes en un principio tuvieron por dioses. Implícitamente, en función de su pensamiento simbólico, a base de "flores y cantos", conciben una imagen del otro tan radi-

---

[13] Varios años después de la primera edición de este libro (1959), autores como Tzevetan Todorov han desarrollado esta perspectiva, de la que se deriva, básicamente, la concepción de la *Visión de los vencidos*. (Todorov, *La Conquête de l'Amérique, la question de l'autre*, París, 1982.) Nathan Wachtel en un trabajo sobre los quechuas, concebido desde parecida perspectiva, se apropió del título: *Vision des vaincus*, París, 1971.

calmente extraño. Los rasgos de esa imagen están precisamente en los textos que acerca de la Conquista escribieron. He aquí un posible tema de investigación, ciertamente de interés.

Pero, no es ése el único aspecto que podría estudiarse. Además del asunto propiamente histórico de comparar los testimonios indígenas con los de los españoles, es posible contraponer las ideas propias de ese mundo indígena casi mágico, que tenía su raíz en los símbolos, con la mentalidad mucho más práctica y sagaz de quienes, superiores en la técnica, se interesaban principalmente por el oro. Y queriendo llevarse todavía más adelante este espíritu comparativo, podría aducirse aun una tercera actitud, abundante asimismo en variantes accidentales. Nos referimos a la impresión que dejó la Conquista en el ánimo de los primeros misioneros. Motolinía, Olmos, Las Casas y Sahagún no contemplaron con sus propios ojos el esplendor del mundo prehispánico, antes de la Conquista, pero conocieron al menos los testimonios que acerca de la antigua cultura rindieron sus informantes. Las noticias que pudieron allegar acerca del pasado de los nahuas, parangonadas con la situación de los mismos, dos lustros después, les permitió valorar la Conquista.

Particularmente fray Bernardino de Sahagún, quien más que nadie reunió datos innumerables acerca de las instituciones culturales del mundo náhuatl prehispánico, se expresa con dureza, pero con justicia, acerca de los resultados de la Conquista. No es posible —esto puede ser objeto de un estudio aparte— aducir aquí los varios párrafos que dejó escritos fray Bernardino en diversos lugares de su *Historia general de las cosas de Nueva España,* acerca de lo que fue a su juicio la Conquista. No nos resistimos, sin embargo, a transcribir siquiera unas líneas en las que compara la ruina de los nativos con la maldición que Jeremías fulminó contra Judea y Jerusalén, amenazándolas con su total destrucción. Después de citar Sahagún parte del capítulo V del Libro de Jeremías, concluye diciendo:

> Esto a la letra ha acontecido a estos indios, con los españoles, pues fueron tan atropellados y destruidos ellos y todas sus cosas, que ninguna apariencia les quedó de lo que eran antes. Así están tenidos por bárbaros, y por gente de bajísimo quilate (como según verdad, en las cosas de policía, echan el pie delante a muchas otras naciones que tienen gran presunción de políticas, sacando fuera algunas tiranías que su manera de regir contenía). En esto poco con gran trabajo se ha rebuscado; parece mucha la ventaja que hicieran, si todo se pudiera haber.[14]

Tal es el parecer de un hombre extraordinario, que a diferencia de muchos de sus compatriotas, no buscaba el oro, sino el conocimiento integral de una gran cultura humana y la incorporación de sus valores y su gente al Evangelio de Cristo.

Para terminar, queremos señalar que esta especie de antología de las principales relaciones indígenas de la Conquista, muy lejos de ser una edición crítica de las mismas, no va acompañada de las numerosas aclaraciones y notas que pudieran hacerse a dichos documentos. Destinándose a estudiantes y a un público no especializado, únicamente se explican en el texto, entre corchetes y en algunas notas al calce, algunos nombres y conceptos que no

---

[14] Fray Bernardino de Sahagún, *Historia general de las cosas de Nueva España*, t. I, p. 29.

podrían comprenderse fácilmente sin su correspondiente aclaración.

Agradecemos de manera especial al doctor Ángel María Garibay K., recordado maestro que, con espíritu humanista, redescubrió estos textos, su generosidad al permitirnos aprovechar sin restricción alguna las traducciones preparadas por él de casi todos los textos que aquí se ofrecen, así como por haber revisado los originales de este libro.

Como en otros casos, es también ahora Alberto Beltrán quien ha copiado fielmente las pinturas y dibujos de procedencia indígena referentes a la Conquista, que aquí se publican. A tan valioso colaborador expresamos nuestra gratitud, así como de una manera muy especial a la Universidad Nacional Autónoma de México que incluye esta obra en su prestigiada Biblioteca del Estudiante Universitario.

El estudio de las relaciones indígenas de la Conquista abre las puertas a posibles investigaciones de profundo interés histórico. Que esta modesta antología, que ahora se publica, ayude a despertar el entusiasmo por trabajos semejantes, es nuestro más grande deseo. El examen sereno del encuentro de esos dos mundos, el indígena y el hispánico, de cuya dramática unión México y los mexicanos descendemos, ayudará a valorar mejor la raíz más honda de nuestros conflictos, grandezas y miserias, y en una palabra del propio "rostro y corazón", expresión de nuestra fisonomía cultural y étnica.

MIGUEL LEÓN-PORTILLA

Visión de los vencidos

PRESAGIOS DE LA VENIDA DE LOS ESPAÑOLES

Introducción

Los documentos indígenas que se presentan en los trece pri-
meros capítulos de este libro comprenden hechos acaecidos
desde poco antes de la llegada de los españoles a las costas
del Golfo de México, hasta el cuadro final, México-Tenoch-
titlan en poder de los conquistadores. Los capítulos XIV
y XV ofrecen a manera de conclusión, la relación acerca
de la Conquista, escrita en 1528 por varios informantes
anónimos de Tlatelolco, así como unos cuantos ejemplos de
célebres icnocuícatl "cantares tristes" de la Conquista.

Ordenando los varios textos en función de la secuen-
cia cronológica de los hechos y acciones de la Conquista,
se dan en algunos casos testimonios que presentan ciertas
variantes y divergencias. Sin pretender resolver aquí los

problemas históricos que plantean tales variantes, fundamentalmente interesa el valor humano de los textos, que reflejan, más que los hechos históricos mismos, el modo como los vieron e interpretaron los indios nahuas de diversas ciudades y procedencias.

En este primer capítulo transcribimos la versión del náhuatl preparada por el doctor Garibay, de los textos de los informantes indígenas de Sahagún contenidos al principio del libro XII del Códice Florentino, así como una breve sección tomada de la Historia de Tlaxcala de Diego Muñoz Camargo, que como se indicó en la Introducción General, emparentado con la nobleza indígena de dicho señorío, refleja en sus escritos la opinión de los indios tlaxcaltecas, aliados de Cortés. Ambos documentos, que guardan estrecha semejanza, narran una serie de prodigios y presagios funestos que afirmaron ver los mexicas y de manera especial Motecuhzoma, desde unos diez años antes de la llegada de los españoles. Se transcribe primero el texto de los informantes de Sahagún, de acuerdo con el Códice Florentino, y a continuación el testimonio del autor de la Historia de Tlaxcala.

Los presagios, según los informantes de Sahagún

Primer presagio funesto: Diez años antes de venir los españoles primeramente se mostró un funesto presagio en el cielo. Una como espiga de fuego, una como llama de fuego, una como aurora: se mostraba como si estuviera goteando, como si estuviera punzando en el cielo.

Ancha de asiento, angosta de vértice. Bien al medio del cielo, bien al centro del cielo llegaba, bien al cielo estaba alcanzando.

Y de este modo se veía: allá en el oriente se mostraba: de este modo llegaba a la medianoche. Se manifestaba: estaba aún en el amanecer; hasta entonces la hacía desaparecer el Sol.

Y en el tiempo en que estaba apareciendo: por un año venía a mostrarse. Comenzó en el año 12-Casa.

Pues cuando se mostraba había alboroto general: se daban palmadas en los labios las gentes; había un gran azoro; hacían interminables comentarios.

Segundo presagio funesto: Que sucedió aquí en México: por su propia cuenta se abrasó en llamas, se prendió en fuego: nadie tal vez le puso fuego, sino por su espontánea acción ardió la casa de Huitzilopochtli. Se llamaba su sitio divino, el sitio denominado *Tlacateccan* ["Casa de mando"].

Se mostró: ya arden las columnas. De adentro salen acá las llamas de fuego, las lenguas de fuego, las llamaradas de fuego.

Rápidamente en extremo acabó el fuego todo el maderamen de la casa. Al momento hubo vocerío estruendoso; dicen: "¡Mexicanos, venid de prisa: se apagará! ¡Traed vuestros cántaros!…"

Pero cuando le echaban agua, cuando intentaban apagarla, sólo se enardecía flameando más. No pudo apagarse: del todo ardió.

Tercer presagio funesto: Fue herido por un rayo un templo. Sólo de paja era: en donde se llama *Tzummul-*

co.[1] El templo de *Xiuhtecuhtli*. No llovía recio, sólo lloviznaba levemente. Así, se tuvo por presagio; decían de este modo: "No más fue golpe de Sol". Tampoco se oyó el trueno.

Cuarto presagio funesto: Cuando había aún Sol, cayó un fuego. En tres partes dividido: salió de donde el Sol se mete: iba derecho viendo a donde sale el Sol: como si fuera brasa, iba cayendo en lluvia de chispas. Larga se tendió su cauda; lejos llegó su cola. Y cuando visto fue, hubo gran alboroto: como si estuvieran tocando cascabeles.

Quinto presagio funesto: Hirvió el agua: el viento la hizo alborotarse hirviendo. Como si hirviera en furia, como si en pedazos se rompiera al revolverse. Fue su impulso muy lejos, se levantó muy alto. Llegó a los fundamentos de las casas: y derruidas las casas, se anegaron en agua. Eso fue en la laguna que está junto a nosotros.

Sexto presagio funesto: Muchas veces se oía: una mujer lloraba; iba gritando por la noche; andaba dando grandes gritos:

—¡Hijitos míos, pues ya tenemos que irnos lejos!

Y a veces decía:

—Hijitos míos, ¿a dónde os llevaré?[2]

---

[1] *Tzummulco o Tzomolco:* "en el cabello mullido", era uno de los edificios del Templo Mayor de Tenochtitlan.

[2] El texto parece referirse a *Cihuacóatl* que gritaba y lloraba por la noche. Es éste uno de los antecedentes de la célebre "Llorona".

Presagios funestos (*Códice Florentino*)

Séptimo presagio funesto: Muchas veces se atrapaba, se cogía algo en redes. Los que trabajaban en el agua cogieron cierto pájaro ceniciento como si fuera grulla. Luego lo llevaron a mostrar a Motecuhzoma, en la Casa de lo Negro [Casa de estudio mágico].

Había llegado el Sol a su apogeo: era el mediodía. Había uno como espejo en la cabeza del pájaro como rodaja de huso, en espiral y en rejuego: era como si estuviera perforado en su medianía.

Allí se veía el cielo: las estrellas, el Mastelejo. Y Motecuhzoma lo tuvo a muy mal presagio, cuando vio las estrellas y el Mastelejo.

Pero cuando vio por segunda vez la cabeza del pájaro, nuevamente vio allá en lontananza; como si algunas personas vinieran de prisa; bien estiradas; dando empellones. Se hacían la guerra unos a otros y los traían a cuestas unos como venados.

Al momento llamó a sus magos, a sus sabios. Les dijo:

—¿No sabéis: qué es lo que he visto? ¡Unas como personas que están en pie y agitándose!…

Pero ellos, queriendo dar la respuesta, se pusieron a ver: desapareció [todo]: nada vieron.

Octavo presagio funesto: Muchas veces se mostraban a la gente hombres deformes, personas monstruosas. De dos cabezas pero un solo cuerpo. Las llevaban a la Casa de lo Negro; se las mostraban a Motecuhzoma. Cuando las había visto luego desaparecían.[3]

---

[3] Sección tomada de los informantes de Sahagún, *Códice Florentino*, cap. I (versión del náhuatl de Ángel Ma. Garibay K.).

Testimonio de Muñoz Camargo
(Historia de Tlaxcala,
escrita en castellano por su autor)[4]

Diez años antes que los españoles viniesen a esta tierra, hubo una señal que se tuvo por mala abusión, agüero y extraño prodigio, y fue que apareció una columna de fuego muy flamígera, muy encendida, de mucha claridad y resplandor, con unas centellas que centelleaba en tanta espesura que parecía polvoreaba centellas, de tal manera, que la claridad que de ellas salía, hacía tan gran resplandor, que parecía la aurora de la mañana. La cual columna parecía estar clavada en el cielo, teniendo su principio desde el suelo de la tierra de do comenzaba de gran anchor, de suerte que desde el pie iba adelgazando, haciendo punta que llegaba a tocar el cielo en figura piramidal. La cual aparecía a la parte del mediodía y de medianoche para abajo hasta que amanecía, y era de día claro que con la fuerza del Sol y su resplandor y rayos era vencida. La cual señal duró un año, comenzando desde el principio del año que cuentan los naturales de doce casas, que verificada en nuestra cuenta castellana, acaeció el año de 1517.

Y cuando esta abusión y prodigio se veía, hacían los naturales grandes extremos de dolor, dando grandes gritos, voces y alaridos en señal de gran espanto y dándose palmadas en las bocas, como lo suelen hacer. Todos estos llantos y tristeza iban acompañados de sacrificios

[4] La primera parte de la "relación de los presagios de México" manifiesta claramente que Muñoz Camargo conoció los textos de los informantes de Sahagún, que sigue muy de cerca.

de sangre y de cuerpos humanos como solían hacer en viéndose en alguna calamidad y tribulación, así como era el tiempo y la ocasión que se les ofrecía, así crecían los géneros de sacrificios y supersticiones.

Con esta tan grande alteración y sobresalto, acuitados de tan gran temor y espanto, tenían un continuo cuidado e imaginación de lo que podría significar tan extraña novedad, procuraban saber por adivinos y encantadores qué podría significar una señal tan extraña en el mundo jamás vista ni oída. Hase de considerar que diez años antes de la venida de los españoles, comenzaron a verse estas señales, mas la cuenta que dicen de doce casas fue el año de 1517, dos años antes que los españoles llegasen a esta tierra.

El segundo prodigio, señal, agüero o abusión que los naturales de México tuvieron, fue que el templo del demonio se abrasó y quemó, el cual le llamaban el templo de Huitzilopuchtli, sin que persona alguna le pegase fuego, que está en el barrio de Tlacateco. Fue tan grande este incendio y tan repentino, que se salían por las puertas de dicho templo llamaradas de fuego que parecía llegaban al cielo, y en un instante se abrasó y ardió todo, sin poderse remediar cosa alguna "quedó deshecho", lo cual, cuando esto acaeció, no fue sin gran alboroto y alterna gritería, llamando y diciendo las gentes: "¡Ea Mexicanos! venid a gran prisa y con presteza con cántaros de agua a apagar el fuego", y así las más gentes que pudieron acudir al socorro vinieron. Y cuando se acercaban a echar el agua y querer apagar el fuego, que a esto llegó multitud de gentes, entonces se encendía más la llama con gran fuerza, y así, sin ningún remedio, se acabó de quemar todo.

El tercer prodigio y señal fue que un rayo cayó en un templo idolátrico que tenía la techumbre pajiza, que los naturales llamaban Xacal, el cual templo los naturales llamaban Tzonmolco, que era dedicado al ídolo Xiuhtecuhtli, lloviendo una agua menuda como una mullisma cayó del cielo sin trueno ni relámpago alguno sobre el dicho templo. Lo cual asimismo tuvieron por gran abusión, agüero y prodigio de muy mala señal, y se quemó y abrasó todo.

El cuarto prodigio fue, que siendo de día y habiendo sol, salieron cometas del cielo por el aire y de tres en tres por la parte de Occidente "que corrían hasta Oriente", con toda fuerza y violencia, que iban desechando y desapareciendo de sí brasas de fuego o centellas por donde corrían hasta el Oriente, y llevaban tan grandes colas, que tomaban muy gran distancia su largor y grandeza; y al tiempo que estas señales se vieron, hubo alboroto, y asimismo muy gran ruido y gritería y alarido de gentes.

El quinto prodigio y señal fue que se alteró la laguna mexicana sin viento alguno, la cual hervía y rehervía y espumaba en tanta manera que se levantaba y alzaba en gran altura, de tal suerte, que el agua llegaba a bañar a más de la mitad de las casas de México, y muchas de ellas se cayeron y hundieron; y las cubrió y del todo se anegaron.

El *sexto prodigio* y señal fue que muchas veces y muchas noches, se oía una voz de mujer que a grandes voces lloraba y decía, anegándose con mucho llanto y grandes sollozos y suspiros: "¡Oh hijos míos! del todo nos vamos ya a perder…" e otras veces decía: "Oh hijos míos ¿a dónde os podré llevar y esconder…?"

El *séptimo prodigio* fue que los laguneros de la laguna mexicana, nautas y piratas o canoístas cazadores, cazaron una ave parda a manera de grulla, la cual incontinenti la llevaron a Motecuhzoma para que la viese, el cual estaba en los Palacios de la Sala Negra habiendo ya declinado el Sol hacia el Poniente, que era de día claro, la cual ave era tan extraña y de tan gran admiración, que no se puede imaginar ni encarecer su gran extrañeza, la cual tenía en la cabeza una diadema redonda de la forma de un espejo redondo muy diáfano, claro y transparente, por la que se veía el cielo y los Mastelejos "y estrellas" que los astrólogos llaman el signo de Géminis; y cuando esto vio Motecuhzoma le tuvo gran extrañeza y maravilla por gran agüero, prodigio, abusión y mala señal en ver por aquella diadema de aquel pájaro estrellas del cielo.

Y tornando segunda vez Motecuhzoma a ver y admirar por la diadema y cabeza del pájaro vio grande número de gentes, que venían marchando desparcidas y en escuadrones de mucha ordenanza, muy aderezados y a guisa de guerra, y batallando unos contra otros escaramuceando en figura de venados y otros animales, y entonces, como viese tantas visiones y tan disformes, mandó llamar a sus agoreros y adivinos que eran tenidos por sabios. Habiendo venido a su presencia, les dijo la causa de su admiración. Habéis de saber mis queridos sabios amigos, cómo yo he visto grandes y extrañas cosas por una diadema de un pájaro que me han traído por cosa nueva y extraña que jamás otra como ella se ha visto ni cazado, y por la misma diadema que es transparente como un espejo, he visto una manera de unas gentes que vienen en ordenanza, y porque los veáis, vedle vosotros y veréis lo propio que yo he visto.

Y queriendo responder a su señor de lo que les había parecido cosa tan inaudita, para idear sus juicios, adivinanzas y conjeturas o pronósticos, luego de improviso se desapareció el pájaro, y así no pudieron dar ningún juicio ni pronóstico cierto y verdadero.

El octavo prodigio y señal de México, fue que muchas veces se aparecían y veían dos hombres unidos en un cuerpo que los naturales los llaman *Tlacantzolli*.[5] Y otras veían cuerpos, con dos cabezas procedentes de un solo cuerpo, los cuales eran llevados al Palacio de la Sala Negra del gran Motecuhzoma, en donde llegando a ella desaparecían y se hacían invisibles todas estas señales y otras que a los naturales les pronosticaban su fin y acabamiento, porque decían que había de venir el fin y que todo el mundo se había de acabar y consumir, e que habían de ser creadas otras nuevas gentes e venir otros nuevos habitantes del mundo. Y así andaban tan tristes y despavoridos que no sabían qué juicio sobre esto habían de hacer sobre cosas tan raras, peregrinas, tan nuevas y nunca vistas y oídas.

[5] *Tlacantzolli*: "hombres estrechados" o como nota Muñoz Camargo, "dos hombres unidos en un cuerpo".

Los presagios y señales acaecidos en Tlaxcala

Sin estas señales, hubo otras en esta provincia de Tlaxcala antes de la venida de los españoles, muy poco antes. La primera señal fue que cada mañana se veía una claridad que salía de las partes de Oriente, tres horas antes que el Sol saliese, la cual claridad era a manera de una niebla blanca muy clara, la cual subía hasta el cielo, y no sabiéndose qué pudiera ser ponía gran espanto y admiración.

También veían otra señal maravillosa, y era que se levantaba un remolino de polvo a manera de una manga, la cual se levantaba desde encima de la Sierra Matlalcueye que llaman agora la Sierra de Tlaxcala, la cual manga subía a tanta altura, que parecía llegaba al cielo.[6] Esta señal se vio muchas y diversas veces más de un año continuo, que asimismo ponía espanto y admiración, tan contraria a su natural y nación.

No pensaron ni entendieron sino que eran los dioses que habían bajado del cielo, y así con tan extraña novedad, voló la nueva por toda la tierra en poca o en mucha población. Como quiera que fuese, al fin se supo de la llegada de tan extraña y nueva gente, especialmente en México, donde era la cabeza de este imperio y monarquía.[7]

[6] La Sierra *Matlalcueye* o Sierra de Tlaxcala se conoce hoy día como "La Malinche".

[7] Muñoz Camargo, *Historia de Tlaxcala*, lib. II, cap. I.

PRIMERAS NOTICIAS DE LA LLEGADA DE LOS ESPAÑOLES

Introducción

De acuerdo con el testimonio de Alvarado Tezozómoc en su
Crónica mexicana, perturbado Motecuhzoma por los varios
presagios que se han descrito en los textos anteriores, hizo llamar a sabios y hechiceros con objeto de interrogarlos. Quería
averiguar si había señales de próximas guerras, de desastres
imprevistos, o de cualquier otra forma de desgracia.

Los nigrománticos en realidad no pudieron dar respuesta. Pero, en cambio, por ese tiempo apareció un pobre
macehual (hombre del pueblo), venido de las costas del
Golfo con las primeras noticias de la llegada de unas como
"torres o cerros pequeños que venían flotando por encima
del mar". En ellos venían gentes extrañas "de carnes muy
blancas, más que nuestras carnes, todos los más tienen

barba larga y el cabello hasta la oreja les da…" Tal noticia despertó la angustia de Motecuhzoma y, como veremos en el capítulo siguiente, movido a temor envió mensajeros y dones a quienes creyó que eran posiblemente Quetzalcóatl y otros dioses que volvían, según lo anunciado en sus códices y tradiciones.

Motecuhzoma interroga a los nigrománticos

Y mandó Motecuhzoma a *Petlacálcatl*,[1] que llamase a todos los mayordomos de todos los pueblos; de cada pueblo el suyo. Díjoles que fuesen a los pueblos que ellos tenían encomendados, y le buscasen nigrománticos en los pueblos, y si los hallasen, se los trajesen. Y algunos mayordomos trajeron algunos, los cuales venidos y dado aviso de ello a Motecuhzoma, traídos ante él, entraron e hincaron una rodilla en el suelo, le hicieron gran reverencia y les dijo:

—¿Habéis visto algunas cosas en los cielos, o en la tierra, en las cuevas, lagos de agua honda, ojos, puentes o manantiales de agua, algunas voces, como de mujer dolorida, o de hombres; visiones, fantasmas u otras cosas de éstas?

Como no habían visto cosa de las que deseaba Motecuhzoma, ni de las que él les preguntaba daban razón, dijo a Petlacálcatl:

—Llevadme a estos bellacos, y encerradlos en la

---

[1] *Petlacálcatl:* especie de mayordomo mayor. Jefe de *calpixques:* funcionarios encargados de diversos oficios en el palacio o en el templo.

cárcel de Cuauhcalco, de maderones, que ellos lo dirán, aunque no quieran.

Otro día llamó a Petlacálcatl, y díjole:

—Decidles a esos encantadores, que declaren alguna cosa, si vendrá enfermedad, pestilencia, hambre, langosta, terremotos de agua o secura de año, si lloverá o no, que lo digan; o si habrá guerra contra los mexicanos, o si vendrán muertes súbitas, o muertes por animales venidos, que no me lo oculten; o si han oído llorar a Cihuacóatl, tan nombrada en el mundo, que cuando ha de suceder algo, lo interpreta ella primero, aún mucho antes de que suceda.[2]

Respondieron los nigrománticos:

—¿Qué podemos decir? Que ya está dicho y tratado en el cielo lo que será, porque ya se nombró su nombre en el cielo, y lo que se trató de Motecuhzoma, que sobre él y ante él, ha de suceder y pasar un misterio muy grande: y si de esto quiere nuestro rey Motecuhzoma saber, es tan poco, que luego será ello entendido, porque a quien se mandó presto vendrá, y esto es lo que decimos nosotros, para que esté satisfecho; y pues ello ha de ser así, aguárdelo.

Fue luego Petlacálcatl y tratóselo de plano a Motecuhzoma, cómo presto vendría lo que había de venir. Admiróse Motecuhzoma de ver que conformaba esto con lo que dejó dicho Nezahualpilli [rey de Tetzcoco, hijo de Nezahualcóyotl]. Díjole Motecuhzoma al mayordomo:

[2] Otra alusión, como la que se halla en el sexto presagio incluido en el capítulo anterior, acerca de los recorridos nocturnos de la diosa Cihuacóatl, que iba llorando y gritando.

—Preguntadles, que esto que ha de venir o suceder, de dónde ha de venir, del cielo o de la tierra; de qué parte, de qué lugar y que cuándo será.

Volvió Petlacálcatl a ratificar la pregunta a los encantadores, y entrando y abriendo las puertas, no halló a persona alguna, de que quedó muy espantado. Fue luego Petlacálcatl a contárselo a Motecuhzoma: llegado ante él dijo:

—Señor mío, hacedme tajadas, o lo que más fuéredes servido: sabed, señor, que cuando llegué y abrí las puertas, estaba todo yermo, que uno ni ninguno parecía, pues yo también tengo especial cuenta, porque tengo allí viejos con la misma guarda de ellos y de otros, y no los sintieron salir, y creo que volaron, como son invisibles y se hacen todas las noches invisibles, y se van en un punto al cabo del mundo, esto deberían hacer.

Dijo Motecuhzoma:

—Váyanse los bellacos; llamad a los principales *Cuauhnochtli* y *Tlacochcálcatl* [3] y a los demás, que vayan a los pueblos donde ellos están, y maten a sus mujeres e hijos, que no quede uno ni ninguno y les derriben las casas.

Hizo llamar muchos mancebos que fuesen con ellos a saquear las casas de las mujeres de los nigrománticos, los cuales se juntaron luego, y fueron a las casas de ellos, y mataron a sus mujeres, que las iban ahogando con unas sogas, y a los niños iban dando con ellos en las paredes haciéndolos pedazos, y hasta el cimiento de las casas arrancaron de raíz.

---

[3] *Cuauhnochtli*: nombre de un alto funcionario de Tenochtitlan y Tlatelolco. *Tlacochcálcatl*: "jefe de la casa de los dardos".

A pocos días vino un *macehual*, de Mictlancuauhtla,[4] que nadie lo envió, ni principal ninguno, sino sólo de su autoridad. Luego que llegó a México, se fue derecho al palacio de Motecuhzoma y díjole:

—Señor y rey nuestro, perdóname mi atrevimiento. Yo soy natural de Mictlancuauhtla; llegué a las orillas de la mar grande, y vide andar en medio de la mar una sierra o cerro grande, que andaba de una parte a otra y no llega a las orillas, y esto jamás lo hemos visto, y como guardadores que somos de las orillas de la mar, estamos al cuidado.

Dijo Motecuhzoma:

—Sea norabuena, descansad.

Y este indio que vino con esta nueva no tenía orejas, que era desorejado, tampoco tenía dedos en los pies, que los tenía cortados.

Díjole Motecuhzoma a Petlacálcatl:

—Llevad a éste y ponedle en la cárcel del tablón, y mirad por él.

Hizo llamar a un *teuctlamacazqui* [sacerdote] y díjole:

—Id a Cuetlaxtlan, y decidle al que guarda el pueblo, que si es verdad que andan por la gran mar no sé qué, ni lo que es, que lo vayan a ver, y que qué es lo que guarda o encierra la mar del cielo, y esto sea con

---

[4] *Mictlancuauhtla*: "bosque de la región de los muertos". Según Orozco y Berra se trata de una población ya desaparecida, situada en las costas de Veracruz. Todavía en un mapa enviado a Felipe II en 1580 por el alcalde mayor Álvaro Patiño, aparece con el nombre alterado como Metlangutla.

toda brevedad y presteza, y llevad consigo en vuestra compañía a Cuitlalpítoc.

Llegados a Cuetlaxtlan dijeron y contaron la embajada de Motecuhzoma, y estaba muy atento el *Cuetlaxtécatl*, llamado *Pínotl*. Respondió [éste]:

—Señor, descansad y vayan luego prácticos que vean y anden las orillas de la mar, y verán lo que es.

Fueron a registrar y volvieron a toda prisa a dar noticia al Calpixque Pínotl, diciéndole cómo era verdad, que andaban como dos torres o cerros pequeños por encima de la mar. Dijo el *Teucnenenqui*[5] a Pínotl:

—Señor, quiero ir en persona a verlos y cómo son, para dar fe como testigo de vista, y estaré con esto satisfecho y haré la relación conforme lo que viere.

Y así fue luego con otros más que eran el Cuitlalpítoc y otro Cuetlaxtécatl, y luego que llegaron vieron lo que andaba por la orilla del mar, y habían salido con un barco y estaban pescando siete u ocho de los del barco con anzuelos.

El Teucnenenqui y el Cuitlalpítoc se subieron a un árbol, que llamaban árbol blanco, muy copudo, y desde allí los estaban mirando cómo cogían pescados. Y habiendo acabado de pescar, se volvieron otra vez a la nao con su batel o barquillo. Dijo el Teucnenenqui:

—Vamos, Cuitlalpítoc.

Bajáronse del árbol y volvieron al pueblo de Cuetlaxtlan, y al instante se despidieron del Pínotl. Volviéronse con toda la brevedad posible a la gran ciudad de México-Tenochtitlan, a dar la razón de lo que habían ido a ver.

[5] *Teucnenenqui*: "gran caminante o emisario".

Llegados a México, fuéronse derechos al palacio de Motecuhzoma, a quien hablaron con la reverencia y humildad debida. Dijéronle:

—Señor y rey nuestro, es verdad que han venido no sé qué gentes, y han llegado a las orillas de la gran mar, las cuales andaban pescando con cañas y otros con una red que echaban. Hasta ya tarde estuvieron pescando, y luego entraron en una canoa pequeña y llegaron hasta las dos torres y muy grandes y subían dentro, y las gentes serían como quince personas, con unos como sacos colorados, otros de azul, otros de pardo y de verde, y una color mugrienta como nuestro *ychtilmatle*,[6] tan feo; otros encarnados, y en las cabezas traían puestos unos paños colorados, y eran bonetes de grana, otros muy grandes y redondos a manera de comales pequeños, que deben de ser guardasol [que son sombreros] y las carnes de ellos muy blancas, más que nuestras carnes, excepto que todos los más tienen barba larga y el cabello hasta la oreja les da.

Motecuhzoma estaba cabizbajo, que no habló cosa ninguna.

Preparativos ordenados por Motecuhzoma

Al cabo de gran rato habló Motecuhzoma y dijo:

—Vos sois principales de mi casa y palacio; no puedo dar más fe ni crédito a otra persona más que a vos, porque me tratáis la verdad cada día: id ahora vos y el

---

[6] *Ychtilmatle*. Mejor, *ichtilmatli*: capa o "tilma" hecha con fibra de maguey.

mayordomo, y traedme al que está preso en la cárcel, que vino por mensajero de la costa: idos por él a la cárcel adonde estaba entapiado.

Fueron, y abriendo las puertas, no lo hallaron donde lo habían puesto, de que quedaron admirados y espantados. Fuéronselo a decir a Motecuhzoma, de que quedó más espantado y admirado, y dijo:

—En fin, es de la cosa natural, que casi todos son nigrománticos, pues mirad lo que os mando con pena, que si alguna cosa descubriéredes de lo que os digo, debajo de mi estrado os tengo de enterrar, y morirán vuestras mujeres e hijos, y os despojarán de todos vuestros bienes y desharán vuestras casas, hasta los postreros cimientos, hasta que salga agua de ellos, y asimismo morirán vuestros deudos y parientes; y traedme secretamente dos plateros muy buenos oficiales de obra primorosa, y dos lapidarios de los buenos gastadores de esmeraldas.

Dijéronle:

—Señor, aquí están los oficiales que mandaste traer.

Dijo Motecuhzoma: —Hacedlos entrar acá.

Entraron y díjoles:

—Venid acá, padres míos; habéis de saber que os envié a llamar para que hagáis cierta obra, y mirad que no lo descubráis a hijo de madre, so pena de las graves penas de tirar hasta los cimientos de casas, pérdida de bienes y muerte vuestra; de mujer, hijos y parientes, porque todos han de morir: cada uno ha de hacer dos obras, y se han de hacer delante de mí. Aquí secretamente en este palacio adonde ahora estamos: hase de hacer un ahogadero o cadena de oro de a cuatro dedos cada eslabón, muy delgado, y han de llevar estas piezas y medallas en medio unas esmeraldas ricas, y a los lados, como a manera de zarcillos, de dos en dos, y luego se harán unas muñequeras de oro y su cadena de oro colgando de él, y esto con toda la brevedad del mundo.

A los otros oficiales les mandó hacer dos amosqueadores grandes de rica plumería y en medio una media luna de oro, y de la otra parte el sol muy bien bruñido el oro, que relumbre de lejos, y dos brazaletes de oro, con muy rica plumería. Y a los lapidarios les mandó hacer a cada uno, dos muñequeras de dos, o para las dos manos y para los dos pies, de oro, en medio engastadas ricas esmeraldas. Y mandó al mayordomo Petlacálcatl, que trajese luego secretamente mucho oro que estaba en cañutos, y mucha plumería rica de la menuda, la más suprema de las aves *tlauhquechol* y *tzinitzcan zacuan*,[7] y muchas esmeraldas y otras piedras ricas de muy gran valor: todo lo cual dieron a los oficiales, y en pocos días fue acabada toda la obra. Y una mañana, luego que se levantó Motecuhzoma, enviaron a uno de los corcovados a rogar al rey Motecuhzoma que se llegase al aposento de los oficiales. Habiendo entrado, después de haberle hecho todos gran reverencia, le dijeron:

—Señor nuestro, la obra toda está de todo punto acabada: veisla aquí, señor.

[7] *Tlauhquechol*: ave roja; posiblemente el flamenco o la guacamaya. Según Garibay, probablemente es toda ave roja y grande. *Tzinitzcan*: ave de pluma fina *(Trogonorus mexicanus)*. *Zacuan*: otra ave de vistoso plumaje, color amarillo dorado.

Parecióle muy bien todo lo hecho a Motecuhzoma. Díjoles que estaba muy bien hecho y a su contento y placer. Hizo llamar a Petlacálcatl su real mayordomo y díjole:

—A cada uno de estos mis abuelos, dadles a cada uno una carga de mantas de las de a diez brazas y de a ocho, y de a cuatro, y mantas ricas, pañetes, huipiles, naguas para mis abuelas, maíz, chile, pepita, algodón, frijol, a cada uno igualmente —y con esto se fueron muy contentos los oficiales a sus casas...[8]

[8] Tomado de *Crónica mexicana*, de Alvarado Tezozómoc, caps. CVI y CVII. El texto presentado se conserva sólo en castellano. Su autor, Tezozómoc, escribió también la *Crónica mexicáyotl*, en náhuatl.

III

LAS IDAS Y VENIDAS DE LOS MENSAJEROS

Introducción

*Hablan los textos indígenas, principalmente los informan-
tes de Sahagún, acerca de las varias idas y venidas de los
mensajeros de Motecuhzoma hacia las costas del Golfo, por
donde habían aparecido los forasteros. Se ofrecen primero
algunos textos tomados del Códice Florentino referentes
a las instrucciones dadas por Motecuhzoma a sus mensajeros. En dichos textos aparece claramente la proyección que
hicieron los nahuas de sus antiguas ideas para explicarse la
venida de los españoles: pensaban que el recién llegado era
Quetzalcóatl, Nuestro Príncipe.*

*A continuación, relatan los mexicas el modo como llega-
ron los mensajeros hasta la orilla del mar, siendo allí recibidos por los españoles, a quienes entregaron los dones envia-*

dos por Motecuhzoma. Es particularmente interesante la descripción que hacen en seguida de los dones ofrecidos a Cortés y del modo como éste trató luego de atemorizarlos, disparando ante su vista un arcabuz.

La tercera parte de este capítulo trata del regreso de los mensajeros de Motecuhzoma a México-Tenochtitlan y de los informes que dan a éste, acerca de cómo eran los españoles, sus cañones, los animales en que venían montados, especie de "venados" enormes, pero sin cuernos, sus perros, etcétera.

Motecuhzoma instruye a sus mensajeros

Motecuhzoma luego dio órdenes al de Cuetlaxtlan, Pínotl, y a todos ellos. Les dijo:

—Dad orden: que haya vigilancia por todas partes en la orilla del agua, en donde se llama Nauhtla, Tuztlan, Mictlancuauhtla. Por donde ellos [los forasteros] vienen a salir.

Inmediatamente se fueron los mayordomos. Dieron órdenes de que hubiera vigilancia.

Por su parte Motecuhzoma hizo junta con sus príncipes:

El Cihuacóatl Tlilpotonqui, el Tlacochcálcatl Cuappiaztzin, el Tizociahuácatl Quetzalaztatzin, el Huiznahuatlailótlac Hecateupatiltzin. Les hizo oír el relato y les mostró, les puso a la vista los collares que había mandado hacer.

Les dijo:

—Hemos admirado las turquesas azules. Se guardarán bien. Los tesoreros las guardarán bien. Si dejan que se pierda alguna, nuestras serán sus casas, nuestros sus hijos, los que están en el seno materno.

E hizo su turno el año, que linda con 13-Conejo. Y cuando ya va a tener fin, al ya acabarse el año 13-Conejo, vienen a salir, son otra vez vistos.

Luego presurosos vienen a dar cuenta a Motecuhzoma. Al saberlo, también de prisa envía mensajeros. Era como si pensara que el recién llegado era nuestro príncipe Quetzalcóatl.

Así estaba en su corazón: venir solo, salir acá: vendrá para conocer su sitio de trono y solio. Como que por eso se fue recto, al tiempo que se fue.

Envió Motecuhzoma cinco que lo fueran a encontrar, que le fueran a regalar dones. Los guiaba un sacerdote, el que tenía a cargo y bajo su nombre el santuario de Yohualichan.

En segunda, el de Tepoztlan; el tercero, el de Tizatlan; el cuarto era el de Huehuetlan, y el quinto, el de Mictlan grande.

Les dijo:

—Venid acá, caballeros tigres, venid acá.

Dizque otra vez ha salido a tierra nuestro señor.

Id a su encuentro, id a hacerle oír; poned buena oreja a lo que él os diga. Buena oreja tenéis que guardar.

Los dones que se ofrecen a los recién venidos

He aquí con lo que habéis de llegar delante de nuestro señor:

Éste es el tesoro de Quetzalcóatl:

Una máscara de serpiente, de hechura de turquesas.

Un travesaño para el pecho, hecho de plumas de quetzal.

Un collar tejido a manera de petatillo: en medio tiene colocado un disco de oro.

Y un escudo de travesaños de oro, o bien con travesaños de concha nácar: tiene plumas de quetzal en el borde y unas banderolas de la misma pluma.

También un espejo de los que se ponen al trasero los danzantes, guarnecido de plumas de quetzal. Ese espejo parece un escudo de turquesas: es mosaico de turquesas, de turquesas está incrustado, tachonado de turquesas.

Y una ajorca de *chalchihuites*,[1] con cascabelillos de oro.

Igualmente, un lanza-dardos guarnecido de turquesas: todo de turquesas lleno. Es como si tuviera cabecillas de serpiente; tiene cabezas de serpiente.

Y unas sandalias de obsidiana.

En segundo lugar les dio el atavío de Tezcatlipoca:

Un capacete de forma cónica, amarillo, por el oro, lleno todo él de estrellas.

Y sus orejeras adornadas con cascabeles de oro.

Y un collar de concha fina: un collar que cubre el pecho, con hechura de caracoles, que parecen esparcirse desde su borde.

Y un chalequillo todo pintado, con el ribete con sus ojillos: en su ribete hay pluma fina que parece espuma.

---

[1] *Chalchihuites:* diversas clases de piedras verdes: jades y jadeítas.

Un manto de hilos atados de color azul, éste se llama el "campaneante resonador". A las orejas se alza y allí se ata.

También está colocado un espejo de dorso.

Y también un juego de cascabeles de oro que se atan al tobillo.

Y un juego de sandalias de color blanco.

En tercer lugar, el atavío de *Tlalocan Tecuhtli* [señor del Tlalocan]:

Una peluca de plumas de quetzal y de garza: toda hecha de pluma de quetzal, llena totalmente de pluma de quetzal; como que verdeguea, como que está verdegueando, y sobre ella, un travesaño hecho de oro y concha nácar.

Unas orejeras en forma de serpiente, hechas de chalchihuite.

Su chalequillo matizado con chalchihuites.

Su collar: un collar de chalchihuites, tejidos en petatillo, también con un disco de oro.

También un espejo para la parte de atrás, tal como se dijo, también con campanillas.

La manta con que se cubre, con bordes de anillos rojos, y cascabeles para el pie, hechos de oro.

Y su bastón de forma serpentina con mosaico de turquesas.

En cuarto lugar, también el atavío de Quetzalcóatl:

Una diadema de piel de tigre con plumas de faisán: sobre ella hay una enorme piedra verde: con ésta está ataviada la cabeza.

Y orejeras de turquesas, de forma redonda, de las cuales pende un zarcillo curvo de concha y oro.

Y un collar de chalchihuites tejido en manera de petatillo: también en el medio yace un disco de oro.

Y la manta con que se cubre, con ribetes rojos.

También requiere en el pie cascabeles de oro.

Y un escudo de oro, perforado en el medio, con plumas de quetzal tendidas en su borde; también con banderola de quetzal.

Y el cayado torcido propio de Ehécatl: curvo por arriba, con piedras preciosas blancas, constelado.

Y sus sandalias de espuma.

Allí están todos los géneros de insignias que se llaman "insignias divinas". Fueron puestos en posesión de los embajadores. Y aun muchos más objetos que llevaron como regalos de bienvenida:

Un capacete de caracol hecho de oro.

Una diadema de oro.

Luego esto fue acomodado en cestones, fue dispuesto en armadijos para la carga.

Y por lo que toca a los cinco mencionados, luego les da órdenes Motecuhzoma, les dice:

—Id, no os demoréis. Haced acatamiento a nuestro señor el dios. Decidle:

"Nos envía acá tu lugarteniente Motecuhzoma. He aquí lo que te da en agasajo al llegar a tu morada de México".

Llegan los mensajeros ante los españoles

Pues cuando hubieron llegado al borde del mar, los transportaron, en barcas los llevaron a Xicalanco.

Otra vez allí los tomaron en barcas, los llevaron los marineros: todos los objetos pusieron en barcas, los colocaron, los metieron en ellas.

Y metidos ya en sus canoas, por el río fueron, llegaron a las barcas de aquéllos [de los españoles], se repegaron a sus barcas.

Ellos [los españoles] les dijeron:

—¿Quiénes sois vosotros? ¿De dónde vinisteis?

—Hemos venido de México.[2]

Otra vez les dijeron:

—Puede ser o no ser que vosotros de allá procedáis, o tal vez no más lo inventáis; tal vez no más de nosotros os estáis burlando.

Pero su corazón se convenció, quedó satisfecho su corazón. Luego pusieron un gancho en la proa de la nave; con ella los levantaron estirando, luego pararon una escala.

Por tanto, subieron a la nave. Iban llevando en los barcos los objetos. Uno a uno hicieron la ceremonia de tocar la tierra con la boca delante del capitán [o sea, hicieron reverencia y juramento].

En seguida le hacen una arenga, le dicen:

—Dígnese oírlo el dios: viene a rendir homenaje su lugarteniente Motecuhzoma. Él tiene en cargo la ciu-

[2] Los mensajeros de Motecuhzoma y los españoles pudieron entablar estos diálogos desde un principio gracias a que Cortés traía consigo a Jerónimo de Aguilar y a Malintzin. Esta última, que comprendía las palabras de los indios dichas en náhuatl, las comunicaba a Aguilar en maya, quien finalmente las traducía al castellano para que los conquistadores pudieran entenderlas.

Los españoles reciben a los mensajeros de Motecuhzoma
(*Códice Florentino*)

dad de México. Dice: "Cansado ha quedado, fatigado está el dios".

En seguida atavían al capitán. Le pusieron con esmero la máscara de turquesas, en ella estaba fijada la banda travesaña de pluma de quetzal.

Y de esta máscara va pendiendo, en ella está la orejera de uno y otro lado.

Y le pusieron el chalequillo, lo enchalecaron. Y le pusieron al cuello el collar de petatillo: el petatillo de chalchihuites: en medio tiene un disco de oro.

Después, en su cadera le ataron el espejo que cae hacia atrás y también le revistieron por la espalda la manta llamada "campanillante".

Y en sus pies le colocaron las grebas que usan los huastecos, consteladas de chalchihuites, con sus cascabeles de oro.

También le dieron, en su mano le pusieron el escudo que tiene travesaño de oro y de concha nácar, con sus flecos de pluma de quetzal y sus banderolas de lo mismo.

Ante su vista pusieron las sandalias de obsidiana.

En cuanto a los otros tres géneros de atavíos divinos, no hicieron más que colocarlos enfrente de él, los ordenaron allí.

Así las cosas, díjoles el capitán:

—¿Acaso ésta es toda vuestra ofrenda de bienvenida? ¿Aquello con que os llegáis a las personas?

Dijeron ellos:

—Es todo: con eso hemos venido, señor nuestro.

Entonces dio órdenes el capitán; en consecuencia, fueron atados [los mexicas]; les pusieron hierros en los pies y en el cuello. Hecho eso, dispararon el cañón grande.

Y en este momento los enviados perdieron el juicio, quedaron desmayados. Cayeron, se doblaron cada uno por su lado: ya no estuvieron en sí.

Los españoles, por su parte, los levantaron, los alzaron, les dieron a beber vino, y en seguida les dieron de comer, los hicieron comer. Con esto, recobraron su aliento, se reconfortaron.

Así las cosas, les dijo el capitán:

—Oídlo: he sabido, ha llegado a mi oído, que dizque los mexicanos son muy fuertes, que son muy guerreros, que son muy tremendos.

Si es un solo mexicano, muy bien pone en fuga, bien hace retroceder, bien vence, bien sobrepasa, aunque de veras sean diez y acaso aun si son veinte los guerreros.

Pues ahora mi corazón quiere quedar convencido; voy a ver yo, voy a experimentar qué tan fuertes sois, ¡qué tan machos!

Les dio en seguida escudos de cuero, espadas y lanzas. Y además [dijo]:

—Muy tempranito, al alba se hará: vamos a contender unos con otros: vamos a hacer torneo en parejas; nos desafiaremos. Tendremos conocimiento de las cosas. ¡A ver quién cae al suelo!

Respondieron al capitán, le dijeron:

—Óigalo el señor: ¡puede ser que esto no nos lo mandara Motecuhzoma, lugarteniente tuyo!… En exclusiva comisión hemos venido, a dar reposo y descanso hemos venido, a que nos saludemos unos a otros. No es de nuestra incumbencia lo que el señor quiere. Pero si tal cosa hiciéramos, pudiera ser que por ello se enojara mucho Motecuhzoma. Por esto acabará con nosotros.

Dijo al punto el capitán:

—No, se tiene que hacer. Quiero ver, quiero admirar: ha corrido fama en Castilla de que dizque sois muy fuertes, muy gente de guerra. Por ahora, comed muy temprano: también yo comeré. ¡Mucho ánimo!

Después los despachó, los hizo bajar a su navío de ellos [de los mexicas]. No bien hubieron bajado a su nave, remaron fuertemente. Se remaba con ardiente afán. Algunos aun con las manos remaban, iban con el alma afanada. Se decían unos a otros presurosos:

—¡Mis capitanes, con todas vuestras fuerzas!... ¡Remad esforzadamente. No vaya a sucedernos algo aquí! ¡Que nada nos pase!...

Con toda prisa llegaron por el mar hasta el sitio llamado Xicalanco.

Con trabajos tomaron aliento allí. Luego con gran empeño siguieron su camino. Llegaron a Tecpantlayacac. De allí se pusieron en camino, fueron de marcha y llegaron presurosos a Cuetlaxtlan. Tal como en su viaje de ida, tomaron allí aliento.

Y el cuetlaxteca les dijo:

—¡Siquiera un día descansen! ¡Siquiera tomen aliento! Pero ellos le dijeron:

—¡Pues no! Estamos de prisa: vamos a darle cuenta al señor rey Motecuhzoma. Le diremos qué hemos visto. Cosa muy digna de asombro. ¡Nunca cosa así se vio! O, ¿acaso tú antes lo oíste?

Regreso de los mensajeros

Luego de prisa se fueron, hasta México llegaron. Y entraron no más de noche; sólo en la noche llegaron.

Y cuando esto sucedió, Motecuhzoma ya no supo de sueño, ya no supo de comida. Ya nadie con él hablaba. Y si alguna cosa hacía, la tenía como cosa vana. Casi cada momento suspiraba. Estaba desmoralizado, se tenía como un abatido.

Ya nada que da dicha, ya no cosa que da placer, ya no cosa de deleite le importaba.

Y por todo esto decía:

—¿Qué sucederá con nosotros? ¿Quién de veras queda en pie?

¡Ah, en otro tiempo yo fui!... ¡Vulnerado de muerte está mi corazón! ¡Cual si estuviera sumergido en chile, mucho se angustia, mucho arde!... ¿A dónde, pues, nuestro señor?

Entonces dio órdenes a los que tenían el cargo de vigilar, los que guardaban sus principales cosas. Les dijo:

—Aun cuando durmiendo esté, avisadme: "Ya llegaron los que enviaste a la mar".

Pero cuando fueron a decirlo, dijo al momento:

—Aquí no los quiero oír. Los oiré allá en la Casa de la Serpiente. Que allá se vayan.

Y viene a dar orden, dice: —¡Que se tiñan de greda dos cautivos!...

Y luego fueron a la Casa de la Serpiente los enviados. También él, Motecuhzoma. Luego a sus ojos fueron los sacrificios. Abrieron el pecho a los cautivos: con su sangre rociaron a los enviados.

La razón de hacer tal cosa, es haber ido por camino muy difícil; por haber visto a los dioses; haber fijado sus ojos en su cara y en su cabeza. ¡Bien con los dioses conversaron!…

Lo que vieron los mensajeros

Hecho esto, luego dan cuenta a Motecuhzoma. Le dijeron en qué forma se habían ido a admirar y lo que estuvieron viendo, y cómo es la comida de aquéllos.

Y cuando él hubo oído lo que le comunicaron los enviados, mucho se espantó, mucho se admiró. Y le llamó a asombro en gran manera su alimento.

También mucho espanto le causó el oír cómo se desmaya uno; se le aturden a uno los oídos.

Y cuando cae el tiro, una como bola de piedra sale de sus entrañas: va lloviendo fuego, va destilando chispas, y el humo que de él sale, es muy pestilente, huele a lodo podrido, penetra hasta el cerebro causando molestia.

Pues si va a dar con un cerro, como que lo hiende, lo resquebraja, y si da contra un árbol, lo destroza hecho astillas, como si fuera algo admirable, cual si alguien le hubiera soplado desde el interior.

Sus aderezos de guerra son todos de hierro: hierro se visten, hierro ponen como capacete a sus cabezas, hierro son sus espadas, hierro sus arcos, hierro sus escudos, hierro sus lanzas.

Los soportan en sus lomos sus "venados". Tan altos están como los techos.

Por todas partes vienen envueltos sus cuerpos, solamente aparecen sus caras. Son blancas, son como si fueran de cal. Tienen el cabello amarillo, aunque algunos lo tienen negro. Larga su barba es, también amarilla; el bigote también tienen amarillo. Son de pelo crespo y fino, un poco encarrujado.

En cuanto a sus alimentos, son como alimentos humanos: grandes, blancos, no pesados, cual si fueran paja. Cual madera de caña de maíz, y como de médula de caña de maíz es su sabor. Un poco dulces, un poco enmielados: se comen como miel, son comida dulce.

Pues sus perros son enormes, de orejas ondulantes y aplastadas, de grandes lenguas colgantes; tienen ojos que derraman fuego, están echando chispas: sus ojos son amarillos, de color intensamente amarillo.

Sus panzas, ahuecadas, alargadas como angarilla, acanaladas.

Son muy fuertes y robustos, no están quietos, andan jadeando, andan con la lengua colgando. Manchados de color como tigres, con muchas manchas de colores.

Cuando hubo oído todo esto Motecuhzoma se llenó de grande temor y como que se le amorteció el corazón, se le encogió el corazón, se le abatió con la angustia.[3]

[3] Informantes de Sahagún, *Códice Florentino*, lib. XII, caps. III y IV (versión de Ángel Ma. Garibay K.).

IV

ACTITUD PSICOLÓGICA DE MOTECUHZOMA

Introducción

Enterado por los informes de sus mensajeros de la llegada de esos forasteros que traían consigo animales y cosas tan extrañas, el ánimo de Motecuhzoma se turbó cada vez más. Los informantes de Sahagún refieren cómo envió toda clase de magos y brujos para causar algún maleficio a los españoles e impedir se acercaran a México-Tenochtitlan. En medio de sus dudas, pensando que posiblemente fueran dioses, Motecuhzoma envió también cautivos para que fueran sacrificados en su presencia. Los informantes nos describen vivamente cuál fue la reacción de los españoles al enterarse de esto.

El texto indica también por qué fueron llamados "dioses" los conquistadores. Antes de forjarse una imagen capaz de explicar la presencia de los forasteros, por una especie de proyección, se les aplica el viejo mito del retorno de Quetzalcóatl. Se pensó que eran los dioses venidos del cielo, los dioses que regresaban.

Los magos fracasaron en su intento de causar un maleficio a los españoles, para lograr que decidieran mejor alejarse. Los mensajeros comunican todo esto a Motecuhzoma.

En México-Tenochtitlan, tanto Motecuhzoma como el pueblo en general viven intensos días de terror. "Los dioses", o unos extraños forasteros, venidos de más allá del mar inmenso, amenazan con acercarse a la gran capital mexica. El texto indígena nos pinta algo así como un retrato psicológico de la figura de Motecuhzoma agobiado por las dudas y las vacilaciones. Al fin vemos al gran tlahtoani (o rey) resignado, dominando su corazón para ver y admirar lo que habrá de suceder.

Motecuhzoma envía magos y hechiceros

En este tiempo precisamente despachó una misión Motecuhzoma. Envió todos cuantos pudo, hombres inhumanos, los presagiadores, los magos. También envió guerreros, valientes, gente de mando.

Ellos tenían que tener a su cargo todo lo que les fuera menester de cosas de comer: gallinas de la tierra, huevos de éstas, tortillas blancas. Y todo lo que aquéllos [los españoles] pidieran, o con que su corazón quedara satisfecho. Que los vieran bien.

Envió cautivos con que les hicieran sacrificio: quién sabe si quisieran beber su sangre. Y así lo hicieron los enviados.

Pero cuando ellos [los españoles] vieron aquello [las víctimas] sintieron mucho asco, escupieron, se restregaban las pestañas; cerraban los ojos, movían la cabeza. Y la comida que estaba manchada de sangre, la desecharon con náusea; ensangrentada hedía fuertemente, causaba asco, como si fuera una sangre podrida.

Y la razón de haber obrado así Motecuhzoma es que él tenía la creencia de que ellos eran dioses, por dioses los tenía y como a dioses los adoraba. Por esto fueron llamados, fueron designados como "Dioses venidos del cielo". Y en cuanto a los negros, fueron dichos: "divinos sucios".

Hasta entonces comieron las tortillas blancas, los huevos, las gallinas, y toda especie de frutos, como son:

Zapote de árbol [zapotes de varios géneros].

Tezonzapote [mamey].

Aztazapote [zapote blanco].

Zapote caca de gallina [tal vez el chicozapote].

Camote, cuauhcamote, poxcauhcamote [camote manchado: morado], xochicamote [camote morado], tlapalcamote [camote rojo].

Jícama, mazaxócotl [¿fruta del venado?], atoyajacote [fruta del río], xalxócotl [guayaba].

Cuauhjilotes, aguacates, huajes, tejocotes, capulines, tunas, tunas rojas, tunas de dulce, tunas de zapote, tunas de agua.

También comida para los "venados" [caballos]; punta de tule, recortes de hierba.

Y aun dizque [los envió] para que vieran qué casta de gente era aquélla: a ver si podían hacerles algún hechizo, procurarles algún maleficio. Pudiera ser que les soplaran algún aire, o les echaran algunas llagas, o bien alguna cosa por este estilo les produjeran.

O también pudiera ser que con alguna palabra de encantamiento les hablaran largamente, y con ella tal vez los enfermaran, o se murieran, o acaso se regresaran a donde habían venido.

Por su parte ellos hicieron su oficio, su comisión para con los españoles, pero de nada fueron capaces en absoluto, nada pudieron hacer.

Se informa a Motecuhzoma del fracaso de los magos

En consecuencia, al momento regresaron presurosos, dieron cuenta a Motecuhzoma de qué condición eran, y cuán fuertes:

—¡No somos sus contendientes iguales, somos como unas nadas!

Por tanto, Motecuhzoma dio órdenes rigurosas: intimó con enojo, punzantemente mandó, bajo amenaza de muerte impuso precepto a los mayordomos y a todos los principales, capitanes, de que vieran y cuidaran esmeradamente sobre todo lo que aquéllos pudieran necesitar.

Y cuando salieron de sus naves [los españoles] y al fin ya van a emprender la marcha hacia acá, y ya están en movimiento, ya van siguiendo su camino, fueron muy esmeradamente cuidados, se les hicieron honores: venían bajo el amparo de ellos, vinieron siguiendo su camino: mucho se hizo en favor suyo.

Ahora bien, Motecuhzoma cavilaba en aquellas cosas, estaba preocupado; lleno de terror, de miedo: cavilaba qué iba a acontecer con la ciudad. Y todo el mundo estaba muy temeroso. Había gran espanto y había terror. Se discutían las cosas, se hablaba de lo sucedido.

Hay juntas, hay discusiones, se forman corrillos, hay llanto, se hace largo llanto, se llora por los otros. Van con la cabeza caída, andan cabizbajos. Entre llanto se saludan; se lloran unos a otros al saludarse. Hay intento de animar a la gente, se reaniman unos a otros. Hacen caricias a otros, los niños son acariciados.

Los padres de familia dicen:

—¡Ay, hijitos míos!… ¿Qué pasará con vosotros? ¡Oh, en vosotros sucedió lo que va a suceder!…

Y las madres de familia dicen:

—¡Hijitos míos! ¿Cómo podréis vosotros ver con asombro lo que va a venir sobre vosotros?

También se dijo, se puso ante los ojos, se le hizo saber a Motecuhzoma, se le comunicó y se le dio a oír, para que en su corazón quedara bien puesto:

—Una mujer, de nosotros los de aquí, los viene acompañando, viene hablando en lengua náhuatl. Su nombre, Malintzin; su casa, Teticpac. Allá en la costa primeramente la cogieron…

Por este tiempo también fue cuando ellos [los españoles], hacían con instancia preguntas tocante a Motecuhzoma: cómo era, si acaso muchacho, si acaso hombre maduro, si acaso viejo. Si aún tenía vigor, o si ya tenía sentido de viejo, si acaso ya era un hombre anciano, si tenía cabeza blanca.

Y les respondían a los "dioses", a los españoles:

—Es hombre maduro; no grueso, sino delgado, un poco enjuto; no más cenceño, de fino cuerpo.

Motecuhzoma piensa en huir

Pues cuando oía Motecuhzoma que mucho se indagaba sobre él, que se escudriñaba su persona, que los "dioses" mucho deseaban verle la cara, como que se le apretaba el corazón, se llenaba de grande angustia. Estaba para huir, tenía deseos de huir; anhelaba esconderse huyendo, estaba para huir. Intentaba esconderse, ansiaba esconderse. Se les quería esconder, se les quería escabullir a los "dioses".

Y pensaba y tuvo el pensamiento; proyectaba y tuvo el proyecto; planeaba y tuvo el plan; meditaba y andaba meditando en irse a meter al interior de alguna cueva.

Y a algunos de aquellos en quienes tenía puesto el corazón, en quienes el corazón estaba firme, en quienes tenía gran confianza, los hacía sabedores de ello. Ellos le decían:

—Se sabe el lugar de los muertos, la Casa del Sol, y la Tierra de Tláloc, y la Casa de Cintli. Allá habrá que ir. En donde sea tu buena voluntad.

Por su parte él tenía su deseo: deseaba ir a la Casa de Cintli [templo de la diosa del maíz].

Así se pudo saber, así se divulgó entre la gente.

Pero esto no lo pudo. No pudo ocultarse, no pudo esconderse. Ya no estaba válido, ya no estaba ardoroso; ya nada se pudo hacer.

La palabra de los encantadores con que habían trastornado su corazón, con que se lo habían desgarrado, se lo habían hecho estar como girando, se lo habían dejado lacio y decaído, lo tenía totalmente incierto e inseguro por saber [si podría ocultarse] allá donde se ha mencionado.

No hizo más que esperarlos. No hizo más que resolverlo en su corazón, no hizo más que resignarse; dominó finalmente su corazón, se recomió en su interior, lo dejó en disposición de ver y de admirar lo que habría de suceder.[1]

[1] Informantes de Sahagún, *Códice Florentino*, lib. XII, caps. VIII y IX (versión de Ángel Ma. Garibay K.).

V

LOS ESPAÑOLES SE PONEN EN MARCHA:
LLEGADA A TLAXCALA Y CHOLULA

Introducción

No obstante los esfuerzos de los mensajeros de Motecuhzoma con el fin de impedir que los españoles trataran de
acercarse a México-Tenochtitlan, la gente de Cortés de-
cidió ponerse en marcha. Los dos textos indígenas que se
transcriben en este capítulo, el primero de los informantes indígenas de Sahagún y el segundo de la Historia de
Tlaxcala de Muñoz Camargo, nos relatan la llegada de los
españoles a Tlaxcala y Cholula.

La sección de los informantes indígenas da cuenta del
primer combate tenido por los españoles con un grupo de
otomíes procedentes de Tecoac. Se refiere en seguida cómo
decidieron los tlaxcaltecas recibir en son de paz a los ex-

tranjeros. Llegados ya los españoles, muy pronto empezaron los tlaxcaltecas a intrigar en contra de la gente de Cholula y de los mexicas.

Es interesante ver la doble versión que acerca de los motivos de la matanza perpetrada por los españoles en Cholula nos dan, por una parte los informantes de Sahagún y por otra el autor de la Historia de Tlaxcala. Según los primeros, todo se debió a intrigas de los tlaxcaltecas "cuya alma ardía contra los de Cholula". La versión de la Historia de Tlaxcala es en cambio distinta: se dice que los cholultecas dieron ocasión a su propia destrucción, al no haberse sometido a los españoles y al asesinar traidoramente a Patlahuatzin, embajador tlaxcalteca, que incitaba a los cholultecas a aliarse con los españoles. Esta versión, inventada tal vez por los tlaxcaltecas, para excusar su participación en la matanza de Cholula, no encuentra corroboración, ni en la Historia de Bernal Díaz del Castillo, ni en las Cartas de relación de Cortés.

Los españoles se ponen en marcha

Pues al fin vienen, los españoles ya se pusieron en marcha hacia acá.

Un hombre de Cempoalla, llamado el Tlacochcálcatl, también primero lo habían hallado cuando vinieron a ver tierras y ciudades, también venía hablando náhuatl. Éste les viene preparando el camino, éste les viene haciendo cortar caminos, éste les viene dando el verdadero camino. Los guiaba, los traía, viniendo por delante.

Y cuando a Tecoac llegaron, fue en tierra de tlaxcaltecas, en donde estaban poblando sus otomíes. Pues

esos otomíes les salieron al encuentro en son de guerra; con escudos les dieron la bienvenida.

Pero a los otomíes de Tecoac muy bien los arrui-
naron, totalmente los vencieron. Los dividieron en
bandas, hubo división de grupos. Los cañonearon, los
asediaron con la espada, los flecharon con sus arcos. Y
no unos pocos sólo, sino todos perecieron.

Y cuando Tecoac fue derrotado, los tlaxcaltecas lo
oyeron, lo supieron: se les dijo. Mucho se amedren-
taron, sintieron ansias de muerte. Les sobrevino gran
miedo, y de temor se llenaron.

Entonces se congregaron, en asamblea se reunieron. Se reunieron los caudillos, los capitanes se juntaron. Unos a otros se decían el hecho, y dijeron:

—¿Cómo seremos? ¿Iremos a su encuentro? ¡Muy
macho y muy guerrero es el otomí: en nada lo tuvieron, como nada lo miraron!...

¡Todo con una mirada, todo con un volver de ojos
acabaron con el infeliz macehual!...

Pues ahora, entremos a su lado; hagámonos sus
amigos, seamos amigos suyos. ¡Los de abajo están
arruinados!...

Llegada a Tlaxcala

Pues en seguida van a darles encuentro, los señores
de Tlaxcala. Llevaron consigo comida: gallinas de la
tierra, huevos, tortillas blancas, tortillas finas.

Les dijeron:

—Os habéis fatigado, señores nuestros.

Respondieron ellos:

—¿Dónde es su casa? ¿De dónde han venido?

Dijeron:

—Somos de Tlaxcala. Os habéis fatigado; habéis llegado y habéis entrado a vuestra tierra: es vuestra casa Tlaxcala. Es vuestra casa la Ciudad del Águila, Tlaxcala.

Pues allá en la antigüedad se llamaba *Texcala:* sus habitantes se designaban *texcaltecas.*[1]

Los condujeron, los llevaron, los fueron guiando. Los fueron a dejar, los hicieron entrar a su casa real.

Mucho los honraron, les proporcionaron todo lo que les era menester, con ellos estuvieron en unión y luego les dieron sus hijas.

Luego ellos preguntaron:

—¿Dónde es México? ¿Qué tan lejos es?

Les respondieron:

—Ya no es lejos. Tal vez en tres días se llegará. Es muy buen lugar. Y muy valientes, muy guerreros, conquistadores. Por todo lugar andan conquistando.

Intrigas contra los de Cholula

Pero los de Tlaxcala ha tiempo están en guerra, ven con enojo, ven con mala alma, están en disgusto, se les arde el alma contra los de Cholula. Ésta fue la razón de que le dieran hablillas [al conquistador] para que acabara con ellos.

[1] *Texcala:* "en los peñascos". Tal es la interpretación dada por los mexicas al origen de la palabra *Tlaxcala*, que para los tlaxcaltecas significaba: "en el lugar de las tortillas de maíz".

Le dijeron:

—Es un gran perverso nuestro enemigo el de Cholula. Tan valiente como el mexicano. Es amigo del mexicano.

Pues cuando esto oyeron los españoles, luego se fueron a Cholula. Los fueron llevando los de Tlaxcala, y los de Cempoala. Estaban todos en son de guerra.

La matanza de Cholula

Cuando se hubo llegado, se dieron gritos, se hizo pregón: los guías, y también los hombres del pueblo.

Hubo reunión en el atrio del dios.

Pues cuando todos se hubieron reunido, luego se cerraron las entradas: por todos los sitios donde había entrada.

En el momento hay acuchillamiento, hay muertes, hay golpes. ¡Nada en su corazón temían los de Cholula!

No con espadas, no con escudos hicieron frente a los españoles.

No más con perfidia fueron muertos, no más como ciegos murieron, no más sin saberlo murieron.

No fue más que con insidias se les echaron encima los de Tlaxcala.

Y en tanto que todo esto se hacía, todo se le hacía llegar, se le decía, se le hacía oír a Motecuhzoma.

En cuanto a los enviados, vienen hasta acá, y se van; están dando vueltas de allá a acá. Ya no como quiera se oye, se percibe el relato.

Por su parte, la gente humilde no más está llena de espanto. No hace más que sentirse azorada. Es como si la tierra temblara, como si la tierra girara en torno de los ojos. Tal como si le diera vueltas a uno cuando hace ruedos. Todo era una admiración.

Y después de sucedidas las matanzas de Cholula, ya se pusieron en marcha, ya van hacia México. Van en círculo, van en son de conquista. Van alzando en torbellino el polvo de los caminos. Sus lanzas, sus astiles, que murciélagos semejan, van como resplandeciendo. Así hacen también estruendo. Sus cotas de malla, sus cascos de hierro; haciendo van estruendo.

Algunos van llevando puesto hierro, van ataviados de hierro, van relumbrando. Por esto se les vio con gran temor, van infundiendo espanto en todo: son muy espantosos, son horrendos.

Y sus perros van por delante, los van precediendo; llevan sus narices en alto, llevan tendidas sus narices: van de carrera: les va cayendo la saliva.[2]

La versión tlaxcalteca de la matanza de Cholula
(Texto original en castellano)

De manera que desde allí en adelante no se trataba de otra cosa [entre los españoles] que de hacer gente contra los culhuas mexicanos, lo cual dentro de muy breve tiempo se hizo por no dar lugar a que éstos se confederasen con los tlaxcaltecas. Y por evitar malos pensamientos y otras nuevas ocasiones y propósitos, procuró Cortés de

[2] Informantes de Sahagún, *Códice Florentino*, lib. XII, cap. X (versión de Ángel Ma. Garibay K.).

La matanza de Cholula (*Lienzo de Tlaxcala*)

no dejar de la mano a sus nuevos amigos y confederados, usando como siempre de sus astucias como astuto capitán de la buena ocasión que presente tenía.

Hecha su gente comenzaron a marchar y mover sus ejércitos españoles y tlaxcaltecas con mucho orden de su milicia, número y copia de gentes y bastimentos bastantes para tan grande empresa, con muy principales y famosos capitanes ejercitados en la guerra según su uso y manera antigua. Fueron por capitanes Piltecuhtli, Acxoxécatl, Tecpanécatl, Cahuecahua, Cocomitecuhtli, Quauhtotohua, Textlipitl, y otros muchos que por ser tantos y tanta la variedad de sus nombres, no se ponen, sino los más señalados que siempre tuvieron fidelidad con Cortés hasta el cabo de su conquista.

La primera entrada que se hizo fue por la parte de Cholula, donde gobernaban y reinaban dos Señores que se llamaban *Tlaquiach* y *Tlalchiac*, que siempre los que en este mando sucedían eran llamados de este nombre, que quiere decir el *mayor de lo alto* y *el mayor de lo bajo del suelo*.

Entrados pues por la provincia de Cholula, en muy breve tiempo fue destruida por muy grandes ocasiones que para ello dieron y causaron los naturales de aquella ciudad. La cual destruida y muerta en esta entrada gran muchedumbre de cholultecas, corrió la fama por toda la tierra hasta México, donde puso horrible espanto, y más en ver y entender que los tlaxcaltecas se habían confederado con los "dioses", que así generalmente eran llamados los nuestros [los españoles] en toda la tierra de este Nuevo Mundo, sin poderles dar otro nombre.

Tenían tanta confianza los cholultecas en su ídolo Quetzalcohuatl, que entendieron que no había poder humano que los pudiese conquistar ni ofender, antes acabar a los nuestros en breve tiempo, lo uno porque eran pocos, y lo otro porque los tlaxcaltecas los habían traído allí por engaño a que ellos los acabaran, pues confiaban tanto en su ídolo, que creían que con rayo y fuego del cielo los habían de consumir y acabar y anegar con aguas.

Decíanlo así, y lo publicaban a grandes voces diciendo:

—Dejad llegar a estos advenedizos extranjeros, veamos qué poder es el suyo, porque nuestro dios Quetzalcohuatl está aquí con nosotros, que en un improviso los ha de acabar; dejadlos, lleguen esos miserables, veámoslos ahora, gocemos de sus devaneos y engaños que traen, son locos de quienes se fían aquellos sométicos [sodomitas] mujeriles, que no son más que mujeres bardajas de sus hombres barbudos, que se han rendido a ellos de miedo. Dejadlos lleguen a los alquilados, que bien les han pagado la vida a los miserables. Mirad a los ruines tlaxcaltecas, cobardes, merecedores de castigo: como se ven vencidos de los mexicanos, andan a buscar gentes advenedizas para su defensa. ¿Cómo os habéis trocado en tan breve tiempo, y os habéis sometido a gente tan bárbara y advenediza, extranjera y en el mundo no conocida? Decidnos de dónde los habéis traído alquilados para vuestra venganza. ¡Oh miserables de vosotros que habéis perdido la fama inmortal que teníais de vuestros varones ascendientes de la muy clara sangre de los antiguos teochichimecas, pobladores de estas tierras inhabitables! ¿Qué ha de ser de vosotros gente perdida? Mas aguardad que muy presto veréis el castigo sobre vosotros que hace nuestro dios Quetzalcohuatl.

Estas y otras cosas semejantes decían, porque tenían entendido que en efecto se habían de abrasar con rayos de fuego que del cielo habían de caer sobre ellos, y que de los mismos templos de sus ídolos habían de salir y manar ríos caudalosos de agua para los anegar, así a los de Tlaxcala como a los nuestros, que no poco temor y espanto causaban a los amigos tlaxcaltecas creyendo que sucediese así como decían los cholultecas. Decían, especialmente los pregoneros del templo de Quetzalcohuatl, todo esto que así lo publicaban.

Mas, visto por nuestros tlaxcaltecas que nuestros españoles apellidaban a Santiago, y comenzaban a quemar los españoles los templos de los ídolos y a derribarlos por los suelos, profanándolos con gran determinación, y como no veían que hacían nada, ni caían rayos, ni salían ríos de agua, entendieron la burlería y cayeron en la cuenta de cómo era todo falsedad y mentira.

Tornaron así cobrando tanto ánimo, que como dejamos referido hubo en esta ciudad tan gran matanza y estrago, que no se puede imaginar; de donde nuestros amigos quedaron muy enterados del valor de nuestros españoles, y desde allí en adelante no estimaban acometer mayores crímenes, todo guiado por orden divina, que era Nuestro Señor servido que esta tierra se ganase y rescatase y saliese del poder del demonio.

Antes que esta guerra se comenzara, fueron enviados mensajeros y embajadores de la ciudad de Tlaxcala a los cholultecas, a rogarles y requerirlos por la paz, enviándoles a decir que no venían a buscar a ellos, sino a los de Culhua, culhuacanenses mexicanos, que como está dicho, éste era el nombre y apellido *Culhuaque* porque habían venido de las partes de Culhuacan de hacia la parte del Poniente, y mexicanos porque así se llamaba la ciudad de México donde estaban poblados con supremo poder: fueles enviado decir por los de Tlaxcala que se vinieran y de parte de Cortés, que se viniesen y diesen de paz, y no tuviesen temor que los hombres blancos y barbudos les hiciesen daño, porque era muy principal gente y muy noble, que querían su amistad, y así les rogaban como amigos los recibiesen de paz, pues haciéndolo así serían bien tratados de ellos y que no les harían ningún mal tratamiento, porque de otra manera si los enojaban era gente muy feroz, atrevida y valiente, que traían armas aventajadas y muy fuertes de hierro blanco.

Decían esto a causa de que entre ellos no había hierro sino cobre, y que traían tiros de fuego y animales fieros que los traían de traílla atados con cordeles de hierro, y calzaban y vestían hierro, y de cómo traían ballestas fortísimas, y leones, y onzas muy bravas que se comían las gentes, lo cual decían por los perros lebreles y alanos muy bravos que en efecto traían los nuestros, que fueron de mucho efecto, y que con estas cosas no se podían escapar ni tener reparo, si los "dioses" se enojaban y no se entregaban de paz, lo cual les parecía a ellos muy bien por excusar mayores daños. Y que les aconsejaba como amigos lo hiciesen así.

Muerte del enviado tlaxcalteca

Mas sin hacer caso de estas cosas no quisieron sino seguir su parecer de no darse, sino morir antes, y en lugar de este buen consejo y buena respuesta a los de Tlaxcala, desollaron vivo la cara a Patlahuatzin su embajador, persona de mucha estima y principal valor. Y lo mismo hicieron de sus manos, que se las desollaron hasta los codos, y cortadas las manos por las muñecas, que las llevaba colgando. Y le enviaron de esta manera con gran crueldad, diciéndole así: andad y volved y decid a los de Tlaxcala y a esos otros andrajosos hombres, o dioses o lo que fuesen, que son esos que decís que vienen, que eso les damos por respuesta.

Y así se vino el pobre embajador con harta lástima y dolor, el cual puso terrible espanto y pena en la república, siendo uno de los gentiles y hermosos hombres de esta Señoría, dispuesto y bien agestado; y visto tan gran atrevimiento y vil tratamiento, de que murió Patlahuatzin en servicio de su patria y república, donde dejó eterna fama entre los suyos, como lo refieren en sus enigmas y cantares. Fueron indignados los tlaxcaltecas, pues recibieron por grande afrenta una cosa que jamás había pasado en el mundo; que los semejantes embajadores eran tenidos en mucho y honrados de los reyes y señores extraños que con ellos comunicaban las paces, guerras y otros acontecimientos que entre las provincias y reinos suelen suceder.

Y así con esta indignación dijeron a Cortés:

—Señor muy valeroso, en venganza de tan gran desvergüenza, maldad y atrevimiento, queremos ir contigo a asolar y destruir aquella nación y su provincia, y que no quede a vida gente tan perniciosa, obstinada y endurecida en su maldad y tiranía, que aunque no fuera por otra cosa más de por ésta, merecen castigo eterno, pues que en lugar de darnos gracias por nuestro buen comedimiento, nos han querido menospreciar y tener en tan poco por amor de ti.

El valeroso Cortés les respondió con rostro severo diciéndoles de esta manera: "Que no tuviesen pena, que él les prometía la venganza de ello", como en efecto lo hizo así, por esto como por otras traiciones, se puso en ejecución darles guerra muy cruel, donde murieron grandes muchedumbres de ellos como se verá por la crónica que de la conquista de esta tierra está hecha.

Decían los cholultecas que los habían de anegar en virtud de su ídolo Quetzalcohuatl, que era el ídolo más frecuentado de todos los que se tenían en esta tierra, y así el templo de Cholula lo tenían por relicario de los dioses. Y decían que cuando se descostraba alguna costra de lo encalado en tiempo de su gentilidad, por allí manaba agua. Y porque no se anegasen mataban niños de dos o tres años, y de la sangre de éstos mezclada con la cal, hacían a manera de *zulaque*[3] y tapaban con ella los manantiales y fuentes que así manaban.

Y ateniéndose a esto decían los cholultecas que cuando algún trabajo les sucediese en la guerra de los dioses blancos y tlaxcaltecas, descostrarían y despostillarían todo lo encalado, por donde manarían fuentes de agua en que los anegasen, lo cual hicieron, pusieron

[3] *Zulaque:* palabra derivada del árabe. *Zulaca:* betún, a propósito para tapar las junturas en los caños de agua.

por obra, cuando se vieron en tan grande aprieto como en el que se vieron.

La ruina de Cholula

Lo cual aunque lo hicieron, no les aprovechó cosa alguna, de que quedaron muy burlados, y como hombres desesperados los más de ellos que murieron en aquella guerra de Cholula, se despeñaban ellos propios y se echaban a despeñar de cabeza arrojándose del *cu* de Quetzalcohuatl abajo, porque así lo tenían por costumbre muy antigua desde su origen y principio, por ser rebeldes y contumaces cómo gente indómita y dura de cerviz, y que tenían por blasón de morir muerte contraria de las otras naciones y morir de cabeza.

Finalmente, los más de ellos en esta guerra morían desesperados matándose ellos propios. Acabada la guerra de Cholula entendieron y conocieron los cholultecas que era de más virtud el Dios de los hombres blancos y sus hijos más poderosos. Los tlaxcaltecas nuestros amigos, viéndose en el mayor aprieto de la guerra y matanza llamaban y apellidaban al apóstol Santiago, diciendo a grandes voces: "¡Santiago!"; y de allí les quedó que hoy en día hallándose en algún trabajo los de Tlaxcala, llaman al Señor Santiago.

Usaron los de Tlaxcala de un aviso muy bueno que les hizo Cortés, para que fueran conocidos y no morir entre los enemigos por yerro. Porque sus armas y divisas eran casi de una manera y había en ellas poca diferencia, que como era tan gran multitud de gente la una y la otra, así fue menester, porque si esto no fuera, en tal aprieto se mataran unos a otros sin conocerse. Y así se pusieron en las cabezas unas guirnaldas de esparto a manera de torzales, y con esto eran conocidos los de nuestra parcialidad que no fue pequeño aviso.

Destruida en esta primera parte y entrada que se hizo en Cholula, y muerta tanta muchedumbre de gente, saqueada y robada, pasaron luego nuestros ejércitos adelante, poniendo grande temor y espanto por donde quiera que pasaban, hasta que la nueva de tal destrucción llegó a toda la tierra, y las gentes, admiradas de oír cosas tan nuevas, y de cómo los cholultecas eran vencidos y perdidos, los más de ellos muertos y destruidos en tan breve tiempo, y de cómo su ídolo Quetzalcohuatl no les había ayudado en cosa alguna…[4]

[4] Diego Muñoz Camargo, *Historia de Tlaxcala*, lib. II, cap. V.

VI

NUEVO ENVÍO DE PRESENTES
Y LA APARICIÓN DE TEZCATLIPOCA
EN LAS CERCANÍAS DEL POPOCATÉPETL

Introducción

*El siguiente texto de los informantes indígenas de Sahagún,
preservado en el Códice Florentino, relata dos anécdotas de especial interés. Los conquistadores, después de la
matanza de Cholula, continúan su marcha en compañía
de los tlaxcaltecas hacia el Valle de México. Estando ya
en las inmediaciones de los volcanes, en el llamado por los
mexicas Tajón del Águila, nuevos enviados de Motecuhzoma, encabezados por Tzihuacpopocatzin, les salen al paso.
Al entregar a los españoles numerosos objetos de oro, los
mexicas se complacen en pintarnos cuál fue la reacción de
los forasteros: "se les puso risueña la cara… como si fueran*

monos levantaban el oro… como unos puercos hambrien-
tos ansiaban el oro…"

A continuación se relata el engaño de Tzihuacpopocatzin, que trató de hacerse pasar por Motecuhzoma. Fraca-
sado su intento, nos encontramos con otra serie de enviados. Son más hechiceros que pretenden impedir la marcha
de los conquistadores. Pero éstos, no se detienen.

La presencia misteriosa de un fingido borracho que sale
al paso de los hechiceros prediciendo la ruina de México y
realizando portentos, hace que los magos se retiren. Éstos
piensan que Tezcatlipoca se les ha aparecido. De regreso
ya en México-Tenochtitlan, narran a Motecuhzoma lo que
han visto. El gran tlahtoani mexica se abatió todavía más.
Fatalmente aceptó lo que habría de venir.

La reacción de los conquistadores al recibir el oro

Y Motecuhzoma luego envía, presenta a varios principales. Los encabeza Tzihuacpopocatzin, y otros muy
numerosos representantes suyos. Fueron a encontrar
[a los españoles], en la inmediación del Popocatépetl,
del Iztactépetl, allí en el Tajón del Águila.

Les dieron a los españoles banderas de oro, banderas de pluma de quetzal, y collares de oro. Y cuando
les hubieron dado esto, se les puso risueña la cara, se
alegraron mucho [los españoles], estaban deleitándo-
se. Como si fueran monos levantaban el oro, como que
se sentaban en ademán de gusto, como que se les reno-
vaba y se les iluminaba el corazón.

Como que cierto es que eso anhelan con gran sed.

Se les ensancha el cuerpo por eso, tienen hambre furiosa de eso. Como unos puercos hambrientos ansían el oro.[1]

Y las banderas de oro las arrebatan ansiosos, las agitan a un lado y a otro, las ven de una parte y de otra. Están como quien habla lengua salvaje; todo lo que dicen, en lengua salvaje es.

Tzihuacpopoca finge ser Motecuhzoma

Pues cuando vieron a Tzihuacpopoca, dijeron:

—¿Acaso ése es Motecuhzoma?

Les dijeron los que andan con ellos, sus agregados, lambiscones de Tlaxcala y de Cempoala, que astuta y mañosamente los van acompañando. Les dijeron:

—No es él, señores nuestros. Ése es Tzihuacpopoca: está en representación de Motecuhzoma.

Le dijeron:

—¿Acaso tú eres Motecuhzoma?

Dijo él:

—Sí; yo soy tu servidor. Yo soy Motecuhzoma.

Pero ellos le dijeron:

—¡Fuera de aquí!… ¿Por qué nos engañas? ¿Quién crees que somos?

Tú no nos engañarás, no te burlarás de nosotros.

Tú no nos amedrentarás, no nos cegarás los ojos.

Tú no nos harás mal de ojo, no nos torcerás el rostro.

Tú no nos hechizarás los ojos, no los torcerás tampoco.

[1] *Puercos*: el texto náhuatl dice *pitzome*: "puercos de la tierra".

Tú no nos amortecerás los ojos, no nos los atrofiarás.

Tú no echarás lodo a los ojos, no los llenarás de fango.

Tú no eres… ¡Allá está Motecuhzoma! No se podrá ocultar, no podrá esconderse de nosotros.

¿A dónde podrá ir?

¿Será ave y volará? ¿O en la tierra pondrá su camino?

¿Acaso en lugar alguno ha de perforar un cerro para meterse en su interior?

Nosotros hemos de verlo. No habrá modo de no ver su rostro.

Nosotros oiremos su palabra, de sus labios la oiremos.

No más así lo desdeñaron, en nada lo reputaron. Y de una vez quedó fallida otra vez esta donación de bienvenida, esta embajada de saludo.

Por esto desde ese momento se dirigieron por recto camino.

Motecuhzoma envía más hechiceros

Pues otra serie de enviados: eran éstos hechiceros, magos, y aun sacerdotes. También iban, también fueron para darles el encuentro. Pero también nada pudieron hacer allí, no pudieron hacer daño de ojos, no pudieron dominarlos; de hecho no los dominaron. Ni siquiera allá llegaron.

No más fue que cierto borracho con ellos tropezó en el camino. Vino a salir a su encuentro, con él de repente dieron. La forma en que lo vieron: como un hombre de Chalco era como estaba revestido: un chalca en el aderezo, un chalca en la ficción. Estaba como borracho, se fingía ebrio, simulaba ser un beodo. Tenía el pecho atado con ocho cuerdas de grama.

La aparición de Tezcatlipoca

De repente les salió al paso cuando estaban frente a los españoles, cuando estaban a punto de unirse a ellos. Y no hizo más que lanzarse hacia los mexicanos y les dijo:

—¿Por qué, por vuestro motivo, venís vosotros acá? ¿Qué cosa es la que queréis? ¿Qué es lo que hacer procura Motecuhzoma? ¿Es que aun ahora no ha recobrado el seso? ¿Es que aun ahora es un infeliz miedoso?

Ha cometido errores: ha llevado allá lejos a sus vasallos, ha destruido a las personas.

Unos con otros se golpean; unos con otros se amortajan.

Unos con otros se revuelven, unos de otros se burlan.

Y cuando tales cosas oyeron; cuando su discurso escucharon, aun a él en vano fueron a acercarse. Se pusieron a impetrarlo, prepararon para él presurosos un altarcillo, un adoratorio y un asentadero de grama. Pero entonces… ya no lo vieron.

Aunque en vano le disponen, aunque allí en vano le hacen su adoratorio, ya no más de su boca se meten en el oráculo. Allí los espanta, los reprende con dureza, como si de lejos les hablara. Les dijo:

—¿Por qué en vano habéis venido a pararos aquí? ¡Ya México no existirá más! ¡Con esto, se le acabó para siempre!

¡Largo de aquí: aquí ya no!… ¡Volved allá, por favor!… ¡Dirigid la vista a México. Lo que sucedió, ya sucedió!

Luego vinieron a ver, vinieron a fijar los ojos con presura. Ardiendo están los templos todos, y las casas comunales, y los colegios sacerdotales, y todas las casas en México. Y todo era como si hubiera batalla.

Y cuando los hechiceros todo esto vieron, como que se les fue el corazón quién sabe a dónde. Ya no hablaron claramente. Como si algo hubieran tragado. Dijeron:

—No tocaba a nosotros ver esto: al que le tocaba verlo era a Motecuhzoma: ¡todo esto que hemos visto!…

No era un cualquiera ése… ¡ése era el joven Tezcatlipoca!…

De improviso desapareció; ya no lo vieron más.

Y los enviados ya no fueron a dar el encuentro, ya no caminaron hacia ellos. Sino que de allí regresaron hechiceros y sacerdotes y fueron a contarlo a Motecuhzoma. Vinieron juntos con los que habían ido primero, con los de Tzihuacpopoca.

Abatimiento de Motecuhzoma

Y cuando estos enviados llegaron, narraron a Motecuhzoma cómo pasó, cómo lo vieron. Y cuando lo oyó

Motecuhzoma, no hizo más que abatir la frente, quedó con la cabeza inclinada. Ya no habló palabra. Dejó de hablar solamente. Largo tiempo así estuvo cabizbajo. Todo lo que dijo y todo con lo que respondió fue esto:

—¿Qué remedio, mis fuertes? ¡Pues con esto ya fuimos aquí!... ¡Con esto ya se nos dio lo merecido!... ¿Acaso hay algún monte donde subamos? ¿O acaso hemos de huir? Somos mexicanos: ¿acaso en verdad se dará gloria a la nación mexicana?

Dignos de compasión son el pobre viejo, la pobre vieja, y los niñitos que aún no razonan. ¿En dónde podrán ser puestos en salvo? Pero... no hay remedio... ¿Qué hacer?... ¿Nada resta? ¿Cómo hacer y en dónde?... Ya se nos dio el merecido... Como quiera que sea y lo que quiera que sea... ya tendremos que verlo con asombro...[2]

[2] Informantes de Sahagún, *Códice Florentino*, lib. XII, cap. XIII (versión del náhuatl por Ángel Ma. Garibay K.).

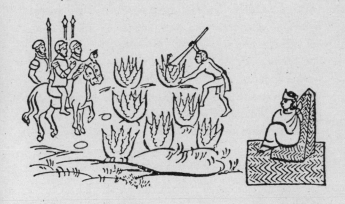

VII

EL PRÍNCIPE IXTLILXÓCHITL
RECIBE FAVORABLEMENTE A LOS ESPAÑOLES

Introducción

Dejando atrás los volcanes, vinieron a salir los españoles por el rumbo de Tlalmanalco, con el fin de encaminarse luego hacia México-Tenochtitlan. Según el testimonio del Códice Ramírez, poco después de haber bajado de la sierra, salió al encuentro de Cortés el príncipe Ixtlilxóchitl, hermano de Cacamatzin, Señor de Tetzcoco, con acompañamiento de gente y en son de paz.

El Códice Ramírez, que conserva fragmentos de una más antigua relación indígena hoy desaparecida, refiere que gracias al príncipe Ixtlilxóchitl, la gente de Tetzcoco se unió con facilidad a los conquistadores desde ese momento. Y añade que fue precisamente entonces cuando Cortés visitó la ciudad de Tetzcoco. Acerca de este punto existen numerosas divergencias en otras fuentes. Ni Bernal Díaz del Castillo, ni los informantes de Sahagún, ni el mismo don Fernando de Alva Ixtlilxóchitl mencionan esa primera visita a Tetzcoco, sino que tratan únicamente de la marcha de los españoles hacia Iztapalapa, desde donde marcharon por fin hacia la capital mexica.

De cualquier manera, los datos aportados por el Códice Ramírez ofrecen anécdotas particularmente interesantes, como por ejemplo la violenta reacción de la señora Yacotzin, madre de Ixtlilxóchitl, quien al ser invitada a cambiar de religión, respondió a su hijo *"que debía de haber perdido el juicio, pues tan presto se había dejado vencer de unos pocos bárbaros como eran los conquistadores"*.

Entre tanto, en México-Tenochtitlan, enterado Motecuhzoma de la presencia de los conquistadores en las cercanías de Tetzcoco, reúne por última vez a los principales indígenas para tratar sobre si convenía o no recibir pacíficamente a los forasteros. No obstante los presagios funestos de Cuitlahuacatzin, decide Motecuhzoma al fin recibir en son de paz a los españoles.

La marcha hacia el rumbo de Tetzcoco
(Antigua versión castellana de un texto indígena)

Alegres los españoles de ver desde lo alto de la sierra tantas poblaciones, hubo algunos pareceres de que se volviesen a Tlaxcallan hasta que fuesen más en número de los que eran. Pero el Cortés los animó y así comenzaron a marchar la vuelta de Tetzcuco y se quedaron aquella noche en la serranía. Y otro día fueron caminando, y a poco más de una legua llegaron Ixtlil-xúchitl[1] y sus hermanos con mucho acompañamiento de gente, de la cual receló al principio Cortés, pero al fin por señas y por intérpretes supo que venían de paz con que se holgó mucho. Y ellos llegaron a los cristianos y como les enseñasen al capitán, Ixtlilxúchitl se fue a él con un gozo increíble y le saludó conforme a su usanza, y Cortés con la suya, y luego que lo vio quedó admirado de ver a un hombre tan blanco y con barbas, y que en su brío representaba mucha majestad, y el Cortés de verle a él y a sus hermanos, especialmente a Tecocoltzin que no había español más blanco que él.

Y al fin, por lengua de Marina y de Aguilar, le rogaron [los de Tetzcoco] que fuese por Tetzcuco para regalarle y servirle. Cortés agradecido admitió la merced, y que para allá dejaba el tratar la causa de su venida.

Llegada a la ciudad

Y allí, a pedimento de Ixtlilxúchitl, comieron Cortés y los suyos de los regalos que de Tetzcuco les trajeron, y caminaron luego a su ciudad y les salió a recibir toda la gente de ella con grande aplauso.

Hincábanse de rodillas los indios y adorábanlos

[1] Este Ixtlilxúchitl, como se indica en la nota 8 de la "Introducción general" a este libro, era hermano de Coanacochtzin, señor de Tetzcoco e hijo de Nezahualpilli. No debe confundirse, ni con Ixtlil-xóchitl el Viejo, padre de Nezahualcóyotl, ni con don Fernando de Alva Ixtlilxóchitl, el historiador.

por hijos del Sol, su dios, y decían que había llegado el tiempo en que su caro emperador Nezahualpitzintli muchas veces había dicho. De esta suerte entraron y los aposentaron en el imperial palacio, y allí se recogieron, en cuyo negocio los dejaremos por tratar de las cosas de México, que por momentos entraban correos y avisos al rey Motecuhzoma, el cual se holgó mucho del recibimiento que sus sobrinos hicieron al Cortés y más de que Cohuanacotzin e Ixtlilxúchitl se hubiesen hablado, porque entendía nacería de aquí el retirar Ixtlilxúchitl la gente de guarnición que tenía en las fronteras; pero de otra suerte lo tenía ordenado Dios.

Agradecido Cortés al amor y gran merced que de Ixtlilxúchitl y hermanos suyos había recibido, quiso en pago, por lengua del intérprete Aguilar, declararles la ley de Dios, y así habiendo juntado a los hermanos y a algunos señores les propuso el caso, diciéndoles cómo, supuesto que les habían dicho cómo el emperador de los cristianos los había enviado de tan lejos a tratarles de la ley de Cristo, la cual les hacían saber qué era.

Declaróles el misterio de la creación del hombre y su caída, el misterio de la Trinidad y el de la Encarnación para reparar al hombre, y el de la Pasión y Resurrección, y sacó un crucifijo y enarbolándole se hincaron los cristianos de rodillas, a lo cual el Ixtlilxúchitl y los demás hicieron lo propio, y declarándoles luego el misterio del bautismo y rematando su plática les dijo que el emperador Carlos, condolido de ellos que se perdían, les envió a sólo esto, y así se lo pedía en su nombre, y les suplicaba que en reconocimiento le reconociesen vasallaje; que así era voluntad del Papa con cuyo poder venían, y pidiéndoles la respuesta, respondióle Ixtlilxúchitl llorando y en nombre de sus hermanos que él había entendido muy bien aquellos misterios y daba gracias a Dios que le hubiese alumbrado, que él quería ser cristiano y reconocer su emperador.

Ixtlilxúchitl se hace cristiano

Y pidió luego el Cristo y le adoró, y sus hermanos hicieron lo propio con tanto contento de los cristianos que lloraban de placer y pidieron que los bautizasen, y el Cortés y clérigo que allí había le dijeron le instruirían mejor y le darían personas que los instruyesen. Y él respondió que mucho de norabuena aunque les suplicaba se le diesen luego, porque él desde luego condenaba la idolatría y decía que había entendido muy bien los misterios de la fe.

Por lo que al oír que hubo muchos pareceres en contrario, se determinó Cortés a que le bautizasen y fue su padrino Cortés y le pusieron por nombre Hernando, y porque su señor se llamaba así, lo cual todo se hizo con mucha solemnidad. Y luego vestidos Ixtlilxúchitl y su hermano Cohuanacotzin con sus hábitos reales dio principio a la primicia de la ley evangélica, siendo él el primero y Cortés su padrino, por lo cual le llamó Hernando, como a nuestro rey católico y el Cohuanacotzin se llamó Pedro por Pedro de Alvarado que fue su padrino, y a Tecocoltzin también le llamaron Fernando y fue su padrino el Cortés, y así fueron los cristianos apadrinando a todos los demás señores y poniéndoles sus nombres.

La reacción de Yacotzin, madre de Ixtlilxúchitl

Y si fuera posible, aquel día se bautizaran más de veinte mil personas, pero con todo eso se bautizaron muchos, y el Ixtlilxúchitl fue luego a su madre Yacotzin y diciéndole lo que había pasado y que iba por ella para bautizarla.

Ella le respondió que debía de haber perdido el juicio, pues tan presto se había dejado vencer de unos pocos bárbaros como eran los cristianos. A lo cual le respondió el don Hernando que si no fuera su madre, la respuesta fuera quitarle la cabeza de los hombros, pero que lo había de hacer, aunque no quisiese, que importaba la vida del alma. A lo cual respondió ella con blandura que la dejase por entonces, que otro día se miraría en ello y vería lo que debía hacer. Y él se salió de palacio y mandó poner fuego a los cuartos donde ella estaba, aunque otros dicen que porque la halló en un templo de ídolos.

Finalmente ella salió diciendo que quería ser cristiana y llevándola para esto a Cortés con grande acompañamiento la bautizaron y fue su padrino el Cortés y la llamaron doña María, por ser la primera cristiana. Y lo propio hicieron a las infantas sus hijas que eran cuatro y otras muchas señoras. Y en tres o cuatro días que allí estuvieron, bautizaron gran número de gente como está dicho.

Última deliberación de Motecuhzoma

Y a cabo de esto el Motecuhzoma, sabiendo lo que pasaba, llamó a su sobrino Cacama a consejo y a Cuitlahuacatzin su hermano, y los demás señores y propuso una larga plática en razón de si se recibirían los cristianos y de qué manera. A lo cual respondió Cuitlahuacatzin que a él le parecía que en ninguna de las maneras, y el Cacama respondió que él era de contrario parecer, porque parecía falta de ánimo estando en las puertas no dejarlos entrar, de más de que a un tan grande señor como era su tío no le estaba bien dejar de recibir unos embajadores de un tan gran príncipe como era el que les enviaba, de más de que si ellos quisiesen algo que a él no le diese gusto, les podía enviar a castigar su osadía teniendo tantos y tan valerosos hombres como tenía.

Y esto dijo que era su último parecer, y así el Motecuhzoma antes que hablase nadie dijo que a él le parecía lo propio. Cuitlahuacatzin dijo:

—Plega a nuestros dioses que no metáis en vuestra casa a quien os eche de ella y os quite el reino, y quizá cuando lo queráis remediar no sea tiempo.

Con lo cual se acabó y concluyó el consejo y aunque todos los demás señores hacían señas que aprobaban este último parecer, Motecuhzoma se resolvió en que los quería recibir, hospedar y regalar, y que Cacama su sobrino los fuese a recibir y Cuitlahuacatzin su hermano se fuese a Iztapalapan y los aguardase en sus palacios.[2]

[2] *Códice Ramírez* (Relación del origen de los indios que habitan esta Nueva España según sus Historias), fragmentos 3 y 4.

VIII

LLEGADA DE LOS ESPAÑOLES A MÉXICO-TENOCHTITLAN

Introducción

Contando con el auxilio de toda la gente, que traían de la región de Tlaxcala, los españoles se encaminaron derecho hacia México. Los textos de los informantes de Sahagún (Códice Florentino) que a continuación se transcriben, comienzan por describir el orden como hicieron su aparición los diversos cuerpos del ejército de los conquistadores.

Acercándose a México por el sur, por el rumbo de Iztapalapa, llegaron hasta Xoloco, lugar que como dice don Fernando de Alva Ixtlilxóchitl se llamó después San Antón y se encuentra por la llamada actualmente Calzada de San Antonio Abad. El mencionado Ixtlilxóchitl en su XIII relación, indica la fecha precisa en que esto tuvo lugar: el 8 de noviembre de 1519.

Frente a frente, Motecuhzoma y Cortés, sostuvieron un diálogo que nos conservan puntualmente los informantes de Sahagún. Motecuhzoma llegó a exclamar entonces:

"No, no es sueño, no me levanto del sueño adormilado, no lo veo en sueños, no estoy soñando… es que ya te he visto, es que ya he puesto mis ojos en tus ojos…"

El texto que aquí se transcribe se refiere luego a la estancia misma de los conquistadores en la gran capital y a sus intrigas y empeños por adueñarse del oro guardado en la casa del tesoro.

Al final de este capítulo se ofrecen las breves palabras de la ya aludida décima tercera relación "de la venida de los españoles", escrita por Fernando de Alva Ixtlilxóchitl, que confirma en resumen las palabras de los informantes indígenas de Sahagún.

Motecuhzoma sale al encuentro de Cortés

Así las cosas, llegaron [los españoles] hasta Xoloco.[1] Allí llegan a su término, allí la meta.

En este tiempo se aderaza, se engalana Motecuhzoma para ir a darles el encuentro. También los demás grandes príncipes, los nobles, sus magnates, sus caballeros. Ya van todos a dar el encuentro a los que llegan.

En grandes bateas han colocado flores de las finas: la flor del escudo, la del corazón; en medio se yergue la

[1] *Xoloco:* "en la bifurcación". Sitio donde se bifurcaba la calzada que conducía a México.

flor de buen aroma, y la amarilla fragante, la valiosa. Son guirnaldas, con travesaños para el pecho.

También van portando collares de oro, collares de cuentas colgantes gruesas, collares de tejido de petatillo.

Pues allí en Huitzillan les sale al encuentro Motecuhzoma. Luego hace dones al capitán, al que rige la gente, y a los que vienen a guerrear. Los regala con dones, les pone flores en el cuello, les da collares de flores y sartales de flores para cruzarse el pecho, les pone en la cabeza guirnaldas de flores.

Pone en seguida delante los collares de oro, todo género de dones, de obsequios de bienvenida.

Diálogo de Motecuhzoma y Cortés

Cuando él hubo terminado de dar collares a cada uno, dijo Cortés a Motecuhzoma:

—¿Acaso eres tú? ¿Es que ya tú eres? ¿Es verdad que eres tú Motecuhzoma?

Le dijo Motecuhzoma.

—Sí, yo soy.

Inmediatamente se pone en pie, se para para recibirlo, se acerca a él y se inclina, cuanto puede dobla la cabeza; así lo arenga, le dijo:

—Señor nuestro: te has fatigado, te has dado cansancio: ya a la tierra tú has llegado. Has arribado a tu ciudad: México. Aquí has venido a sentarte en tu solio, en tu trono. Oh, por tiempo breve te lo reservaron, te lo conservaron, los que ya se fueron, tus sustitutos.

Los señores reyes, Itzcoatzin, Motecuhzomatzin el Viejo, Axayácatl, Tízoc, Ahuítzotl. Oh, que breve tiempo tan sólo guardaron para ti, dominaron la ciudad de México. Bajo su espalda, bajo su abrigo estaba metido el pueblo bajo.

¿Han de ver ellos y sabrán acaso de los que dejaron, de sus pósteros?

¡Ojalá uno de ellos estuviera viendo, viera con asombro lo que yo ahora veo venir en mí!

Lo que yo veo ahora: yo el residuo, el superviviente de nuestros señores.

No, no es que yo sueño, no me levanto del sueño adormilado: no lo veo en sueños, no estoy soñando...

¡Es que ya te he visto, es que ya he puesto mis ojos en tu rostro!...

Ha cinco, ha diez días yo estaba angustiado: tenía fija la mirada en la Región del Misterio.

Y tú has venido entre nubes, entre nieblas.

Como que esto era lo que nos habían dejado dicho los reyes, los que rigieron, los que gobernaron tu ciudad:

Que habrías de instalarte en tu asiento, en tu sitial, que habrías de venir acá...

Pues ahora, se ha realizado: ya tú llegaste, con gran fatiga, con afán viniste.

Llega a la tierra: ven y descansa; toma posesión de tus casas reales; da refrigerio a tu cuerpo.

¡Llegad a vuestra tierra, señores nuestros!

Cuando hubo terminado la arenga de Motecuhzoma: la oyó el Marqués, se la tradujo Malintzin, se la dio a entender.

Y cuando hubo percibido el sentido del discurso de Motecuhzoma, luego le dio respuesta por boca de Malintzin. Le dijo en lengua extraña; le dijo en lengua salvaje:

—Tenga confianza Motecuhzoma, que nada tema. Nosotros mucho lo amamos. Bien satisfecho está hoy nuestro corazón. Le vemos la cara, lo oímos. Hace ya mucho tiempo que deseábamos verlo.

Y dijo esto más:

—Ya vimos, ya llegamos a su casa en México; de este modo, pues, ya podrá oír nuestras palabras, con toda calma.

Luego lo cogieron de la mano, con lo que lo fueron acompañando. Le dan palmadas al dorso, con que le manifiestan su cariño.

Actitud de los españoles y de los otros señores indígenas

En cuanto a los españoles, lo ven, ven cosa por cosa. Apean del caballo, suben de nuevo, bajan otra vez, al ir viendo aquello.

Y éstos son todos los magnates que se hallaron a su lado:

El primero, Cacamatzin, rey de Tetzcuco.

El segundo, Tetlepanquetzaltzin, rey de Tlacopan.

El tercero, Izcuauhtzin, el Tlacochcálcatl, rey de Tlatilulco.

El cuarto, Topantemoctzin, tesorero que era de Motecuhzoma en Tlatilulco.

Éstos estuvieron allí en hilera.

Y éstos son los demás príncipes de Tenochtitlan:
Atlixcatzin, *Tlacatécatl.*[2]
Tepeoatzin, *Tlacochcálcatl.*[3]
Quetzalaztatzin, *Tizacahuácatl.*[4]
Totomotzin.
Hecatempatitzin.
Cuappiatzin.

¡Cuando fue preso Motecuhzoma, no más se escondieron, se ocultaron, lo dejaron en abandono con toda perfidia!…

Entrada de los españoles a México-Tenochtitlan

Y cuando hubieron llegado y entrado a la Casa Real, luego lo tuvieron en guardia, lo mantuvieron en vigilancia. No fue exclusivo de él, también a Itzcuauhtzin juntamente. En cuanto a los demás, salieron fuera.

Y así las cosas, luego se disparó un cañón: como que se confundió todo. Se corría sin rumbo, se dispersaba la gente sin ton ni son, se desbandaban, como si los persiguieran de prisa.

Todo esto era así como si todos hubieran comido hongos estupefacientes, como si hubieran visto algo espantoso. Dominaba en todos el terror, como si todo el mundo estuviera descorazonado. Y cuando anochecía,

[2] *Tlacatécatl:* "el que acomoda a los hombres". Título militar, propio de quien había hecho cuatro cautivos.
[3] Véase nota 3 del capítulo II.
[4] *Tizacahuácatl:* "el que tiene la tiza o greda": funcionario de Tenochtitlan.

era grande el espanto, el pavor se tendía sobre todos, el miedo dominaba a todos, se les iba el sueño, por el temor.

Cuando hubo amanecido, luego se dio pregón de todo lo que se necesitaba para ellos: tortillas blancas, gallinas de la tierra fritas, huevos de gallina, agua limpia, leña, leña rajada, carbón. Cazoletas anchas, tersas y pulidas, jarritos, cántaros, tacitas, y en suma, todo artefacto de cerámica. Esto era lo que había mandado Motecuhzoma.

Pero los principales a quienes mandaba esto, ya no le hacían caso, sino que estaban airados, ya no le tenían acatamiento, ya no estaban de su parte. Ya no era obedecido.

Y, sin embargo, llevaban en bateas, daban todo aquello que se requería. Cosas de comer, cosas de beber y agua y pastura para los caballos.

Los conquistadores muestran su interés por el oro

Cuando los españoles se hubieron instalado, luego interrogaron a Motecuhzoma tocante a los recursos y reservas de la ciudad: las insignias guerreras, los escudos; mucho le rebuscaban y mucho le requerían el oro.

Y Motecuhzoma luego los va guiando. Lo rodeaban, se apretaban a él. Él iba en medio, iba delante de ellos. Lo van apretando, lo van llevando en cerco.

Y cuando hubieron llegado a la casa del tesoro, llamada Teucalco, luego se sacan afuera todos los artefactos tejidos de pluma, tales como travesaños de pluma de quetzal, escudos finos, discos de oro, los collares de los dioses, las lunetas de la nariz, hechas de oro, las grebas de oro, las ajorcas de oro, las diademas de oro.

Inmediatamente fue desprendido de todos los escudos el oro, lo mismo que de todas las insignias. Y luego hicieron una gran bola de oro, y dieron fuego, encendieron, prendieron llama a todo lo que restaba, por valioso que fuera: con lo cual todo ardió.

Y en cuanto al oro, los españoles lo redujeron a barras, y de los chalchihuites, todos los que vieron hermosos los tomaron; pero las demás de estas piedras se las apropiaron los tlaxcaltecas.

Y anduvieron por todas partes, anduvieron hurgando, rebuscaron la casa del tesoro, los almacenes, y se adueñaron de todo lo que vieron, de todo lo que les pareció hermoso.

Los españoles se apoderan de las riquezas de Motecuhzoma

Van ya en seguida a la casa de almacenamiento de Motecuhzoma. Allí se guardaba lo que era propio de Motecuhzoma, en el sitio de nombre *Totocalco*.[5] Tal como si unidos perseveraran allí, como si fueran bestezuelas, unos a otros se daban palmadas: tan alegre estaba su corazón.

Y cuando llegaron, cuando entraron a la estancia de los tesoros, era como si hubieran llegado al extremo.

[5] *Totocalco:* "en el lugar de la casa de las aves". Nombre del jardín zoológico de Tenochtitlan.

Los españoles funden los presentes de oro
(*Códice Florentino*)

Por todas partes se metían, todo codiciaban para sí, estaban dominados por la avidez.

En seguida fueron sacadas todas las cosas que eran de su propiedad exclusiva; lo que a él le pertenecía, su lote propio; toda cosa de valor y estima: collares de piedras gruesas, ajorcas de galana contextura, pulseras de oro, y bandas para la muñeca, anillos con cascabeles de oro para atar al tobillo, y coronas reales, cosa propia del rey, y solamente a él reservada. Y todo lo demás que eran sus alhajas, sin número.

Todo lo cogieron, de todo se adueñaron, todo lo arrebataron como suyo, todo se apropiaron como si fuera su suerte. Y después que le fueron quitando a todo el oro, cuando se lo hubieron quitado, todo lo demás lo juntaron, lo acumularon en la medianía del patio, a medio patio: todo era pluma fina.

Pues cuando de este modo se hubo recolectado todo el oro, luego vino a llamar, vino a estar convocando a todos los nobles Malintzin. Se subió a la azotea, a la orilla de la pared se puso y dijo:

—Mexicanos, venid acá: ya los españoles están atribulados. Tomad el alimento, el agua limpia: todo cuanto es menester. Que ya están abatidos, ya están agotados, ya están por desmayar. ¿Por qué no queréis venir? Parece como que estáis enojados.

Pero los mexicanos absolutamente ya no se atrevieron a ir allá. Estaban muy temerosos, el miedo los avasallaba, estaban miedosos, una gran admiración estaba sobre ellos, se había difundido sobre ellos. Ya nadie se atrevía a venir por allí: como si estuviera allí una fiera, como si fuera el peso de la noche.

Pero no obstante esto, no los dejaban, no eran abandonados. Les entregaban cuanto había menester, aunque con miedo lo entregaban. No más venían temerosos, se llegaban llenos de miedo y entregaban las cosas. Y cuando se habían acercado, no más se volvían atrás, se escabullían de prisa, se iban temblando.[6]

El testimonio de Alva Ixtlilxóchitl

Y así otro día [8 de noviembre de 1519] salió Motecuhzoma con su sobrino Cacama y su hermano Cuitlahuac, y toda su corte a recibir a Cortés, que ya a esta ocasión estaba en donde es ahora San Antón, que después de haberlo recibido lo llevó a su casa, y lo hospedó en las casas de su padre el rey Axayaca, y le hizo muchas mercedes, y se ofreció de ser amigo del emperador, y recibir la ley evangélica, y para el servicio de los españoles pusieron mucha gente de Tetzcoco, México y Tlacopan. Y después de cuatro días los españoles estaban en México muy contentos, servidos y regalados...[7]

[6] Informantes de Sahagún, *Códice Florentino*, lib. XII, caps. XVI y XVII (versión de Ángel Ma. Garibay K.).
[7] Fernando de Alva Ixtlilxóchitl, *XIII relación:* "De la venida de los españoles y principio de la ley evangélica".

IX

LA MATANZA DEL TEMPLO MAYOR
EN LA FIESTA DE TÓXCATL[1]

Introducción

Establecidos ya los españoles en México-Tenochtitlan Motecuhzoma se convirtió prácticamente en prisionero de
Cortés. Varios textos indígenas como el Códice Ramírez,
la XIII relación de Ixtlilxóchitl, el Códice Aubin, etcétera, se refieren de manera directa a la matanza preparada
por don Pedro de Alvarado, durante la fiesta de Tóxcatl,
celebrada por los nahuas en honor de Huitzilopochtli.

Hernán Cortés se había ausentado de la ciudad para
ir a combatir a Pánfilo de Narváez, quien había venido a

---

[1] *La fiesta de Tóxcatl*. Dice Sahagún: "Esta fiesta era la principal
de todas las fiestas: era como Pascua y caía cerca de la Pascua de
Resurrección, pocos días después…" (*Op. cit.*, t. I, p. 114).

aprehender al conquistador por orden de Diego Velázquez, gobernador de Cuba. Alvarado "el Sol", como lo llamaban los mexicas, alevosamente llevó al cabo la matanza, cuando la fiesta alcanzaba su mayor esplendor. Aquí se ofrecen dos testimonios, conservados en náhuatl y que pintan con un realismo comparable al de los grandes poemas épicos de la antigüedad clásica, los más dramáticos detalles de la traición urdida por Alvarado.

Primeramente oiremos el testimonio de los informantes indígenas de Sahagún, que nos narran los preparativos de la fiesta, el modo como hacían los mexicas con masa de bledos la figura de Huitzilopochtli y por fin, cómo en medio de la fiesta, de pronto los españoles atacaron a traición a los mexicas. Los informantes nos hablan en seguida de la reacción de los nativos, del sitio que pusieron a los españoles refugiados en las casas reales de Motecuhzoma. El cuadro se cierra, cuando llega la noticia de que vuelve Cortés. Los mexicas "se pusieron de acuerdo en que no se dejarían ver, que permanecerían ocultos, estarían escondidos… como si reinara la profunda noche…"

Después de transcribir el texto de los informantes de Sahagún, se ofrecerá también en este capítulo la breve pintura que de la misma matanza de la fiesta de Tóxcatl nos da el autor indígena del Códice Aubin. Se trata de un pequeño cuadro acerca del cual Garibay ha escrito: "Literariamente hablando, a ninguna literatura le viene mal tal forma de narración, en que vemos, viviendo y padeciendo, al pueblo de Tenochtitlan ante la acometida del Tonatiuh [Alvarado], tan bello como malvado".

Luego pidieron [los mexicas] la fiesta de Huitzilopochtli. Y quiso ver el español cómo era la fiesta, quiso admirar y ver en qué forma se festejaba.

Luego dio orden Motecuhzoma: unos entraron a la
casa del jefe, fueron a dejarle la petición.

Y cuando vino la licencia a donde estaba Motecuhzoma encerrado, luego ya se ponen a moler la semilla
de *chicalote*,[2] las mujeres que ayunaban durante el año,
y eso lo hacen allá en el patio del templo.

Salieron los españoles, mucho se juntaron con sus
armas de guerra. Estaban aderezados, estaban armados. Pasan entre ellas, se ponen junto a ellas, las ro-
dean, las están viendo una por una, les ven la cara a las
que están moliendo. Y después que las vieron, luego se
metieron a la gran Casa Real: como se supo luego dizque ya en este tiempo tenían la intención de matar a la
gente, si salían por allí los varones.

Hacen la figura de Huitzilopochtli

Y cuando hubo llegado la fiesta de Tóxcatl, al caer la
tarde, comenzaron a dar cuerpo, a hacer en forma humana el cuerpo de Huitzilopochtli, con su semblante
humano, con toda la apariencia de hombre.

Y esto lo hacían en forma de cuerpo humano solamente con semilla de bledos: con semilla de bledos de

[2] *Chicalote*: hierba medicinal y comestible *[argemone mexicana]*.

chicalote. Lo ponían sobre un armazón de varas y lo fijaban con espinas, le daban sus puntas para afirmarlo.

Cuando ya estaba formado en esta figura, luego lo emplumaban y le hacían en la cara su propio embijamiento, es decir, rayas que atravesaban su rostro por cerca de los ojos. Le ponían sus orejas de mosaico de turquesa, en figura de serpientes, y de sus orejeras de turquesa está pendiente el anillo de espinas. Es de oro, tiene forma de dedos del pie, está elaborado como dedos del pie.

La insignia de la nariz hecha de oro, con piedras engastadas; a manera de flecha de oro incrustada de piedras finas. También de esta nariguera colgaba un anillo de espinas, de rayas transversales en el rostro. Este aderezo facial de rayas transversales era de color azul y de color amarillo. Sobre la cabeza, le ponían el tocado mágico de plumas de colibrí. También luego le ponían el llamado *anecúyotl*.[3] Es de plumas finas, de forma cilíndrica, pero hacia la parte del remate es aguzado, de forma cónica.

Luego le ponían al cuello un aderezo de plumas de papagayo amarillo, del cual está pendiente un fleco escalonado de semejanza de los mechones de cabello que traen los muchachos. También su manta de forma de hojas de ortiga, con tintura negra: tiene en cinco lugares mechones de pluma fina de águila.

Lo envuelven todo él también con su manto de abajo, que tiene pintadas calaveras y huesos. Y arriba le visten su chalequillo, y éste está pintado con miem-

[3] *Anecúyotl*: insignia de Huitzilopochtli, especie de "ceñidero".

94

bros humanos despedazados: todo él está pintado de cráneos, orejas, corazones, intestinos, tóraces, teas, manos, pies.

También su *maxtle*.[4] Este maxtle es muy precioso y su adorno también es de miembros rotos, y su fleco es de puro papel, es decir de papel de amate, de ancho una cuarta, de largo veinte. Su pintura es de rayas verticales de color azul claro.

A la espalda lleva colocada como una carga su bandera color de sangre. Esta bandera color de sangre es de puro papel. Está teñida de rojo, como teñida de sangre. Tiene un pedernal de sacrificio como coronamiento, y ése es solamente de hechura de papel. Igualmente está rayado con rojo color de sangre.

Porta su escudo: es de hechura de bambú, hecho de bambú. Por cuatro partes está adornado con un mechón de plumas finas de águila: está salpicado de plumas finas; se le denomina *tehuehuelli*. Y la banderola del escudo igualmente está pintada de color de sangre, como la bandera de la espalda. Tenía cuatro flechas unidas al escudo.

[4] *Maxtle*: propiamente *máxtlatl*, era la prenda de vestir masculina que cubría las partes pudendas. Jacques Soustelle en *La Vie quotidienne des Aztéques*, Hachette, París, 1955, describe así el *máxtlatl*: "Era un paño que daba vuelta alrededor de la cintura, pasando entre las piernas y se anudaba al frente, dejando caer por delante y por atrás sus dos extremos adornados con frecuencia con bordados y franjas. Bien sea en una forma muy sencilla, una banda de tejidos sin adornos, o en formas muy elaboradas, el *máxtlatl* apareció desde los tiempos más antiguos entre los olmecas y los mayas. En el siglo XVI todos los pueblos civilizados de México lo usaban con excepción de los tarascos al oeste y los huastecos al noroeste, lo que no dejaba de escandalizar un poco a los mexicanos del centro".

Su banda a manera de pulsera está en su brazo; bandas de piel de coyote y de éstas penden papeles cortados en tiras cortas.

El principio de la fiesta

Pues cuando hubo amanecido, ya en su fiesta, muy de mañana, le descubrieron la cara los que habían hecho voto de hacerlo. Se colocaron en fila delante del dios, lo comenzaron a incensar, y ante él colocaron todo género de ofrendas: comida de ayuno [o acaso comida de carne humana] y rodajas de semilla de bledos apelmazada.

Y estando así las cosas, ya no lo subieron, ya no lo llevaron a su pirámide.

Y todos los hombres, los guerreros jóvenes, estaban como dispuestos totalmente, con todo su corazón iban a celebrar la fiesta, a conmemorar la fiesta, para con ella mostrar y hacer ver y admirar a los españoles y ponerles las cosas delante.

Se emprende la marcha, es la carrera: todos van en dirección del patio del templo para allí bailar el baile del culebreo. Y cuando todo el mundo estuvo reunido, se dio principio, se comenzó el canto, y la danza del culebreo.

Y los que habían ayunado una veintena y los que habían ayunado un año, andaban al frente de la gente: mantenían en fila a la gente con su bastón de pino. Al que quisiera salir lo amenazaban con su bastón de pino.

Y si alguno deseaba orinar, deponía su ropa de la cadera y su penacho partido de plumas de garza.

Pero al que no más se mostraba desobediente, al

que no seguía a la gente en su debido orden, y veía como quiera las cosas, luego por ello lo golpeaban en la cadera, lo golpeaban en la pierna, lo golpeaban en el hombro. Fuera del recinto lo arrojaban, violentamente lo echaban, le daban tales empellones que caía de bruces, iba a dar con la cara en tierra, le tiraban con fuerza de las orejas: nadie en mano ajena chistaba palabra.

Eran muy dignos de veneración aquellos que por un año habían ayunado; se les temía; por título propio y exclusivo tenían el de "hermanos de Huitzilópochtli".

Ahora bien, iban al frente de la danza guiando a la gente los grandes capitanes, los grandes valientes. Pasaban en seguida los ya jovenzuelos, aunque sin pegarse a aquéllos. Los que tienen el mechón que caracteriza a los que no han hecho cautivo, los mechudos, y los que llevaban el tocado como un cántaro: los que han hecho prisioneros con ayuda ajena.

Los bisoños, los que se llamaban guerreros jóvenes, los que ya hicieron un cautivo, los que ya cogieron a uno o dos cautivos, también los iban cercando. A ellos les decían:

—¡Fuera allá, amigotes, mostradlo a la gente [vuestro valor], en vosotros se ve!

Los españoles atacan a los mexicas

Pues así las cosas mientras se está gozando de la fiesta, ya es el baile, ya es el canto, ya se enlaza un canto con otro, y los cantos son como un estruendo de olas, en ese preciso momento los españoles toman la determinación de matar a la gente. Luego vienen hacia acá, todos vienen en armas de guerra.

Vienen a cerrar las salidas, los pasos, las entradas: la Entrada del Águila, en el palacio menor; la de *Acatl Iyacapan* [Punta de la caña], la de *Tezcacoac* [Serpiente de espejos]. Y luego que hubieron cerrado, en todas ellas se apostaron: ya nadie pudo salir.

Dispuestas así las cosas, inmediatamente entran al Patio Sagrado para matar a la gente. Van a pie, llevan sus escudos de madera, y algunos los llevan de metal y sus espadas.

Inmediatamente cercan a los que bailan, se lanzan al lugar de los atabales: dieron un tajo al que estaba tañendo: le cortaron ambos brazos. Luego lo decapitaron: lejos fue a caer su cabeza cercenada.

Al momento todos acuchillan, alancean a la gente y les dan tajos, con las espadas los hieren. A algunos les acometieron por detrás; inmediatamente cayeron por tierra dispersas sus entrañas. A otros les desgarraron la cabeza: les rebanaron la cabeza, enteramente hecha trizas quedó su cabeza.

Pero a otros les dieron tajos en los hombros: hechos grietas, desgarrados quedaron sus cuerpos. A aquéllos hieren en los muslos, a éstos en las pantorrillas, a los de más allá en pleno abdomen. Todas las entrañas cayeron por tierra. Y había algunos que aún en vano corrían: iban arrastrando los intestinos y parecían enredarse los pies en ellos. Anhelosos de ponerse en salvo, no hallaban a donde dirigirse.

Pues algunos intentaban salir: allí en la entrada los herían, los apuñalaban. Otros escalaban los muros; pero

La matanza del Templo Mayor (*Códice de Durán*)

no pudieron salvarse. Otros se metieron en la casa común: allí sí se pusieron en salvo. Otros se entremetieron entre los muertos, se fingieron muertos para escapar. Aparentando ser muertos, se salvaron. Pero si entonces alguno se ponía en pie, lo veían y lo acuchillaban.

La sangre de los guerreros cual si fuera agua corría: como agua que se ha encharcado y el hedor de la sangre se alzaba al aire, y de las entrañas que parecían arrastrarse.

Y los españoles andaban por doquiera en busca de las casas de la comunidad: por doquiera lanzaban estocadas, buscaban cosas: por si alguno estaba oculto allí; por doquiera anduvieron, todo lo escudriñaron. En las casas comunales por todas partes rebuscaron.

La reacción de los mexicas

Y cuando se supo fuera, empezó una gritería:

—Capitanes, mexicanos... venid acá. ¡Que todos armados vengan: sus insignias, escudos, dardos!... ¡Venid acá de prisa, corred: muertos son los capitanes, han muerto nuestros guerreros!... Han sido aniquilados, oh capitanes mexicanos.

Entonces se oyó el estruendo, se alzaron gritos, y el ulular de la gente que se golpeaba los labios. Al momento fue el agruparse, todos los capitanes, cual si hubieran sido citados: traen sus dardos, sus escudos.

Entonces la batalla empieza: dardean con venablos, con saetas y aun con jabalinas, con arpones de cazar aves. Y sus jabalinas furiosos y apresurados lanzan.

Cual si fuera capa amarilla, las cañas sobre los españoles se tienden.

Los españoles se refugian en las casas reales

Por su parte los españoles inmediatamente se acuartelaron. Y ellos también comenzaron a flechar a los mexicanos, con sus dardos de hierro. Y dispararon el cañón y el arcabuz.

Inmediatamente echaron grillos a Motecuhzoma.

Por su parte, los capitanes mexicanos fueron sacados uno en pos de otro, de los que habían sucumbido en la matanza. Eran llevados, eran sacados, se hacían pesquisas para reconocer quién era cada uno.

El llanto por los muertos

Y los padres y las madres de familia alzaban el llanto. Fueron llorados, se hizo la lamentación de los muertos. A cada uno lo llevan a su casa, pero después los trajeron al Patio Sagrado: allí reunieron a los muertos; allí a todos juntos los quemaron, en un sitio definido, el que se nombra *Cuauhxicalco* [Urna del Águila]. Pero a otros los quemaron sólo en la Casa de los Jóvenes.

El mensaje de Motecuhzoma

Y cuando el Sol iba a ocultarse, cuando apenas había un poco de sol, vino a dar pregón Itzcuauhtzin, desde la azotea gritó y dijo:

—Mexicanos, tenochcas, tlatelolcas: os habla el rey vuestro, el señor Motecuhzoma: os manda decir: que lo oigan los mexicanos:

"Pues no somos competentes para igualarlos, que no luchen los mexicanos. Que se deje en paz el escudo y la flecha.

Los que sufren son los viejos, las viejas, dignas de lástima. Y el pueblo de clase humilde. Y los que no tienen discreción aún: los que apenas intentan ponerse en pie, los que andan a gatas. Los que están en la cuna y en su camita de palo: los que aún de nada se dan cuenta".

Por esta razón dice vuestro rey:

"Pues no somos competentes para hacerles frente, que se deje de luchar". A él lo han cargado de hierros, le han puesto grillos a los pies.

Cuando hubo acabado de hablar Itzcuauhtzin le hicieron una gran grita, le dijeron oprobios. Se enojaron en extremo los mexicanos, rabiosos se llenaron de cólera y le dijeron:

—¿Qué es lo que dice ese ruin de Motecuhzoma? ¡Ya no somos sus vasallos!

Luego se alzó el estruendo de guerra, fue creciendo rápidamente el clamor guerrero. Y también inmediatamente cayeron flechas en la azotea. Al momento los españoles cubrieron con sus escudos a Motecuhzoma y a Itzcuauhtzin, no fuera a ser que dieran contra ellos las flechas de los mexicanos.

La razón de haberse irritado tanto los mexicanos fue el que hubieran matado a los guerreros, sin que ellos siquiera se dieran cuenta del ataque, el haber matado alevosamente a sus capitanes. No se iban, ni desistían.

Los mexicas sitian a los españoles

Estaban sitiando la Casa Real; mantenían vigilancia, no fuera a ser que alguien entrara a hurtadillas y en secreto les llevara alimentos. También desde luego terminó todo aportamiento de víveres: nada en absoluto se les entregaba, como para que los mataran de hambre.

Pero aquellos que aún en vano trataban de comunicarse con ellos, les daban algún aviso; intentaban congraciarse con ellos dando en secreto algunos alimentos, si eran vistos, si se les descubría, allí mismo los mataban, allí acababan con ellos. O ya les quebraban la cerviz, o a pedradas los mataban.

Cierta vez fueron vistos unos mexicanos que introducían pieles de conejo. Ellos dejaron escaparse la palabra de que con ellos entraban otros a escondidas. Por esto se dio estricta orden de que se vigilara, se cuidara con esmero por todos los caminos y por todas las acequias. Había grande vigilancia, había guardas cuidadosos.

Ahora bien, los que introducían pieles de conejo eran trabajadores enviados de los mayordomos de los de Ayotzintepec y Chinantlan. Allí no más rindieron el aliento, allí se acabó su oficio: en una acequia los acogotaron con horquillas de palo. Aun contra sí mismos se lanzaron los tenochcas: sin razón alguna aprisionaban a los trabajadores. Decían:

—¡Éste es! —y luego lo mataban. Y si por ventura

veían a alguno que llevara su bezote de cristal, luego lo atrapaban rápidamente y lo mataban. Decían:

—Éste es el que anda entrando, el que le está llevando de comer a Motecuhzoma.

Y si veían a alguno cubierto con el ayate propio de los trabajadores, también lo cogían rápidamente. Decían:

—También éste es un desgraciado, que trae noticias infaustas: entra a ver a Motecuhzoma.

Y el que en vano pretendía salvarse, les suplicaba diciendo:

—¿Qué es lo que hacéis, mexicanos? ¡Yo no soy!

Le decían ellos:

—¡Sí, tú, infeliz!… ¿No eres acaso un criado?

Inmediatamente allí lo mataban.

De este modo estaban fiscalizando a las personas, andaban cuidadosos de todos: no más examinaban su cara, su oficio: no más estaban vigilando a las personas los mexicanos. Y a muchos por fingido delito los ajusticiaron, alevosamente los mataron: pagaron un crimen que no habían cometido.

Pero los demás trabajadores se escondieron, se ocultaron. Ya no se daban a ver a la gente, ya no se presentaban ante la gente, ya no iban a casa de nadie: estaban muy temerosos, miedo y vergüenza los dominaban y no querían caer en manos de los otros.

Cuando hubieron acorralado a los españoles en las casas reales, por espacio de siete días les estuvieron dando batalla. Y los tuvieron en jaque durante veintitrés días.

Durante estos días las acequias fueron desenzolvadas; se abrieron, se ensancharon, se les puso maderos, ahondaron sus cavidades. Y se hizo difícil el paso por todas partes, se pusieron obstáculos dentro de las acequias.

Y en cuanto a los caminos, se les pusieron cercos, se puso pared de impedimento, se cerraron los caminos. Todos los caminos y calles fueron obstruccionados.[5]

La versión de la matanza según el Códice Aubin

En Tóxcatl subían arriba al dios. Mataron a los cantores cuando comenzaba el baile. No más lo vio Motecuhzoma y dijo a Malintzin:

—Favor de que oiga el dios: ha llegado la fiesta de nuestro dios: es de ahora a diez días. Pues a ver si lo subimos. Harán incensaciones y solamente bailaremos cuando se suban los panes de bledos. Aunque haya un poco de ruido, eso será todo.

Dijo entonces el capitán:

—Está bien. Que lo hagan. Ya lo oí.

Luego partieron, fueron a encontrar a otros españoles que llegaban. Sólo el Sol se quedó aquí.

Y cuando llegó la hora en la cuenta de los días, luego dijo Motecuhzoma a éste:

—Favor de oír: aquí estáis vosotros. Pronto es la fiesta del dios; se ha aproximado la fiesta en que debemos festejar a nuestro dios.

Dijo aquél:

[5] Informantes de Sahagún, *Códice Florentino*, lib. XII, caps. XIX, XX y XXI (versión de Ángel Ma. Garibay K.).

—¡Que lo hagan: de algún modo ahora estaremos!

Luego dijeron los capitanes:

—Favor de llamar a nuestros hermanos mayores.

Y hablaron los hermanos mayores:

Cuando éstos hubieron venido, luego les dan órdenes; les dicen:

—Mucho en esto se ponga empeño para que se haga bien.

Y dijeron los hermanos mayores:

—Que con fuerte impulso se haga.

Entonces dijo Tecatzin, el jefe de la armería:

—Favor de hacerlo saber al señor que está ante nosotros. ¡Así se hizo en Cholula: no más los encerraron en una casa! También ahora a nosotros se nos han puesto difíciles las cosas. ¡Que en cada pared estén escondidos nuestros escudos!

Dijo entonces Motecuhzoma:

—¿Es que estamos acaso en guerra? ¡Haya confianza! Luego dijo el jefe de armas:

—Está bien.

Luego comienza el canto y el baile. Va guiando a la gente un joven capitán; tiene su bezote ya puesto: su nombre, Cuatlázol, de Tolnáhuac. Apenas ha comenzado el canto, uno a uno van saliendo los cristianos; van pasando entre la gente, y luego de cuatro en cuatro fueron a apostarse en las entradas.

Entonces van a dar un golpe al que está guiando la danza. Uno de los españoles le da un golpe en la nariz a la imagen del dios. Entonces abofetean a los que estaban tañendo los atabales. Dos tocaban el tamboril, y uno de Atempan tañía el atabal. Entonces fue el alboroto general, con lo cual sobrevino completa ruina.

En este momento un sacerdote de *Acatl Iyacapan*[6] vino a dar gritos apresurado; decía a grandes voces:

—Mexicanos, ¿no que no en guerra? ¿Quién tiene confianza? ¿Quién en su mano tiene escudos de los cautivos?

Entonces atacan solamente con palos de abeto. Pero cuando ven, ya están hechos trizas por las espadas.

Entonces los españoles se acogieron a las casas en donde están alojados.[7]

[6] *Acatl Iyacapan:* "en la punta del cañaveral". Sitio dentro del Templo Mayor.
[7] *Códice Aubin*, edición de A. Peñafiel, p. 84 y *ss.* (versión de Ángel Ma. Garibay K.).

X

REGRESO DE CORTÉS: LA "NOCHE TRISTE"

Introducción

Habiendo vencido Cortés a Pánfilo de Narváez, regresó con mayor número de soldados a México-Tenochtitlan. Los informantes de Sahagún relatan el modo como fue recibido. Los mexicas se pusieron de acuerdo en no dejarse ver. Estaban en acecho para dar principio a la batalla.

Según los mencionados informantes, Cortés hizo disparar los cañones, al entrar en las casas reales de Motecuhzoma. Ésta fue la señal que dio principio a la guerra. Durante cuatro días se luchó con denuedo.

Fue por entonces cuando los españoles arrojaron a la orilla del agua los cadáveres de Motecuhzoma y de Itzcuauhtzin. Como escribe don Fernando de Alva Ixtlilxóchitl, a punto fijo no se supo cómo murió Motecuhzoma: "Dicen que uno de ellos [de los indios] le tiró una pedrada de lo cual murió; aunque dicen sus vasallos que los mismos españoles lo mataron y por las partes bajas le metieron la espada".

El texto indígena pinta las exequias de Motecuhzoma y el duro juicio que acerca de su actuación pública formularon algunos mexicas. Pasados siete días los españoles se aprestaron para abandonar por la noche a México-Tenochtitlan.

Entonces tuvo lugar el desquite de los guerreros mexicas, que se conoce como la "Noche Triste". Los nahuas nos pintan la forma en que tuvo lugar el asedio a los españoles que huían por la Calzada de Tacuba. Quienes lograron escapar fueron a refugiarse por el rumbo de Teocalhueyacan, en donde fueron recibidos en son de paz.

El texto de los informantes que aquí se transcribe concluye narrando lo que pasaba entre tanto en México-Tenochtitlan, donde los guerreros mexicas victoriosos se repartían el botín de guerra quitado a los españoles.

En forma de pequeño apéndice a este capítulo se transcribe la breve noticia que acerca de estos hechos nos conserva don Fernando de Alva Ixtlilxóchitl en su ya mencionada XIII relación.

Los españoles abandonan de noche la ciudad

Cuando hubo anochecido, cuando llegó la medianoche, salieron los españoles en compacta formación y también los tlaxcaltecas todos. Los españoles iban delante y los tlaxcaltecas los iban siguiendo, iban pegados a sus espaldas. Cual si fueran un muro se estrechaban con aquéllos.

Llevaban consigo puentes portátiles de madera. Los fueron poniendo sobre los canales: sobre ellos iban pasando.

En aquella sazón estaba lloviendo, ligeramente como rocío, eran gotas ligeras, como cuando se riega, era una lluvia muy menuda.

Aun pudieron pasar los canales de Tecpantzinco; Tzapotlan, Atenchicalco. Pero cuando llegaron al de Mixcoatechialtitlan, que es el canal que se halla en cuarto lugar, fueron vistos: ya se van fuera.[1]

Se descubre su huida

Una mujer que sacaba agua los vio y al momento alzó el grito y dijo:

—Mexicanos… ¡Andad hacia acá: ya se van, ya van traspasando los canales vuestros enemigos!… ¡Se van a escondidas!…

Entonces gritó un hombre sobre el templo de Huitzilopochtli. Bien se difundió su grito sobre la gente, todo mundo oía su grito:

[1] De acuerdo con el doctor Alfonso Caso, en "Los barrios antiguos de México y Tlatelolco" (*Memorias de la Academia Mexicana de la Historia*, t. XV, núm. 1, enero-marzo de 1956), pueden identificarse esos canales, señalando su probable ubicación: *Tecpantzinco* "seguramente daba sobre la Calzada de Tacuba…" "Quizá era la acequia de S. Juan de Letrán". *Tzapotlan:* estaba en el barrio del mismo nombre. "Seguramente en 1519 pertenecía este barrio a una buena parte de lo que hoy es la Alameda." *Atenchicalco:* "en la orilla de los cangrejos" y *Mixcoatechialtitlan:* "en el mirador de Mixcóatl", ambas acequias "deben haber estado comprendidas entre las calles de S. Juan de Letrán y Zarco".

Huida de los españoles y sus aliados por la calzada
de Tlacopan [Tacuba] (*Códice Florentino*)

—Guerreros, capitanes, mexicanos... ¡Se van vuestros enemigos! Venid a perseguirlos. Con barcas defendidas con escudos... con todo el cuerpo en el camino.

Comienza la batalla

Y cuando esto se oyó, luego un rumor se alza. Luego se ponen en plan de combate los que tienen barcas defendidas. Siguen, reman afanosos, azotan sus barcas, van dando fuertes remos a sus barcas. Se dirigen hacia Mictlantonco, hacia Macuiltlapilco.

Las barcas defendidas por escudos, por un lado y otro vienen a encontrarlos. Se lanzan contra ellos. Eran barcas guarnicionales de los de Tenochtitlan, eran barcas guarnicionales de los de Tlatelolco.

Otros también fueron a pie, se dirigieron rectamente a Nonohualco, encaminando hacia Tlacopan. Intentaban cortarles la retirada.

Entonces los que tripulaban las barcas defendidas por escudos, lanzaron sus dardos contra los españoles. De uno y de otro lado los dardos caían.

Pero los españoles también tiraban a los mexicanos. Lanzaban pasadores,[2] y también tiros de arcabuz. De un lado y de otro había muertos. Eran tocados por las flechas los españoles, y eran tocados los tlaxcaltecas. Pero también eran tocados por los proyectiles los mexicanos.

---

[2] *Pasadores:* "flechas o saetas muy agudas que se disparaban con una ballesta".

La matanza del Canal de los Toltecas [3]

Pues cuando los españoles hubieron llegado a Tlal-tecayohuacan, en donde es el Canal de los Toltecas, fue como si se derrumbaran, como si desde un cerro se despeñaran. Todos allí se arrojaron, se dejaron ir al precipicio. Los de Tlaxcala, los de Tliliuhquitepec, y los españoles, y los de a caballo y algunas mujeres.

Pronto con ellos el canal quedó lleno, con ellos cegado quedó. Y aquellos que iban siguiendo, sobre los hombres, sobre los cuerpos, pasaron y salieron a la otra orilla.

Pero al llegar a Petlacalco en donde hay otro ca-nal, en paz y quietamente lo pasaron sobre el puente portátil de madera.

Allí tomaron reposo, allí cobraron aliento, allí se sintieron hombres.

Y cuando hubieron llegado a Popotla amaneció, es-clareció el cielo: allí, refrigerados ya, a lo lejos tenían combate.

Pero allí llegaron dando alaridos, hechos una bola en torno de ellos los mexicanos. Llegan a coger presos tlaxcaltecas y aún van matando españoles.

Pero también mexicanos mueren: gente de Tlate-lolco. De una y de otra parte hubo muertos.

Hasta Tlacopan [Tacuba], los persiguen, hasta Tlacopan los echaron.

[3] El Canal de los Toltecas (*Tolteca Acalocan*). "Éste fue el lugar del gran desastre en la retirada... Don Fernando Ramírez dice que cree que estaba por la Iglesia de San Fernando y la Ermita de los Mártires o de San Hipólito, marcan el lugar aproximadamente..." (Alfonso Caso, *op. cit.*).

Pues en el tiempo en que los echaron, en Tlilyuh-can, en Xócotl Iyohuican, que es lo mismo que Xoxo-cotla, allí murió en la guerra Chimalpopoca el hijo de Motecuhzoma. Quedó traspasado, sobre él vino un tiro de ballesta.

También allí fue herido y en ese sitio murió Tlalte-catzin, príncipe tepaneca.

Era el que guiaba, el que dirigía, el que iba señalan-do y marcando los caminos a los españoles.

Los españoles se refugian en Teocalhueyacan

Luego de ahí vadearon el Tepzólatl, que es un ria-chuelo; pasaron al otro lado, vadearon el Tepzólatl y luego se remontaron al Acueco. Fueron a detenerse en Otoncalpulco. Su patio estaba defendido por una muralla de madera, tenían un muro de madera. Allí se refrigeraron, allí tomaron descanso, allí restauraron sus fuerzas y recobraron el aliento.

Allí vino a darles la bienvenida el jefe de los de Teo-calhueyacan.

El señor se llamaba con nombre propio de nobleza el Otomí. Éste fue a encontrarlos y allí les fue a entregar comida: tortillas blancas, gallinas, guisados y asados de gallina, huevos y algunas gallinas vivas y también algu-nas tunas: todo lo pusieron delante del capitán.

Les dijeron:

—Señores nuestros, os habéis fatigado, habéis pa-sado angustias. Que los dioses reposen. En tierra asen-taos, tomad aliento.

Entonces les respondió Malintzin, les dijo:

—Señores míos, dice el capitán:

"¿De dónde venís? ¿Dónde es vuestra casa?"

Dijeron ellos:

—Óigalo nuestro señor: venimos de su casa de Teocalhueyacan. Somos gente de este lugar.

Dijo Malintzin:

—Bien está. Os estamos agradecidos. Allá de donde venís mañana o pasado iremos a pernoctar.

El botín recogido por los mexicas
en Tenochtitlan

Luego que se alzó la aurora, cuando la luz relució, cuando estuvo claro el día, fueron acarreados los tlaxcaltecas todos, y los de Cempoala y los españoles que se habían despeñado en el Canal de los Toltecas, allá en Petlacalco o en Mictonco.

Fueron siendo llevados en canoas; entre los tules, allá en donde están los tules blancos los fueron a echar: no más los arrojaban, allá quedaron tendidos.

También arrojaron por allá a las mujeres [muertas]: estaban desnudas enteramente, estaban amarillas; amarillas, pintadas de amarillo, estaban las mujeres.

A todos éstos desnudaron, les quitaron cuanto tenían: los echaron allá sin miramiento, los dejaron totalmente abandonados y desprovistos.

Pero a los españoles, en un lugar aparte los colocaron, los pusieron en hileras. Cual los blancos brotes de las cañas, como los brotes del maguey, como las espigas blancas de las cañas, así de blancos eran sus cuerpos.

También sacaron a los "ciervos" que soportan encima a los hombres: los dichos caballos.

Y cuanto ellos llevaban, cuanto era su carga, todo se hizo un montón, de todo se hicieron dueños. Si alguien en una cosa ponía los ojos, luego al momento la arrebataba. La hacía cosa propia, se la llevaba a cuestas, la conducía a su casa.

Allí en donde precisamente fue la mortandad, todo cuanto pudo hallarse se lo apropiaron, lo que en su miedo abandonaron [los españoles]. También todas las armas de guerra allí fueron recogidas. Cañones, arcabuces, espadas y cuanto en el hondo se había precipitado, lo que allí había caído. Arcabuces, espadas, lanzas, albardas, arcos de metal, saetas de hierro.

También allí se lograron cascos de hierro, cotas y corazas de hierro; escudos de cuero, escudos metálicos, escudos de madera.

Y allí se logró oro en barras, discos de oro, y oro en polvo y collares de chalchihuites con dijes de oro.

Todo esto era sacado, era recogido de entre el agua, era rebuscado cuidadosamente. Unos buscaban con las manos, otros buscaban con los pies. Y los que iban por delante bien pudieron escapar, pero los que iban atrás todos cayeron al agua.[4]

[4] Informantes de Sahagún, *Códice Florentino*, lib. XII, caps. XXIV y XXV (versión de Ángel Ma. Garibay K.).

Cortés dio la vuelta para México, y entró por la ciudad de Tetzcoco, en donde le recibieron algunos caballeros, porque a los hijos del rey Nazahualpiltzintli, los legítimos, los tenían escondidos sus vasallos y los otros en México los tenían en rehenes. Entró en México con todo el ejército de españoles y amigos de Tlaxcala y otras partes el día de San Juan Bautista, sin que nadie se lo estorbase.

Los mexicanos y los demás aunque les daban todo lo necesario, con todo esto, viendo que los españoles, ni se querían ir de su ciudad, ni querían soltar a sus reyes, juntaron sus soldados, y comenzaron a dar guerra a los españoles otro día después de que Cortés entró en México y duró siete días.

El tercero de ellos Motecuhzoma viendo la determinación de sus vasallos, se puso en una parte alta, y reprendióles; los cuales le trataron mal de palabras llamándole de cobarde, y enemigo de su patria, y aun amenazándole con las armas, en donde dicen que uno de ellos le tiró una pedrada de lo cual murió, aunque dicen sus vasallos que los mismos españoles lo mataron, y por las partes bajas le metieron la espada.

Al cabo de los siete días, después de haber sucedido grandes cosas, los españoles con sus amigos los tlaxcaltecas, huexotzincas y demás naciones, desampararon la ciudad y salieron huyendo por la calzada que va a Tlacopan, y antes de salir de la ciudad mataron al rey Cacamatzin, y a tres hermanas suyas, y dos hermanos que hasta entonces no estaban muertos, según don Alonso Axayácatl, y algunas relaciones de los naturales que se hallaron personalmente en estas dos ocasiones, los cuales al tiempo que se retiraron dieron muerte a muchos españoles y amigos hasta un cerro que está adelante de Tlacopan, y desde aquí dieron la vuelta para Tlaxcala.[5]

[5] Fernando de Alva Ixtlilxóchitl, *XIII relación*, "De la venida de los españoles y principio de la ley evangélica".

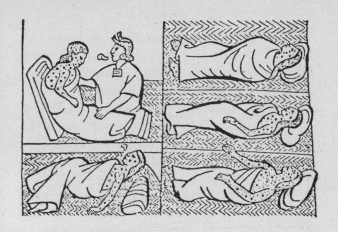

XI

COMIENZA EL ASEDIO DE MÉXICO-TENOCHTITLAN

Introducción

Varios son los testimonios indígenas que nos hablan acerca del asedio de la gran capital mexica. Rehechos los españoles, gracias principalmente a la ayuda prestada por sus aliados tlaxcaltecas, reaparecieron al fin, para atacar de todas las maneras posibles a México-Tenochtitlan.

El texto que aquí se transcribe, debido a los informantes de Sahagún, comienza mostrando la persuasión abrigada por los mexicas de que los españoles ya no regresarían. Las fiestas volvieron a celebrarse como en los tiempos antiguos. Cuitláhuac fue electo gran tlahtoani o rey, para suceder al trágicamente muerto Motecuhzoma.

Sin embargo, el primer presagio funesto se hizo sentir bien pronto. Se extendió entre la población una gran peste, la llamada hueyzáhuatl o hueycocoliztli, *que por lo general se piensa fue una epidemia de viruela, enfermedad desconocida hasta entonces por los mesoamericanos. Una de las víctimas de este mal iba a ser precisamente el* tlahtoani *Cuitláhuac.*

Fue entonces cuando reaparecieron los españoles por el rumbo de Tetzcoco, para venir a situarse en Tlacopan. El testimonio indígena nos refiere con numerosos detalles la manera como comenzaron a atacar los españoles desde sus bergantines. Trata también el texto indígena del desembarco de la gente de Cortés, de la reacción defensiva de los mexicas, del modo como fueron penetrando los españoles al interior de la ciudad. En vista del asedio implacable de la gran capital, la gente tenochca fue a refugiarse a Tlatelolco. Allí se iba a concentrar al fin la lucha. El texto que aquí se transcribe concluye trazando un magnífico retrato de la fisonomía del capitán mexícatl Tzilacatzin, que fue uno de los que jamás retrocedieron, al ser atacado por los españoles.

La actitud de los mexicas después de idos los españoles

Cuando se hubieron ido los españoles se pensó que nunca jamás regresarían, nunca jamás darían la vuelta. Por tanto, otra vez se aderezó, se compuso la casa del dios. Fue bien barrida, se recogió bien la basura, se sacó la tierra.

Ahora bien, llegó *Huey Tecuilhuitl.*[1] Una vez más, otra vez la festejaron los mexicanos en esta veintena.[2]

---

[1] *Huey Tecuilhuitl:* nombre del séptimo mes. En el primer día de él se hacía la fiesta a la diosa de la sal, *Huixtocíhuatl.*

[2] *Veintena:* uno de los 18 "meses" o grupos de veinte días de que

A todos los representantes, a todos los sustitutos[3] de los dioses otra vez los adornaron, les pusieron sus ropas y sus plumajes de quetzal. Les pusieron sus collares, les pusieron sus máscaras de turquesas y les revistieron sus ropas divinas: ropa de pluma de quetzal, ropa de pluma de papagayo amarillo, ropa de pluma de águila. Todas estas ropas que se requieren, las guardaban los grandes príncipes...

La peste azota a los mexicas

Cuando se fueron los españoles de México y aún no se preparaban los españoles contra nosotros, primero se difundió entre nosotros una gran peste, una enfermedad general. Comenzó en *Tepeílhuitl*.[4] Sobre nosotros se extendió: gran destruidora de gente. Algunos bien los cubrió, por todas partes [de su cuerpo] se extendió. En la cara, en la cabeza, en el pecho.

Era muy destructora enfermedad. Muchas gentes murieron de ella. Ya nadie podía andar, no más estaban acostados, tendidos en su cama. No podía nadie moverse, no podía volver el cuello, no podía hacer movimientos de cuerpo; no podía acostarse cara abajo, ni acostarse sobre la espalda, ni moverse de un lado

---

se componía el *xihuitl* o "año". (18 × 20 = 360 + 5 días que llamaban *nemontemi*).

[3] Los sustitutos de los dioses eran los que los representaban en las fiestas.

[4] *Tepeílhuitl*: decimotercer mes, se hacían fiestas a los dioses de los montes.

a otro. Y cuando se movían algo, daban de gritos. A muchos dio la muerte la pegajosa, apelmazada, dura enfermedad de granos.

Muchos murieron de ella, pero muchos solamente de hambre murieron: hubo muertos por el hambre: ya nadie tenía cuidado de nadie, nadie de otros se preocupaba.

A algunos les prendieron los granos de lejos: ésos no mucho sufrieron, no murieron muchos de eso.

Pero a muchos con esto se les echó a perder la cara, quedaron cacarañados, quedaron cacarizos. Unos quedaron ciegos, perdieron la vista.

El tiempo que estuvo en fuerza esta peste duró sesenta días, sesenta días funestos. Comenzó en Cuatlan: cuando se dieron cuenta, estaba bien desarrollada. Hacia Chalco se fue la peste. Y con esto mucho amenguó, pero no cesó del todo.

Vino a establecerse en la fiesta de Teotleco y vino a tener su término en la fiesta de Panquetzaliztli. Fue cuando quedaron limpios de la cara los guerreros mexicanos.

Reaparición de los españoles

Pero ahora, así las cosas, ya vienen los españoles, ya se ponen en marcha hacia acá por allá por Tetzcoco, del lado de Cuauhtitlan: vienen a establecer su real, a colocarse en Tlacopan. Desde allí después se reparten, desde ahí se distribuyen.

A Pedro de Alvarado se le asignó como su campo propio el camino que va a Tlatelolco. Pero el marqués tomó el rumbo de Coyohuacan. Y era su campo propio el que va por Acachinanco hacia Tenochtitlan.

Sabedor era el marqués de que era muy valiente el capitán de Tenochtitlan.

Y en el cenicero de Tlatelolco, o en la Punta de los Alisos, fue en donde primero comenzó la guerra.

De ahí se fue a dar a Nonohualco: los persiguieron los guerreros, y no murió ni un mexicano.

Luego se vuelven los españoles y los guerreros en barcas atacan. Llevan sus barcas bien guarnecidas. Lanzan dardos: sus dardos llueven sobre los españoles. Luego se metieron.

Pero el marqués se lanza luego hacia los tenochcas, va siguiendo el camino que conduce hacia Acachinanco. Luego se traslada el marqués al sitio de Acachinanco. Con muchos batalla allí y los mexicanos le hacen frente.

Los españoles atacan con bergantines

Y entonces vienen los barcos desde Tetzcoco. Son por todos doce. Todos ellos se juntaron allí en Acachinanco. Luego se muda el marqués hasta Acachinanco.

Después anda revisando dónde se entra, dónde se sale en los barcos. Dónde es buena la entrada en las acequias, si están lejos; si no están lejos; no vaya a ser que encallen en algún lugar.

Y por las acequias, retorcidas, no derechas, no pudieron meter por allí a los barcos. Dos barcos metieron solamente, los hicieron pasar por el camino de Xoloco: van a ir derechamente.

Asedio de la ciudad desde los bergantines
(*Códice Florentino*)

Y hasta entonces resolvieron unos con otros, se dieron la palabra de que iban a destruir a los mexicanos y a acabar con ellos.

Se pusieron en fila, entonces, llevando los cañones. Los precede el gran estandarte de lienzo. No van de prisa, no se alteran. Van tañendo sus tambores, van tocando sus trompetas. Tocan sus flautas, sus chirimías y sus silbatos.

Dos bergantines lentamente vienen bogando: solamente de un lado del canal van pasando. Del otro lado no viene barco alguno, por haber casas.

Luego hay marcha, luego hay combate. De un lado y otro hay muertos, de un lado y otro hay cautivos.

Cuando vieron a los tenochcas, los habitantes de Zoquiapan, emprendieron la fuga, echaron a correr llenos de miedo. Son llevados los niñitos al lado de otras personas. Van por el agua, sin rumbo ni tino, los de la clase baja. Hay llanto general.

Y los dueños de barcas, en las barcas colocaron a sus niñitos, los llevan remando, los conducían remando afanados. Nada tomaron consigo: por el miedo dejaron abandonado todo lo suyo; su pequeña propiedad la dejaron perder.

Pero nuestros enemigos se apoderaron de las cosas, haciendo fardo con ellas, van tomando cuanto hallan por donde van pasando todo lo que sale a su paso. Toman y arrebatan las mantas, las capas, las frazadas, o las insignias de guerra, los tambores, los tamboriles.

Y los tlatelolcas les hicieron resistencia allí en Zoquiapan desde sus barcas.

Cuando llegaron los españoles a Xoloco, en donde hay un muro, que por medio del camino cierra el paso, con el cañón grande lo atacaron.

Aún no se derrumbó al caer el primer tiro, pero al segundo, se partió y al tercero, por fin, se abatió en tierra. Ya al cuarto tiro totalmente quedó derruido.

Dos barcos vinieron a encontrar a los que tienen barcas defendidas por escudos. Se da batalla sobre el agua. Los cañones estaban colocados en la proa y hacia donde estaban aglomeradas las barcas, en donde se cerraban unas con otras, allá lanzaban sus tiros. Mucha gente murió, y se hundieron en el agua, se sumergieron y quedaron en lo profundo violentamente.

De modo igual las flechas de hierro, aquel a quien daban en el blanco, ya no escapaba: moría al momento, exhalaba su aliento final.

La reacción defensiva de los mexicas

Pero los mexicanos cuando vieron, cuando se dieron cuenta de que los tiros de cañón o de arcabuz iban derecho, ya no caminaban en línea recta, sino que iban de un rumbo a otro haciendo zigzag; se hacían a un lado y a otro, huían del frente.

Y cuando veían que iba a dispararse un cañón, se echaban por tierra, se tendían, se apretaban a la tierra.

Pero los guerreros se meten rápidamente entre las casas, por los trechos que están entre ellas: limpio queda el camino, despejado, como si fuera región despoblada.

Pero luego llegaron hasta Huitzilan. Ahí estaba enhiesta otra muralla. Y muchos junto a ella estaban replegados, se refugiaban y protegían con aquel muro.

Desembarco de los españoles

Un poco cerca de ella anclan, se detienen sus bergantines; un poquito allí se detienen en tanto que disponen los cañones.

Vinieron siguiendo a los que andaban en barcas. Cuando llegaron cerca de ellos, luego se dejaron ir en su contra, se acercaron a todas las casas.

Cuando hubieron preparado los cañones, lanzaron tiros a la muralla. Al golpe la muralla quedó llena de grietas. Luego se desgarró, por detrás se abrió. Y al segundo tiro, luego cayó por tierra: se abrió a un lado y otro, se partió, quedó agujerada.

Quedó el camino entonces totalmente limpio. Y los guerreros que estaban colocados junto a la muralla al punto se desbandaron. Hubo dispersión de todos, de miedo huyeron.

Pero la gente toda llenó el canal; luego de prisa lo cegó y aplanó, con piedras, con adobes, y aun con algunos palos para impedir el paso del agua.

Cuando estuvo cegado el canal, luego pasaron por allí los de a caballo. Eran tal vez diez. Dieron vueltas, hicieron giros, se volvieron a un lado y a otro. Y en seguida otra partida de gente de a caballo vino por el mismo camino. Iban en pos de los que pasaron primero.

Y algunos de los tlatelolcas que habían entrado de prisa al palacio, la casa que fue de Motecuhzoma, salieron con gran espanto: dieron de improviso con los de a caballo. Uno de éstos dio de estocadas a los de Tlatelolco.

Pero el que había sido herido, aún pudo agarrar la lanza. Luego vinieron sus amigos a quitar la lanza al soldado español. Lo hicieron caer de espaldas, lo echaron sobre su dorso, y cuando hubo caído en tierra, al momento le dieron de golpes, le cortaron la cabeza, allí muerto quedó.

Luego se ponen en marcha unidos, se mueven en un conjunto los españoles. Llegaron de esta manera a la Puerta del Águila. Llevaban consigo los cañones grandes. Los colocaron en la Puerta del Águila.

La razón de llamarse este sitio Puerta del Águila es que en él había un águila hecha de piedra tajada. Era muy grande, tan alta y tan corpulenta en extremo. Y le hicieron como comparte y consorte un tigre. Y en la otra parte estaba un oso mielero, también de piedra labrado.

Y estas cosas así hechas, los guerreros mexicanos se recataron en vano detrás de las columnas. Porque había dos hileras de columnas en aquel sitio.

Y sobre la azotea de la casa comunal también estaban colocados los guerreros, estaban subidos sobre la azotea. Ya ninguno de ellos daba la cara abiertamente.

Por su parte los españoles no estaban ciertamente ociosos. Cuando hubieron disparado los cañones, se oscureció mucho como de noche, se difundió el humo. Y los que estaban recatados tras las columnas huyeron:

hubo desbandada general. Y los que estaban en la azotea se echaron abajo: todos huyeron lejos.

Avanzan los españoles al interior de la ciudad

Luego llevaron los españoles el cañón y lo colocaron sobre la piedra del sacrificio gladiatorio.

Los mexicanos, entre tanto, sobre el templo de Huitzilopochtli aun en vano se estaban atalayando. Percutían sus atabales, con todo ímpetu tocaban los atabales.

Y al momento subieron allá dos españoles, les dieron de golpes, y después de haberlos golpeado, los echaron para abajo, los precipitaron.

Y los grandes capitanes y los guerreros todos que combatían en barcas al momento se vinieron, vinieron a desembarcar a tierra seca. Y los que remaban eran los muchachos: eran ellos los que conducían las barcas.

Hecho esto, se pusieron a inspeccionar las calles: iban recorriendo por ellas, gritaban y decían:

—¡Guerreros, venid a seguir la cosa!…

Y cuando los españoles vieron que ya iban contra de ellos, que ya los vienen persiguiendo, luego se replegaron y empuñaron las espadas.

Hubo gran tropel, carrera general. De un lado y otro caían flechas sobre ellos. De un lado y otro venían a estrecharlos. Hasta Xoloco fueron a remediarse, fueron a tomar aliento. Desde allí fue el regreso [de los mexicas].

También por parte de los españoles hubo regreso. Fueron a colocarse en Acachinanco. Pero el cañón que habían colocado sobre la piedra del sacrificio gladiatorio, lo dejaron abandonado.

Lo cogieron luego los guerreros mexicanos, lo arrastraron furiosos, lo echaron en el agua. En el Sapo de Piedra [Tetamazolco] fue donde lo echaron.

La gente mexica se refugia en Tlatelolco

En este tiempo los mexica-tenochcas vinieron a refugiarse a Tlatelolco.

Era general el llanto, lloraban con grandes gritos. Lágrimas y llanto escurren de los ojos mujeriles.

Muchos maridos buscaban a sus mujeres. Unos llevan en los hombros a sus hijos pequeñitos.

El tiempo que abandonaron la ciudad fue un solo día. Pero los de Tlatelolco se encaminaron a Tenochtitlan para seguir la batalla.

Fue cuando Pedro de Alvarado se lanzó contra Iliacac [Punta de Alisos] que es el rumbo de Nonohualco, pero nada pudo hacer.

Era como si se arrojaran contra una roca: porque los de Tlatelolco eran hombres muy valientes.

Hubo batalla en ambos lados: en el campo seco de las calles y en el agua con lanchas que tenían sus escudos de defensa.

Alvarado quedó rendido y se volvió. Fue a acampar en Tlacopan.

Pero al siguiente día, cuando llegaron allá los dos bergantines que primero habían arribado, se juntaron todos en la orilla de las casas de Nonohualco, allí se fueron a situar.

Luego saltaron a tierra y siguieron por los caminos secos, los caminos entre el agua. Luego fueron a dar al centro de los poblados, a donde estaban las casas, llegaron hasta el centro.

Donde llegaban los españoles, todo quedaba desolado. Ni un solo hombre salía afuera.

El capitán mexica Tzilacatzin

Tzilacatzin gran capitán, muy macho, llega luego. Trae consigo bien sostenidas tres piedras: tres grandes piedras, redondas, piedras con que se hacen muros o sea piedras de blanca roca.

Una en la mano la lleva, las otras dos en sus escudos. Luego con ellas ataca, las lanza a los españoles: ellos iban en el agua, estaban dentro del agua y luego se repliegan.

Y este Tzilacatzin era de grado *otomí*.[5] Era de este grado y por eso se trasquilaba el pelo a manera de otomíes. Por eso no tenía en cuenta al enemigo, quien bien fuera, aunque fueran españoles: en nada los estimaba sino que a todos llenaba de pavor.

Cuando veían a Tzilacatzin nuestros enemigos luego se amedrentaban y procuraban con esfuerzo ver en qué forma lo mataban, ya fuera con una espada, o ya fuera con tiro de arcabuz.

Pero Tzilacatzin solamente se disfrazaba para que no lo reconocieran.

[5] *Otomí:* como se indica en el texto, con esta palabra se designaba un grado, dentro de la jerarquía militar de los mexicas.

Tomaba a veces sus insignias: su bezote que se ponía y sus orejeras de oro; también se ponía un collar de cuentas de caracol. Solamente estaba descubierta su cabeza, mostrando ser otomí.

Pero otras veces solamente llevaba puesta su armadura de algodón; con un paño delgadito envolvía su cabeza.

Otras veces se disfrazaba en esta forma: se ponía un casco de plumas, con un rapacejo abajo, con su colgajo del águila que le colgaba al cogote. Era el atavío con que se aderezaba el que iba a echar víctimas al fuego.

Salía, pues, como un echador de víctimas al fuego, como el que va a arrojar al fuego los hombres vivos: tenía sus ajorcas de oro en el brazo; de un lado y de otro las llevaba atadas en sus brazos, y estas ajorcas eran sumamente relucientes.

También llevaba en las piernas sus bandas de oro ceñidas, que no dejaban de brillar.

Y al día siguiente una vez más vinieron. Fueron llevando sus barcas al rumbo de Nonohualco, hasta junto a la Casa de la Niebla *[Ayauhcalco]*. También vinieron los que andan a pie, y todos los de Tlaxcala y los otomíes. Con grande ardor se arrojaron contra los mexicanos los españoles.

Cuando llegaron a Nonohualco luego se trabó el combate. Fue la batalla y se endureció y persistió el ataque y la guerra. Había muertos de un bando y de otro. Los enemigos eran flechados todos. También todos los mexicanos. De un lado y de otro hubo gran pena. De este modo todo el día, toda la noche duró la batalla.

Sólo hubo tres capitanes que nunca retrocedieron. Nada les importaban los enemigos; ningún aprecio tenían de sus propios cuerpos.

El nombre de uno es Tzoyectzin, el del segundo es Temoctzin y el tercero es el mentado Tzilacatzin.

Pero cuando los españoles se cansaron, cuando nada podían hacer a los mexicanos, ya no podían romper las filas de los mexicanos, luego se fueron, se metieron a sus cuarteles, fueron a tomar reposo.

Siguiéndoles las espaldas fueron también sus aliados.[6]

[6] Informantes de Sahagún, *Códice Florentino*, lib. XII, caps. XXIX-XXXII (versión de Ángel Ma. Garibay K.).

XII

INCURSIONES DE LOS ESPAÑOLES
EN LA CIUDAD SITIADA

Introducción

Los testimonios indígenas conservan la descripción de numerosas escenas de vivo realismo acerca de lo que ocurrió en México-Tenochtitlan, durante el largo sitio impuesto por los conquistadores. Los textos de los informantes de Sahagún que aquí se transcriben se refieren a los combates que a cada momento tenían lugar en los alrededores y aun en el interior mismo de la ciudad.

En una de las primeras embestidas de los conquistadores, los mexicas hicieron prisioneros a quince españoles, que fueron sacrificados luego, a la vista de sus compatriotas, que miraban desde los bergantines cómo les daban muerte. Trata asimismo el texto acerca de la trágica situación de los sitiados, del modo como penetraron los españoles al mercado de Tlatelolco, del incendio del templo y de la forma como rechazaban los mexicas con valentía increíble a quienes trataban de adueñarse de su ciudad.

Más adelante se describe el modo como los españoles colocaron un trabuco o catapulta sobre el templete que había en la plaza del mercado de Tlatelolco para atacar con él a los mexicas. Y tratando ya del final del sitio, se recuerda el último esfuerzo hecho para salvar a la ciudad. Cuauhtémoc, que había sucedido en el mando supremo de los mexicas a Cuitláhuac, muerto a consecuencia de la epidemia, determinó entonces revestir a un capitán de nombre Opochtzin con las insignias del rey Ahuízotl. Esos atavíos que convertían a aquel hombre en Tecolote de Quetzal, le daban asimismo fuerza invencible. Se decía que en esas insignias estaba colocada la voluntad de Huitzilopochtli. Se creía que lanzando el dardo del dios, "la serpiente de fuego", si lograba ésta alcanzar a uno o dos de los enemigos, era posible aún la victoria. El documento indígena refiere que los españoles mostraron espanto al contemplar la figura del Tecolote de Quetzal.

Así acabó la batalla, hubo un momento de calma que presagiaba el desenlace fatal. Como se verá en el capítulo siguiente, apareció por ese tiempo una como gran llama que parecía venir del Sol. Era como un remolino que andaba haciendo espirales: era el último presagio de la ruina final de México-Tenochtitlan.

Quince españoles son apresados y sacrificados

Comienza luego el estruendo, empiezan a tañerse flautas. Golpean y blanden los escudos, los que están para afrontar la guerra. Persiguen a los españoles, los acosan, los atemorizan: luego atraparon a quince españoles. Los llevaron y sus barcas retrocedieron y fueron a colocarlas en medio de la laguna.

Y cuando completaron dieciocho cautivos, tenían que ser sacrificados allá en *Tlacochcalco* [Casa del Arsenal]. Al momento los despojan, les quitan sus armaduras, sus cotas de algodón y todo cuanto tenían puesto. Del todo los dejaron desnudos. Luego así ya convertidos en víctimas, los sacrifican. Y sus congéneres estaban mirando, desde las aguas, en qué forma les daban muerte.

Otra vez introdujeron dos bergantines en Xocotitlan. Cuando allí hubieron anclado, se fueron hacia las casas de los que habitaban allí. Pero Tzilacatzin y algunos otros guerreros cuando vieron a los españoles, se arrojaron contra ellos, los vinieron acosando, los estrecharon tanto que los precipitaron al agua.

También en otra ocasión llevaron sus bergantines al rumbo de Coyonacazco para dar batalla y atacar. Y cuando hubieron llegado allá, salieron algunos españoles. Venían guiando a aquella gente Castañeda y Xicoténcatl. Éste venía trayendo su penacho de plumas de quetzal.

Tiraron con la ballesta y uno fue herido en la frente, con lo cual murió al momento.

El que tiró la ballesta era Castañeda. Se arrojaron sobre él los guerreros mexicanos y a todos los acosaron, los hicieron ir por el agua y a pedradas los abrumaron. Hubiera muerto allí Castañeda, pero se quedó cogido de la barca y fue a salir a Xocotitlan.

Habían puesto otro bergantín en la espalda de la muralla, donde la muralla da vuelta, y otro estaba en Teotlecco, donde el camino va recto hacia el Peñón [*Tepetzinco*]. Estaban como en resguardo de la laguna.

Por la noche se los llevaron. Y hasta pasados algunos días otra vez contra nosotros vinieron.

Vinieron a resultar por el rumbo de Cuahuecatitlan, en el camino se colaron. Y los de Tlaxcala, Acolhuacan, Chalco luego llenaron el canal, y de esta manera prepararon camino. Echaron allí adobes, maderamento de las casas: los dinteles, las jambas, los pilares, las columnas de madera. Y las cañas que cercaban, también al agua las arrojaron.

Nuevo ataque español

Cuando así se hubo cegado el canal, ya marchan los españoles, cautelosamente van caminando: por delante va el pendón; van tañendo sus chirimías, van tocando sus tambores.

A su espalda van en fila los tlaxcaltecas todos, y todos los de los pueblos [aliados de los españoles]. Los tlaxcaltecas se hacen muy valientes, mueven altivos sus cabezas, se dan palmadas sobre el pecho.

Van cantando ellos, pero también cantando están los mexicanos. De un lado y de otro se oyen cantos. Entonan los cantares que acaso recuerdan, y con sus cantos se envalentonan.

Cuando llegan a tierra seca, los guerreros mexicanos se agazapan, se pliegan a la tierra, se esconden y se hacen pequeños. Están en acecho esperando a qué horas alzarse deben, a qué horas han de oír el grito, el pregón de ponerse en pie.

Y se oyó el grito:

—¡Mexicanos, ahora es cuando!…

Luego viene a ver las cosas el tlapaneca otomí Hecatzin; se lanza contra ellos y dice:

—¡Guerreros de Tlatelolco, ahora es cuando! ¿Quiénes son esos salvajes? ¡Que se dejen venir acá!…

Y al momento derribó a un español, lo azotó contra el suelo. Y éste se arrojó contra él y también lo echó por tierra. Hizo lo que con él había aquél hecho primero. Pero [Hecatzin] lo volvió a derribar y luego vinieron otros a arrastrar a aquel español.

Hecho esto, los guerreros mexicanos vinieron a arrojarlo por allá. Los que habían estado recatados junto a la tierra, se fueron persiguiendo a los españoles por las calles.

Y los españoles, cuando los vieron, estaban meramente como si se hubieran embriagado.

Al momento comenzó la contienda para atrapar hombres. Fueron hechos prisioneros muchos de Tlaxcala, Acolhuacan, Chalco, Xochimilco. Hubo gran cosecha de cautivos, hubo gran cosecha de muertos.

Fueron persiguiendo por el agua a los españoles y a toda la gente [aliada suya].

Pues el camino se puso resbaloso, ya no se podía caminar por él; solamente se resbalaba uno, se deslizaba sobre el lodo. Los cautivos eran llevados a rastras.

Allí precisamente fue donde el pendón fue capturado, allí fue arrebatado. Los que lo ganaron fueron los de Tlatelolco. El sitio preciso en que lo capturaron fue en donde hoy se nombra San Martín. Pero no lo tuvieron en estima, ningún caso hicieron de él.

Otros [de los españoles] se pusieron en salvo. Fueron a retraerse y reposar allá por la costa de rumbo de Colhuacatonco, en la orilla del canal. Allá fueron a colocarse.

Cincuenta y tres españoles sacrificados

Pues ahora ya llevan los mexicanos a sus cautivos al rumbo de Yacacolco. Se va a toda carrera, y ellos resguardan a sus cautivos. Unos van llorando, otros van cantando, otros se van dando palmadas en la boca, como es costumbre en la guerra.

Cuando llegaron a Yacacolco, se les pone en hilera, en filas fueron puestos: uno a uno van subiendo al templete: allí se hace el sacrificio.

Fueron delante los españoles, ellos hicieron el principio. Y en seguida van en pos de ellos, los siguen todos los de los pueblos [aliados de ellos].

Cuando acabó el sacrificio de éstos, luego ensartaron en picas las cabezas de los españoles; también ensartaron las cabezas de los caballos. Pusieron éstas abajo, y sobre ellas las cabezas de los españoles. Las cabezas ensartadas están con la cara al sol.

Pero las cabezas de los pueblos aliados, no las ensartaron, ni las cabezas de gente de lejos.

Ahora bien, los españoles cautivados fueron cincuenta y tres y cuatro caballos.

Cabezas de españoles y caballos sacrificados
(*Códice Florentino*)

Por todas partes estaban en guardia, había combates, y no se dejaba de vigilar. Por todos los rumbos nos
cercaban los de Xochimilco en sus barcas. De un lado
y de otro se hacían cautivos, de un lado y otro había
muertos.

La situación de los sitiados

Y todo el pueblo estaba plenamente angustiado, pa-
decía hambre, desfallecía de hambre. No bebían agua
potable, agua limpia, sino que bebían agua de salitre.
Muchos hombres murieron, murieron de resultas de la
disentería.

Todo lo que se comía eran lagartijas, golondrinas, la
envoltura de las mazorcas, la grama salitrosa. Andaban
masticando semillas de colorín y andaban masticando
lirios acuáticos, y relleno de construcción, y cuero y
piel de venado. Lo asaban, lo requemaban, lo tostaban,
lo chamuscaban y lo comían. Algunas hierbas ásperas
y aun barro.

Nada hay como este tormento: tremendo es estar
sitiado. Dominó totalmente el hambre.

Poco a poco nos fueron repegando a las paredes,
poco a poco nos fueron haciendo ir retrocediendo.

Los españoles entran al mercado de Tlatelolco

Y sucedió una vez que cuatro de a caballo entraron al
mercado. Y después de haber entrado, recorrieron su

circuito, fueron caminando al lado del muro que cierra el cercado. Iban dando estocadas a los guerreros mexicanos, de modo que muchos murieron. Atropellaron todo el mercado. Fue la primera vez que vinieron a dar al mercado. Luego se fueron, retrocedieron.

Los guerreros mexicanos echaron a correr tras ellos, fueron en su seguimiento. Pues la primera vez que entraron al mercado los españoles fue de improviso, sin que se dieran cuenta de ello [los mexicanos].

El incendio del templo

Fue en este mismo tiempo cuando pusieron fuego al templo, lo quemaron. Y cuando se le hubo puesto fuego, inmediatamente ardió: altas se alzaban las llamas, muy lejos las llamaradas subían. Hacían al arder estruendo y reverberaban mucho.

Cuando ven arder el templo, se alza el clamor y el llanto, entre lloros uno a otro hablaban los mexicanos. Se pensaba que después el templo iba a ser saqueado.

Largo tiempo se batalló en el mercado, en sus bordes se estableció el combate: apenas dejaban libre el muro por el rumbo en que la cal se vende. Pero por donde se vende el incienso, y en donde estaban los caracoles del agua, y en la casa de las flores, y en todos los reductos que quedan entre las casas, iban entrando.

Sobre el muro se mantenían los guerreros mexicanos y de todas las casas de los habitantes de Quecholan, que están al entrar al mercado se hizo como un solo muro. Sobre de las azoteas estaban muchos colocados. Desde allí arrojaban piedras, desde allí lanzaban dardos. Y todas aquellas casas de los de Quecholan fueron perforadas por detrás, se les hizo un hueco no grande, para que al ser perseguidos por los de a caballo, cuando iban a lancearlos, o estaban para atropellarlos, y trataban de cerrarles el paso, los mexicanos por esos huecos se metieran.

Otra incursión de los españoles

Sucedió en una ocasión que llegaron los españoles hasta Atliyacapan. Desde luego saquearon y atraparon a las gentes para llevárselas, pero cuando los vieron los guerreros mexicanos, luego los persiguieron, les hicieron disparos de flechas los mexicanos.

Iba andando por allí un jefe cuáchic[1] llamado Axoquentzin. Acosó a los enemigos, les hizo soltar su presa, los hizo retroceder: ese jefe allí murió: le dieron una estocada: le atravesaron el pecho: en el corazón le entró el estoque. De ambas partes cogido, quedó allí muerto.

Entonces los enemigos se replegaron y en el suelo se tendieron. También allá en Yacacolco hubo batallas. Los españoles lanzaban sus *pasadores*.[2] En fila bien colocados iban dándoles ayuda, iban dándoles consejos aquellos cuatro reyes: ellos les cerraban el paso.

---

[1] *Cuáchic:* "el hombre varón fuerte llamado *quáchic* tiene estas propiedades, que es amparo, muralla de los suyos, furioso, rabioso contra sus enemigos, valentazo por ser membrudo, al fin es señalado en la valentía". (Sahagún, *op. cit.*, t. II, p. 112.)

[2] *Pasadores:* véase nota 2 del cap. X.

Pero los guerreros mexicanos se pusieron en acecho, para entrar por la retaguardia, cuando el sol hubiera declinado.

Pero, hecho esto, llegaron algunos de los enemigos y
treparon a las azoteas, y desde allí, luego gritaron:

—Ea, gente de Tlaxcala: venid a juntaros acá.
¡Aquí están vuestros enemigos!

Entonces lanzaron dardos contra los emboscados:
éstos se entregaron a general desbandada.

Con toda calma llegaron aquéllos hasta Yacacolco:
allí se trabó el combate. Pero allí nada más hallaron
resistencia: no pudieron abrir las columnas de los tlatelolcas: éstos apostados en la ribera opuesta lanzaban contra aquéllos, dardos, lanzaban piedras a los
mexicas.

Ya no pudieron los españoles seguir pasando los va-
dos, ya no tomaron puente ninguno…

Colocación de la catapulta en el mercado de Tlatelolco

En este tiempo colocaron los españoles en el templete
una catapulta hecha de madera, para arrojar piedras a
los mexicanos.

Cuando ya la habían acabado, cuando estaba para
tirar, la rodearon muchos a ella, la señalaban con el
dedo, la admiraban unos con otros los mexicas que estaban reunidos en Amáxac.

Todos los del pueblo bajo estaban allí mirando. Los
españoles manejan para tirar en contra de ellos. Van a
lanzarles un tiro como si fuera una honda.

En seguida le dan vueltas, dan vueltas en espiral, y dejan enhiesto luego el maderamento de aquella máquina de palo que tiene forma de honda.

Pero no cayó la piedra sobre los naturales, sino que pasó a caer tras ellos en un rincón del mercado. Por esto se pelearon unos con otros, según pareció, los españoles. Señalaban con las manos hacia los mexicas y hacían gran alboroto.

Pero el artificio aquél de madera iba dando vuelta y vuelta, sin tener dirección fija, sólo con gran lentitud iba enderezando su tiro. Luego se dejó ver qué era: en su punta había una honda, la cuerda era muy gruesa. Y por tener esa cuerda se le dio el nombre de "honda de palo".

Una vez más se replegaron juntos los españoles y todos los de Tlaxcala. Otra vez se ponen en hileras en Yacacolco, en Tecpancaltitlan y en donde se vende el incienso. Y allá en Acocolecan dirigía [su jefe] a los que nos acosaban, lentamente iban pasando por la tierra.

Contraataque de los mexicas

Por su parte, los guerreros mexicanos vienen a ponerse en pie de defensa, en hileras. Muy fuertes se sienten, muy viriles se muestran. Ninguno se siente tímido, nadie muestra ser femenil. Dicen:

—Caminad hacia acá, guerreros, ¿quiénes son esos salvajillos? ¡Son gentuza del sur de Anáhuac!

Los guerreros mexicanos no van en una dirección, van y vienen por doquiera. Nadie se para en directo, nadie va por línea recta.

Ahora bien, los españoles muchas veces se disfrazaban: no se mostraban lo que eran. Como se aderezan los de acá, así se aderezaban ellos. Se ponían insignias de guerra, se cubrían arriba con una tilma, para engañar a la gente, iban del todo encubiertos, de este modo hacían caer en error.

Cuando a alguno habían flechado los españoles, la gente se replegaba contra la tierra, había desbandada. Estaban muy atentos. Fijaban la mirada para ver por cuál rumbo venía a salir el tiro. Estaban muy en guardia, se recataban muy bien los guerreros de Tlatelolco.

Pero los españoles paso a paso iban entrando a su terreno, contra las casas se estrechaban. Y en donde se vende el incienso, en el camino hacia Amáxac, estaban muy pegados a nosotros sus escudos y venían a dar contra sus lanzas.

La acción del "Tecolote de Quetzal"

Por su parte, el rey Cuauhtémoc y con él los capitanes Coyohuehuetzin, Temilotzin, Topantemoctzin, Ahuelitoctzin, Mixcoatlailotlactzin, Tlacuhtzin y Petlauhtzin tomaron a un gran capitán de nombre Opochtzin, tintorero de oficio. En seguida lo revistieron, le pusieron el ropaje de "Tecolote de Quetzal", que era insignia del rey Ahuizotzin.

Le dijo Cuauhtémoc:

—Esta insignia era la propia del gran capitán, que fue mi padre Ahuizotzin. Llévela éste, póngasela y con ella muera. Que con ella espante, que con ella aniquile a nuestros enemigos. Véanla nuestros enemigos y queden asombrados.

Y se la pusieron. Muy espantoso, muy digno de asombro apareció. Y dispusieron que cuatro capitanes fueran en su compañía, le sirvieran de resguardo. Le dieron aquello en que consistía la dicha insignia de mago. Era esto:

Era un largo dardo colocado en vara, que tenía en la punta un pedernal.

Y con esto lo dispusieron tal que pudiera contarse entre los príncipes de México.

Dijo el Cihuacóatl Tlacutzin:

—Mexicanos tlatelolcas:

¡Nada es aquello con que ha existido México! ¡Con que ha estado perdurando la nación mexicana! ¡Se dice que en esta insignia está colocada la voluntad de Huitzilopochtli: la arroja sobre la gente, pues es nada menos que la Serpiente de fuego [*Xiuhcóatl*], el Perforador del fuego [*Mamalhuaztli*]! ¡La ha venido arrojando contra nuestros enemigos!

Ya tomáis, mexicanos, la voluntad de Huitzilopochtli, la flecha. Inmediatamente la haréis ver por el rumbo de nuestros enemigos. No la arrojaréis como quiera a la tierra, mucho la tenéis que lanzar contra nuestros enemigos. Y si acaso a uno, a dos, hiere este dardo, y si alcanza a uno, a dos, de nuestros enemigos, aún tenemos cuenta de vida, aún un poco de tiempo tendremos escapatoria. Ahora, ¡como sea la voluntad de nuestro señor!...

Ya va en seguida el Tecolote de Quetzal. Las plumas de quetzal parecían irse abriendo. Pues cuando lo vieron nuestros enemigos, fue como si se derrumbara un cerro. Mucho se espantaron todos los españoles: los llenó de pavor: como si sobre la insignia vieran alguna otra cosa.

Subió a la azotea el Tecolote de Quetzal. Y cuando lo vieron algunos de nuestros enemigos, luego regresaron, se dispusieron a atacarlo. Pero otra vez los hizo retroceder, los persiguió el Tecolote de Quetzal. Entonces tomó las plumas, el oro y bajó inmediatamente de la azotea. No murió él ni se llevaron [oro y plumas] nuestros enemigos. Y también quedaron prisioneros tres de nuestros enemigos.

De golpe acabó la batalla, todo quedó en calma y nada más sucedió. Se fueron luego nuestros enemigos y todo quedó en calma. Nada aconteció durante la noche.

Y al día siguiente, nada en absoluto pasó. Nadie hablaba siquiera. Los mexicas estaban replegados en defensa. Y los españoles nada obraban. Sólo estaban en sus posiciones, veían constantemente a los mexicas. Nada se dispuso, no hacían más que estar a la expectativa unos y otros...[3]

---

[3] Informantes de Sahagún, *Códice Florentino*, lib. XII, caps. XXXIV, XXXVII y XXXVIII (versión de Ángel Ma. Garibay K.).

XIII

RENDICIÓN DE MÉXICO-TENOCHTITLAN

Introducción

Tres son las fuentes indígenas de las que provienen los textos aducidos en este capítulo, acerca de la rendición de la gran capital mexica. El primer testimonio, de los informantes indígenas de Sahagún, menciona un último presagio que pareció anunciar la ruina inminente de los mexicas. Según este texto indígena, fue Cuauhtémoc quien por su propia voluntad se entregó a los españoles. La tragedia que acompañó a la toma de la ciudad, nos la describe a continuación el documento indígena de manera elocuente.

El segundo testimonio aducido proviene de la ya varias veces citada XIII relación de Alva Ixtlilxóchitl. Es en este texto donde se relata cuáles fueron las palabras que dijo Cuauhtémoc a Cortés, cuando hecho ya prisionero, toman-

do la daga que traía el conquistador, le rogó pusiera fin a su vida, como había puesto ya fin a su imperio. Es interesante notar las palabras textuales de Ixtlilxóchitl, que afirma que durante el sitio de México-Tenochtitlan murió "casi toda la nobleza mexicana, pues que apenas quedaron algunos señores y caballeros y, los más, niños y de poca edad".

El tercero y último texto que se presenta en este capítulo, proviene de la VII relación de Chimalpain, y en él se describe la forma como Cortés requirió por todas partes y aun sometió a tormento a los señores mexicas para obtener de ellos el oro y los demás tesoros que poseían ellos desde tiempos antiguos.

En la Relación de 1528, debida a un indígena anónimo de Tlatelolco, de la cual se publica íntegra la sección referente a la Conquista, en el capítulo XIV de este libro, se ofrece uno de los cuadros más patéticos en el que se pinta el éxodo de los vencidos y las vejaciones sin número de que fueron objeto, al ser sometida la capital mexícatl.

El último presagio de la derrota

Y se vino a aparecer una como grande llama. Cuando anocheció llovía, era cual rocío la lluvia. En este tiempo se mostró aquel fuego. Se dejó ver, apareció cual si viniera del cielo. Era como un remolino; se movía haciendo giros, andaba haciendo espirales. Iba como echando chispas, cual si restallaran brasas. Unas grandes, otras chicas, otras como leve chispa. Como si un tubo de metal estuviera al fuego, muchos ruidos hacía, retumbaba, chisporroteaba. Rodeó la muralla cercana al agua y en *Coyonacazco*[1] fue a parar. Desde allí fue luego a medio lago, allá fue a terminar. Nadie hizo alarde de miedo, nadie chistó una palabra.

Pues al siguiente día nada tampoco sucedió. No hacían más que estar tendidos, tendidos estaban en sus posiciones nuestros enemigos.

Y el capitán [Cortés] estaba viendo constantemente hacia acá parado en la azotea. Era en la azotea de casa de Aztautzin, que está cercana a Amáxac. Estaba bajo un doselete. Era un doselete de varios colores.

Los españoles lo rodeaban y hablaban unos con otros.

La decisión final de Cuauhtémoc y los mexicas

Por su parte [los mexicas] se reunieron en Tolmayecan y deliberaron cómo se haría, qué tendríamos que dar como tributo, y en qué forma nos someteríamos a ellos. Los que tal hicieron eran:

Cuauhtémoc y los demás príncipes mexicanos...

Luego traen a Cuauhtémoc en una barca. Dos, solamente dos lo acompañan, van con él. El capitán Teputztitóloc y su criado, Iaztachímal. Y uno que iba remando tenía por nombre Cenyáutl.

Y cuando llevan a Cuauhtémoc, luego el pueblo todo le llora. Decían:

—¡Ya va el príncipe más joven, Cuauhtémoc, ya va a entregarse a los españoles! ¡Ya va a entregarse a los "dioses"!

[1] *Coyonacazco*: "en la oreja del adive". Topónimo de un sitio de la ciudad.

La prisión de Cuauhtémoc

Y cuando lo hubieron llevado hasta allá, cuando lo hubieron desembarcado, luego vinieron a verlo los españoles. Lo tomaron, lo tomaron de la mano los españoles. Luego lo subieron arriba de la azotea, lo colocaron frente al capitán, su jefe de guerra.

Y cuando lo hubieron colocado frente al capitán, éste se pone a verlo, lo ve detenidamente, le acaricia el cabello a Cuauhtémoc. Luego lo sentaron frente al capitán.

Dispararon los cañones, pero a nadie tocaron ya. Únicamente, dispararon, los tiros pasaban sobre las cabezas de los mexicas.

Luego tomaron un cañón, lo pusieron en una barca, lo llevaron a la casa de Coyohuehuetzin, y cuando allá hubieron llegado, lo subieron a la azotea.

La huida general

Luego otra vez matan gente; muchos en esta ocasión murieron. Pero se empieza la huida, con esto va a acabar la guerra. Entonces gritaban y decían:

—¡Es bastante!… ¡Salgamos!… ¡Vamos a comer hierbas!…

Y cuando tal cosa oyeron, luego empezó la huida general.

Unos van por agua, otros van por el camino grande. Aun allí matan a algunos; están irritados los españoles porque aún llevan algunos su macana y su escudo.

Los que habitaban en las casas de la ciudad van derecho hacia Amáxac, rectamente hacia el bifurcamiento del camino. Allí se desbandan los pobres. Todos van al rumbo del Tepeyácac, todos van al rumbo de Xoxohuiltitlan, todos van al rumbo de Nonohualco. Pero al rumbo de Xóloc o al de Mazatzintamalco, nadie va.

Pero todos los que habitan en barcas y los que habitan sobre las armazones de madera enclavadas en el lago, y los habitantes de Tolmayecan, se fueron puramente por el agua. A unos les daba hasta el pecho, a otros les daba el agua hasta el cuello. Y aun algunos se ahogaron en el agua más profunda.

Los pequeñitos son llevados a cuestas. El llanto es general. Pero algunos van alegres, van divirtiéndose, al ir entrelazados en el camino.

Los dueños de barca, todos los que tenían barcas, de noche salieron, y aun en el día salieron algunos. Al irse, casi se atropellan unos con otros.

Los españoles se adueñan de todo

Por su parte, los españoles, al borde de los caminos, están requisicionando a las gentes. Buscan oro. Nada les importan los jades, las plumas de quetzal y las turquesas.

Las mujercitas lo llevan en su seno, en su faldellín, y los hombres lo llevamos en la boca, o en el maxtle.

Y también se apoderan, escogen entre las mujeres, las blancas, las de piel trigueña, las de trigueño cuerpo. Y algunas mujeres a la hora del saqueo, se untaron de lodo la cara y se pusieron como ropa andrajos. Hilachas por faldellín, hilachas como camisa. Todo era harapos lo que se vistieron.

También fueron separados algunos varones. Los valientes y los fuertes, los de corazón viril. Y también jovenzuelos, que fueran sus servidores, los que tenían que llamar sus mandaderos.

A algunos desde luego les marcaron con fuego junto a la boca. A unos en la mejilla, a otros en los labios.

Cuando se bajó el escudo, con lo cual quedamos derrotados, fue:

Signo del año: 3-Casa. Día del calendario mágico: 1-Serpiente.

Después de que Cuauhtémoc fue entregado lo llevaron a Acachinanco ya de noche. Pero al siguiente día, cuando había ya un poco de sol, nuevamente vinieron muchos españoles. También era su final. Iban armados de guerra, con cotas y con cascos de metal; pero ninguno con espada, ninguno con su escudo.

Todos van tapando su nariz con pañuelos blancos: sienten náuseas de los muertos, ya hieden, ya apestan sus cuerpos. Y todos vienen a pie.

Vienen cogiendo del manto a Cuauhtémoc, a Coanacotzin, a Tetlepanquetzaltzin. Los tres vienen en fila…

Cortés exige que se le entregue el oro

Cuando hubo cesado la guerra se puso [Cortés] a pedirles el oro. El que habían dejado abandonado en el Canal de los Toltecas, cuando salieron y huyeron de México.

Rendición de los mexicas (*Lienzo de Tlaxcala*)

Entonces el capitán convoca a los reyes y les dice:

—¿Dónde está el oro que se guardaba en México?

Entonces vienen a sacar de una barca todo el oro. Barras de oro, diademas de oro, ajorcas de oro para los brazos, bandas de oro para las piernas, capacetes de oro, discos de oro. Todo lo pusieron delante del capitán. Los españoles vinieron a sacarlo.

Luego dice el capitán:

—¿No más ése es el oro que se guardaba en México? Tenéis que presentar aquí todo. Busquen los principales.

Entonces habla Tlacotzin:

—Oiga, por favor, nuestro señor el dios: todo cuanto a nuestro palacio llegaba nosotros lo encerrábamos bajo pared. ¿No es acaso que todo se lo llevaron nuestros señores?

Entonces Malintzin le dice lo que el capitán decía:

—Sí, es verdad, todo lo tomamos; todo se juntó en una masa y todo se marcó con sello, pero todo nos lo quitaron allá en el Canal de los Toltecas; todo nos lo hicieron dejar caer en el agua. Todo lo tenéis que presentar.

Entonces le responde el Cihuacóatl Tlacotzin:

—Oiga por favor el dios, el capitán: La gente de Tenochtitlan no suele pelear en barcas: no es cosa que hagan ellos. Eso es cosa exclusiva de los de Tlatelolco. Ellos en barcas combatieron, se defendieron de los ataques de vosotros, señores nuestros. ¿No será que acaso ellos de veras hayan tomado todo [el oro], la gente de Tlatelolco?

Entonces habla Cuauhtémoc, le dice al Cihuacóatl:

—¿Qué es lo que dices, Cihuacóatl? Bien pudiera ser que lo hubieran tomado los tlatelolcas... ¿Acaso no ya por esto han sido llevados presos los que lo hayan merecido? ¿No todo lo mostraron? ¿No se ha juntado en Texopan? ¿Y lo que tomaron nuestros señores, no es esto que está aquí?

Y señaló con el dedo Cuauhtémoc aquel oro.

Entonces Malintzin le dice lo que decía el capitán:

—¿No más ése es?

Luego habló el Cihuacóatl:

—Puede ser que alguno del pueblo lo haya sacado... ¿Por qué no se ha de indagar? ¿No lo ha de hacer ver el capitán?

Otra vez dijo Malintzin lo que decía el capitán:

—Tenéis que presentar doscientas barras de oro de este tamaño...

Y señalaba la medida abriendo una mano contra la otra.

Otra vez respondió el Cihuacóatl y dijo:

—Puede ser que alguna mujercita se lo haya enredado en el faldellín. ¿No se ha de indagar? ¿No se ha de hacer ver?

Entonces habla por allá Ahuelítoc, el Mixcoatlailótlac. Dijo:

—Oiga por favor el señor, el amo, el capitán: Aun en tiempo de Motecuhzoma cuando se hacía conquista en alguna región, se ponían en acción unidos mexicanos, tlatelolcas, tepanecas y alcohuas. Todos los de Acolhuacan y todos los de la región de las Chinampas.

Todos íbamos juntos, hacíamos la conquista de aquel pueblo, y cuando estaba sometido, luego era el regreso: cada grupo de gente se iba a su propia población.

Y después iban viniendo los habitantes de aquellos pueblos, los conquistados; venían a entregar su tributo, su propia hacienda que tenían que dar acá: jades, oro, plumas de quetzal, y otra clase de piedras preciosas, turquesas y aves de pluma fina, como el azulejo, el pájaro de cuello rojo, venían a darlo a Motecuhzoma.

Todo venía a dar acá, todo de donde quiera que viniera, en conjunto llegaba a Tenochtitlan: todo el tributo y todo el oro...[2]

La relación de Alva Ixtlilxóchitl

Hiciéronse este día [cuando fue tomada la ciudad], una de las mayores crueldades que sobre los desventurados mexicanos se han hecho en esta tierra. Era tanto el llanto de las mujeres y niños que quebraban los corazones de los hombres. Los tlaxcaltecas y otras naciones que no estaban bien con los mexicanos, se vengaban de ellos muy cruelmente de lo pasado, y les saquearon cuanto tenían.

Ixtlilxúchitl [de Tetzcoco y aliado de Cortés] y los suyos, al fin como eran de su patria, y muchos de sus deudos, se compadecían de ellos, y estorbaban a los demás que tratasen a las mujeres y niños con tanta crueldad, que lo mismo hacía Cortés con sus españoles. Ya que se acercaba la noche se retiraron a su real,

---

[2] Informantes de Sahagún, *Códice Florentino*, lib. XII, caps. XXXIX-XLI (versión de Ángel Ma. Garibay K.).

y en éste concertaron Cortés e Ixtlilxúchitl y los demás señores capitanes, del día siguiente acabar de ganar lo que quedaba.

En dicho día, que era de san Hipólito Mártir, fueron hacia el rincón de los enemigos. Cortés por las calles, e Ixtlilxúchitl con Sandoval, que era el capitán de los bergantines, por agua, hacia una laguna pequeña, que tenía aviso Ixtlilxúchitl cómo el rey [Cuauhtémoc] estaba allí con mucha gente en las barcas. Fuéronse llegando hacia ellos.

Era cosa admirable ver a los mexicanos. La gente de guerra confusa y triste, arrimados a las paredes de las azoteas mirando su perdición; y los niños, viejos y mujeres llorando. Los señores y la gente noble, en las canoas con su rey, todos confusos.

La prisión de Cuauhtémoc

Hecha la seña, los nuestros embistieron todos a un tiempo al rincón de los enemigos, y diéronse tanta prisa, que dentro de pocas horas le ganaron, sin que quedase cosa que fuese de parte de los enemigos; y los bergantines y canoas embistieron con las de éstos, y como no pudieron resistir a nuestros soldados echaron todas a huir por donde mejor pudieron, y los nuestros tras ellos. García de Olguín, capitán de un bergantín que tuvo aviso por un mexicano que tenía preso, de cómo la canoa que seguía era donde iba el rey, dio tras ella hasta alcanzarla.

El rey Cuauhtémoc viendo que ya los enemigos los tenía cerca, mandó a los remeros llevasen la canoa hacia ellos para pelear; viéndose de esta manera, tomó su rodela y macana, y quiso embestir; mas viendo que era mucha la fuerza de los enemigos, que le amenazaban con sus ballestas y escopetas, se rindió.

Cuauhtémoc frente a Cortés

García de Olguín lo llevó a Cortés, el cual lo recibió con mucha cortesía, al fin como a rey, y él echó mano al puñal de Cortés, y le dijo:

—¡Ah capitán! Ya yo he hecho todo mi poder para defender mi reino, y librarlo de vuestras manos; y pues no ha sido mi fortuna favorable, quitadme la vida, que será muy justo, y con esto acabaréis el reino mexicano, pues a mi ciudad y vasallos tenéis destruidos y muertos...

Con otras razones muy lastimosas, que se enternecieron cuantos allí estaban, de ver a este príncipe en este lance.

Cortés le consoló, y le rogó que mandase a los suyos se rindiesen, el cual así lo hizo, y se subió por una torre alta, y les dijo a voces que se rindieran, pues ya estaban en poder de los enemigos. La gente de guerra, que sería hasta sesenta mil de ellos los que habían quedado, de los trescientos mil que eran de la parte de México, viendo a su rey dejaron las armas, y la gente más ilustre llegó a consolar a su rey.

Ixtlilxúchitl, que procuró harto de prender por su mano a Cuauhtémoc, y no pudo hacerlo solo, por andar en canoa, y no tan ligera como un bergantín, pudo sin embargo alcanzar dos, en donde iban algunos príncipes y señores, como eran Tetlepanquetzaltzin, heredero del reino de Tlacopan, y Tlacahuepantzin, hijo de Motecuhzoma su heredero y otros muchos, y en la otra iban la reina Papantzin Oxómoc, mujer que fue del rey Cuitláhuac, con muchas señoras.

Ixtlilxúchitl los prendió, y llevó consigo a estos señores hacia donde estaba Cortés: a la reina y demás señoras las mandó llevar a la ciudad de Tetzcoco con mucha guarda, y que allá las tuviesen.

La duración del sitio

Duró el cerco de México, según las historias, pinturas y relaciones, especialmente la de don Alonso Axayaca, ochenta días cabalmente. Murieron de la parte de Ixtlilxúchitl y reino de Tetzcoco, más de treinta mil hombres, de más de doscientos mil que fueron de la parte de los españoles, como se ha visto; de los mexicanos murieron más de doscientos cuarenta mil, y entre ellos casi toda la nobleza mexicana, pues que apenas quedaron algunos señores y caballeros, y los más niños, y de poca edad.

Este día, después de haber saqueado la ciudad, tomaron los españoles para sí el oro y plata, y los señores la pedrería y plumas y los soldados las mantas y demás cosas, y estuvieron después de éstos otros cuatro en enterrar los muertos, haciendo grandes fiestas y alegrías.[3]

La relación de Chimalpain:
lo que siguió a la toma de la ciudad

Y después que fueron depuestos los atavíos de guerra, después que descansó la espada y el escudo, fueron reunidos los señores en Acachinanco. El primero Cuauhtémoc, señor de Tenochtitlan, el segundo Tlacotzin, el *Cihuacóatl,* el tercero Oquiztzin, señor de Azcapotzalco Mexicapan, el cuarto Panitzin, señor de Ecatépec, el quinto de nombre Motelhuihtzin, mayordomo real, éste no era príncipe, pero era un gran capitán de la guerra.

A estos cinco hizo descender el capitán Hernando Cortés. Los ataron y los llevaron a Coyoacan. Tan sólo Panitzin no fue atado. Allá en Coyoacan fueron encerrados, fueron conservados prisioneros. Allá se les quemaron los pies. Además a los sacerdotes Cuauhcóhuatl y Cohuayhuitl, Tecohuentzin y Tetlanmécatl se les inquirió acerca del oro que se había perdido en el Canal de los Toltecas [cuando huyeron los españoles por la Calzada de Tacuba, perseguidos por los mexicas]. Se les preguntó por el oro que había sido reunido en el

[3] Fernando de Alva Ixtlilxóchitl, *XIII relación:* "De la venida de los españoles y principios de la ley evangélica".

palacio, en forma de ocho barras y que había quedado al cuidado de Ocuitécatl, que era mayordomo real. Cuando murió éste —lo mató la epidemia de viruela— sólo quedó su hijo, y de las ocho barras tan sólo aparecieron cuatro. El hijo huyó en seguida.

Y salieron entonces de la prisión quienes habían sido llevados a Coyoacan. El capitán Hernán Cortés [les habló a] aquellos cinco mexicas a quienes había combatido, los señores mexicas, Cuauhtémoc, Tlacotzin, el *Cihuacóatl*, Oquiztzin, Panitzin, Motelhuihtzin; a éstos les habló el capitán Cortés allá en Coyoacan, se dirigió a ellos por medio de los intérpretes Jerónimo de Aguilar y Malintzin. Les dijo el señor capitán:

—Quiero ver cuáles eran los dominios de México, cuáles los de los tepanecas, los dominios de Aculhuacan, de Xochimilco, de Chalco.

Y aquellos señores de México en seguida entre sí deliberaron. El Cihuacóatl Tlacotzin luego respondió:

—Oh, príncipe mío, oiga el dios esto poco que voy a decir. Yo el mexícatl, no tenía tierras, no tenía sementeras, cuando vine acá en medio de los tepanecas y de los de Xochimilco, de los de Aculhuacan y de los de Chalco; ellos sí tenían sementeras, sí tenían tierras. Y con flechas y con escudos me hice señor de los otros, me adueñé de sementeras y tierras.

Igual que tú, que has venido con flechas y con escudos para adueñarte de todas las ciudades. Y como tú has venido acá, de igual modo también yo, el mexícatl, vine para apoderarme de la tierra con flechas y con escudos.

Y cuando oyó esto el capitán Cortés, dijo con imperio a los tepanecas, a los acolhuas, a los de Xochimilco y de Chalco, así les habló:

—Venid acá, el mexícatl con flechas y con escudos se apoderó de vuestra tierra, de vuestra pertenencia, allí donde vosotros le servíais. Pero ahora, de nuevo con flechas y con escudos, os dejo libres, ya nadie allí tendrá que servir al mexícatl. Recobrad vuestra tierra…[4]

[4] Francisco de San Antón Muñón Chimalpain Cuauhtlehuanitzin, *VII relación.* Versión del náhuatl de Miguel León-Portilla. (Véase bibliografía.) Como puede verse, Cortés se empeñó en consolidar su dominio sobre los mexicas ganándose para esto las simpatías de los otros pueblos que hasta entonces habían estado sometidos a los mexicas.

XIV

UNA VISIÓN DE CONJUNTO

RELACIÓN DE LA CONQUISTA (1528)
POR INFORMANTES ANÓNIMOS DE TLATELOLCO

Introducción

En los trece capítulos anteriores se ha presentado una serie
de cuadros de la Conquista, tomados de diversas fuentes
indígenas intercaladas de acuerdo con la secuencia cronológica de los hechos. En seguida se ofrece, a modo de reca-
pitulación final, otra relación indígena de la Conquista de
particular interés, que menciona todos esos mismos hechos
de manera más breve.

La relación de la Conquista, redactada en náhuatl hacia
1528, por autores anónimos de Tlatelolco, y conservada
actualmente en la Biblioteca Nacional de París, formando

parte de Unos anales históricos de la nación mexicana, *es tal vez el documento indígena más antiguo en el que se nos ofrece la que hemos llamado* Visión de los vencidos. *Iniciándose la narración con la llegada de los españoles a las costas del golfo, por donde hoy se halla la antigua Veracruz, el año de 1519, viene a culminar con la toma de la capital mexica y las desdichas que acompañaron a su caída en poder de Cortés.*

No obstante tratarse de un documento relativamente breve, puede decirse que es tal vez el que nos da la visión de conjunto más netamente indígena de la Conquista. Al presentarlo a continuación, vertido al castellano por el doctor Garibay, se introducen tan sólo algunos subtítulos que ayudan a distinguir las diversas etapas de la Conquista a que se refiere el texto indígena.

Llegada de Cortés. Los mensajeros de Motecuhzoma

Año 13-Conejo. Fueron vistos españoles en el agua.

Año 1-Caña. Salieron los españoles al palacio de Tlayácac. Con esto ya viene el capitán.

Cuando hubo salido al palacio de Tlayácac, luego le fue a dar la bienvenida el cuetlaxteca [enviado por Motecuhzoma Xocoyotzin]. Por este motivo va a darle allá soles de metal fino, uno de metal amarillo y otro de blanco.[1] Y un espejo de colgar, una bandeja de oro, un jarrón de oro, abanicos y adornos de pluma de quetzal, escudos de concha nácar.

[1] *Cozticteocuítlatl:* "metal amarillo", oro; *e iztacteocuítlatl:* "metal blanco", plata.

Delante del capitán se hacen sacrificios. Se eno-
jó por ello. Porque le daban al capitán sangre en una
"cazoleta del Águila". Por esto maltrató al que le daba
sangre. Le dio golpes con la espada. Con esto se desbandaron los que le fueron a dar la bienvenida.

Todo esto lo llevó al capitán para dárselo por mandato espontáneo de Motecuhzoma. Por esta razón fue
a encontrar al capitán. Ése fue el oficio que hizo el de
Cuetlaxtlan.

Cortés en Tenochtitlan

Y luego vino a llegar hasta Tenochtitlan. Llegó en el
mes de Quecholi, en un signo del día 8-Viento.

Y cuando ya llegó acá a Tenochtitlan, luego le dimos gallinas, huevos, maíz blanco, tortillas blancas, y
le dimos qué beber. Entregamos pastura para los venados [caballos] y leña.

Por una parte le hizo entrega de dones el de Tenochtitlan y por otra le hizo entrega de dones el de
Tlatelolco.

Entonces el capitán marchó a la costa. Dejó a don
Pedro de Alvarado [apodado] "el Sol".

La matanza del Templo Mayor en la fiesta de Tóxcatl

En este tiempo van a preguntar a Motecuhzoma en
qué forma han de celebrar a su dios. Él les dijo:

—Ponedle todo lo que es su atavío propio. Hacedlo.

En este tiempo fue cuando dio órdenes "el Sol" [Alvarado]: ya está atado *Tlacochcálcatl*,[2] preso Motecuhzoma y el de Tlatelolco, Itzcohuatzin.

Fue cuando ahorcaron a un principal de Acolhuacan, de nombre Nezahualquentzin junto a la albarrada.

En segundo lugar, murió el rey de Nauhtla, llamado Cohualpopocatzin. Lo asaetearon, y después de asaeteado, vivo aún, fue quemado.

Con este motivo estaban en guardia los tenochcas de la Puerta del Águila. Por un lado estaba el garitón de los tenochcas; por otro lado, el garitón de los tlatelolcas.

Vinieron a decir a aquellos que ataviaron a Huitzilopochtli.

Luego le ponen a Huitzilopochtli todo aquello con que se adorna, sus ropas de papel y todos los atavíos que le son propios. Todo se lo pusieron.

Luego ya cantan sus cantos los mexicanos. Así lo estuvieron haciendo el primer día.

Aún pudieron hacerlo el segundo día: comenzaron a cantar y fue cuando murieron tenochcas y tlatelolcas.

Los que estaban cantando y danzando estaban totalmente desarmados. Todo lo que tenían eran sus mantillos labrados, sus turquesas, sus bezotes, sus collares, sus penachos de pluma de garza, sus dijes de pata de ciervo. Y los que tañen el atabal, los viejecitos, tienen sus calabazos de tabaco hecho polvo para aspirarlo, sus sonajas.

A éstos [los españoles] primeramente les dieron empellones, los golpearon en las manos, les dieron bo-

---

[2] *Tlacochcálcatl*: "jefe de la casa de los dardos". Jefe militar, a cuyo cuidado estaba el arsenal.

fetadas en la cara, y luego fue la matanza general de todos éstos. Los que estaban cantando y los que estaban mirando junto a ellos, murieron.

Nos dieron empellones, nos maltrataron por tres horas. En donde mataron a la gente fue en el Patio Sagrado.

Luego se meten [los españoles] dentro de las casas [del templo] para matar a todos: a los que acarreaban el agua, a los que traían la pastura de los caballos, a las que molían, a los que barrían, a los que estaban de vigilancia.

Pero el rey Motecuhzoma acompañado del Tlacochcálcatl de Tlatelolco, Itzcohuatzin, y de los que daban de comer a los españoles, les dicen:

—Señores nuestros… ¡Basta! ¿Qué es lo que estáis haciendo? ¡Pobres gentes del pueblo!… ¿Acaso tienen escudos? ¿Acaso tienen macanas? ¡Andan enteramente desarmados!…

Cuando llegó acá el capitán, ya nos había matado "el Sol" [Alvarado]. Hacía veinte días que el capitán había partido para la costa cuando nos mató a traición "el Sol".

Cuando llegó acá el capitán no fue recibido con guerra; en paz y calma entró acá. Hasta el día siguiente lo atacamos con fuerza y así dio principio la guerra.

La "Noche Triste"

En consecuencia luego salieron de noche. En la fiesta de Tecuílhuitl salieron; fue cuando murieron en el Canal de los Toltecas. Allí furiosamente los atacamos.

Visión de la Conquista (*Códice Vaticano A.*)

Cuando de noche salieron, primero fueron a reconcentrarse en Mazatzintamalco. Allí fue la espera de unos a otros cuando salieron de noche.

Año 2-Pedernal. Fue cuando murió Motecuhzoma; también en el mismo tiempo murió el Tlacochcálcatl de Tlatelolco, Itzcohuatzin.

Cuando se fueron [los españoles], fueron a asentarse en Acueco. Los echaron de allí. Fueron a situarse en Teuhcalhueyacan. Se fueron para Zoltépec. De allí partieron, fueron a situarse en Tepotzotlan. De allí se fueron, fueron a situarse en Citlaltépec; de allí fueron a establecerse en Temazcalapan. Allí los salieron a encontrar: les dieron gallinas, huevos, maíz en grano. Allí tomaron resuello.

Ya se fueron a meter a Tlaxcala.

Entonces se difundió la epidemia: tos, granos ardientes, que queman.

El regreso de los españoles

Cuando ha pasado un poco la epidemia, ya se ponen en marcha. Van a salir a Tepeyácac, fue el primer lugar que conquistan.

Se van de allí: cuando es la fiesta de Tomar Licor [*Tlahuano*], van a salir a Tlapechhuan. Es la fiesta de Izcalli.

A los doscientos días vinieron a salir, se vinieron a situar en Tetzcoco. Estuvieron allí cuarenta días.

Luego ya vienen, de nuevo vienen en seguimiento de Citlaltépec. A Tlacopan. Allí se establecen en el Palacio.

Y también se metieron acá los de Chiconauhtla, Xaltocan, Cuauhtitlan, Tenayucan, Azcapotzalco, Tlacopan, Coyoacan.

Por siete días no están combatiendo.

Estaban solamente en Tlacopan. Pero luego de nuevo retroceden. No más se van todos juntos y por allá van a salir, para establecerse en Tetzcoco.

Ochenta días y otra vez van a salir a Huaxtepec, Cuauhnahuac [Cuernavaca]. De allá bajaron a Xochimilco. Allí murió gente de Tlatelolco. Otra vez salió [el español] de allí; vino a Tetzcoco, allí también a situarse. También en Tlaliztacapa murieron gentes de Tlatelolco.

Cuando él se fue a situar a Tetzcoco fue cuando comenzaron a matarse unos con otros los de Tenochtitlan.

En el año 3-Casa mataron a sus príncipes el Cihuacóatl Tzihuacpopocatzin y a Cicpatzin Tecuecuenotzin. Mataron también a los hijos de Motecuhzoma, Axayaca y Xoxopehuáloc.

Esto más: se pusieron a pleitear unos con otros y se mataron unos a otros. Ésta es la razón por la que fueron muertos estos principales: movían, trataban de convencer al pueblo para que se juntara maíz blanco, gallinas, huevos, para que dieran tributo a aquéllos [a los españoles].

Fueron sacerdotes, capitanes, hermanos mayores los que hicieron estas muertes. Pero los principales jefes se enojaron porque habían sido muertos aquellos principales.

Dijeron los asesinos:

—¿Es que nosotros hemos venido a hacer matanzas? Últimamente, hace sesenta días que hubo muertos a nuestro lado... ¡Con nosotros se puso en obra la fiesta del Tóxcatl!... [La matanza del Templo Mayor.]

El asedio de Tenochtitlan

Ya se ponen en pie de guerra, ya van a darnos batalla [los españoles]. Por espacio de diez días nos combaten y es cuando vienen a aparecer sus naves. A los veinte días van a colocar sus naves por Nonohualco, en el punto llamado Mazatzintamalco.

Cuando sus naves llegaron acá, llegaron por el rumbo de Iztacalco. Entonces se sometió a ellos el habitante de Iztacalco. También de allá se dirigieron acá. Luego se fueron a situar las naves en Acachinanco.

También desde luego hicieron sus casas de estacamento los de Huexotzinco y Tlaxcala a un lado y otro del camino. También dispersan sus barcos los de Tlatelolco. Éstos están en sus barcas en el camino de Nonohualco, en Mazatzintamalco están sus barcas.

Pero en Xohuiltitlan y en Tepeyácac nadie tiene barcas. Los únicos que estamos en vigilancia del camino somos los de Tlatelolco cuando aquéllos llegaron con sus barcas. Al día siguiente las fueron a dejar en Xoloco.

Por dos días hay combate en Huitzilan. Fue cuando se mataron unos a otros los de Tenochtitlan. Se dijeron:

—¿Dónde están nuestros jefes? ¿Tal vez una sola vez han venido a disparar? ¿Acaso han hecho acciones de varones?

Apresuradamente vinieron a coger a cuatro: por delante iban los que los mataron. Mataron a Cuauhnochtli, capitán de Tlacatecco, a Cuapan, capitán de Huitznáhuac, al sacerdote de Amantlan y al sacerdote de Tlacopan. De modo tal, por segunda vez, se hicieron daño a sí mismos los de Tenochtitlan al matarse unos a otros.

Los españoles vinieron a colocar dos cañones en medio del camino de Tecamman mirando hacia acá. Cuando dispararon los cañones la bala fue a caer en la Puerta del Águila.

Entonces se pusieron en movimiento juntos los de Tenochtitlan. Tomaron en brazos a Huitzilopochtli, lo vinieron a meter en Tlatelolco, lo vinieron a depositar en la Casa de los Muchachos [*Telpochcalli*], que está en Amáxac. Y su rey vino a establecerse a Acacolco. Era Cuauhtemoctzin.

La gente se refugia en Tlatelolco

Y eso bastó; los del pueblo bajo en esta ocasión dejaron su ciudad de Tenochtitlan para venir a meterse a Tlatelolco. Vinieron a refugiarse en nuestras casas. Inmediatamente se instalaron por todas partes en nuestras casas, en nuestras azoteas.

Gritan sus jefes, sus principales y dicen:

—Señores nuestros, mexicanos, tlatelolcas…

Un poco nos queda… No hacemos más que guardar nuestras casas.

No se han de adueñar de los almacenes, del producto de nuestra tierra.

Aquí está vuestro sustento, el sostén de la vida, el maíz.

Lo que para vosotros guardaba vuestro rey: escudos, insignias de guerra, rodelas ligeras, colgajos de pluma, orejeras de oro, piedras finas. Puesto que todo esto es vuestro, propiedad vuestra.

No os desaniméis, no perdáis el espíritu. ¿A dónde hemos de ir?

¡Mexicanos somos, tlatelolcas somos!

Inmediatamente tomaron de prisa todas las cosas los que mandan acá, cuando ellos vinieron a entregar las insignias, sus objetos de oro, sus objetos de pluma de quetzal.

Y éstos son los que andan gritando por los caminos y entre las casas y en el mercado:

Xipanoc, Teltlyaco, el vice-Cihuacóatl, Motelchiuh, cuando era de Huiznáhuatl, Zóchitl, el de Acolnáhuac, el de Anáhuac, el Tlacochcálcatl, Itzpotonqui, Ezhuahuácatl, Coaíhuitl, que se dio a conocer como jefe de Tezcacoac. Huánitl, que era Mixcoatlailótlac; el intendente de los templos, Téntil. Éstos eran los que anduvieron gritando como se dijo, cuando se vinieron a meter a Tlatelolco.

Y aquí están los que lo oyeron:

Los de Coyoacan, de Cuauhtitlan, de Tultitlan, de Chicunauhtla, Coanacotzin, el de Tetzcoco, Cuitláhuac, el de Tepechpan, Itzyoca. Todos los señores de estos rumbos oyeron el discurso dicho por los de Tenochtitlan.

Y todo el tiempo en que estuvimos combatiendo, en ninguna parte se dejó ver el tenochca; en todos los caminos de aquí: Yacacolco, Atezcapan, Coatlan, Nono-hualco, Xoxohuitlan, Tepeyácac, en todas estas partes fue obra exclusiva nuestra, se hizo por los tlatelolcas. De igual modo, los canales también fue obra nuestra exclusiva.[3]

Ahora bien, los capitanes tenochcas allí [en su refugio de Tlatelolco], se cortaron el cabello, y los de menor grado, también allí se lo cortaron, y los *cuachiques*, y los *otomíes*,[4] de grado militar, que suelen traer puesto su casco de plumas, ya no se vieron en esta forma, durante todo el tiempo que estuvimos combatiendo.

Por su parte, los de Tlatelolco rodearon a los principales de aquéllos y sus mujeres todas los llenaron de oprobio y los apenaron diciéndoles:

—¿No más estáis allí parados?... ¿No os da vergüenza? ¡No habrá mujer que en tiempo alguno se pinte la cara para vosotros!...

Y las mujeres de ellos andaban llorando y pidiendo favor en Tlatelolco.

Y cuando ven todo esto los de esta ciudad alzan la voz, pero ya no se ven por ninguna parte los tenochcas.

De parte de los tlatelolcas, pereció lo mismo el cuáchic que el otomí y el capitán. Murieron a obra de cañón, o de arcabuz.

---

[3] Nótese el constante empeño de los mexica-tlatelolcas por mencionar su valentía y sus proezas en la defensa de la ciudad, reprochando con frecuencia a los mexica-tenochcas. Como una explicación de esto puede recordarse el antiguo resentimiento de los tlatelolcas, vencidos y sometidos por los tenochcas, desde los tiempos del rey Axayácatl.

[4] *Cuachiques* y *otomíes:* grados militares ya descritos anteriormente (véase nota 1 del capítulo XII y nota 5 del capítulo XI).

En este tiempo viene una embajada del rey de Acolhuacan, Tecocoltzin. Los que vienen a conferenciar en Tlatelolco son:

Tecucyahuácatl, Topantemoctzin, Tezcacohuácatl, Quiyotecatzin el Tlacatéccatl Temilotzin, el Tlacochcálcatl Coyohuehuetzin y el Tziuhtecpanécatl Matlalacatzin.

Dicen los enviados del rey de Acolhuacan, Tecocoltzin:

—Nos envía acá el señor el de Acolhuacan, Tecocoltzin. Dice esto:

"Oigan por favor los mexicanos tlatelolcas:

Arde, se calcina su corazón y su cuerpo está doliente.

De igual modo a mí me arde y se calcina mi corazón.

¿Qué es lo poquito que yo tengo? De mi fardo, el hueco de mi manto, por dondequiera cogen: me lo van quitando. Se hizo, se acabó el habitante de este pueblo.

Pues digo:

Que por su sola voluntad lo disponga el tenochca: que por su propio gusto perezca: nada ya haré en su favor, ya no esperaré en su palabra.

¿Qué dirá? ¿Cómo dispondréis los poquitos días? Es todo: que oigan mis palabras".

Ya le retornan el discurso los señores de Tlatelolco, le dicen:

—Nos haces honor, oh tú capitán, hermano mío:

¿Pues qué, es acaso nuestra madre y nuestro padre el chichimeca habitante de Acolhuacan?

Pues aquí está: lo oyen: sesenta días van de que tiene intención de que se haga como él lo ha dicho. Y ahora no más lo ha visto: totalmente se destruyen, no más dan gritos: pues unos se conservan como gente de Cuauhtitlan, otros como de Tenayucan, de Azcapotzalco, o de Coyoacan se hacen pasar.

No más esto veo: y es que ellos gritan que son tlatelolcas. ¿Cómo lo haré?

¡Se ha satisfecho su corazón, ha tenido el gusto de hacerlo, le han salido bien, le vino como deslizado!… ¡Ah, ya estamos haciendo el mandato y la disposición de nuestro señor! ¡Hace sesenta días que estamos combatiendo!…

Los tlatelolcas son invitados a pactar

Vino a amedrentarlos de parte de los españoles, a dar gritos el llamado Castañeda, en donde se nombra Yauhtenco vino a dar gritos. Lo acompañan tlaxcaltecas, ya dan gritos a los que están en atalaya de guerra junto al muro en agua azul. Son el llamado Itzpalanqui, capitán de Chapultepec, dos de Tlapala, y Cuexacaltzin.

Viene a decirles:

—¡Vengan acá algunos!

Y ellos se dicen:

—¿Qué querrá decir? Vayamos a oírlo.

Luego se colocan en una barca y desde lejos dispuestos le dicen a aquél:

—¿Qué es lo que queréis decir?

Ya dicen los tlaxcaltecas:

—¿Dónde es vuestra casa?

Dicen:

—Está bien: sois los que son buscados. Venid acá, os llama el "dios", el capitán.

Entonces salieron, van con él a Nonohualco, a la Casa de la Niebla en donde están el capitán y Malintzin y "el Sol" [Alvarado] y Sandoval. Allí están reunidos los señores del pueblo, hay parlamento, dicen al capitán:

—Vinieron los tlatelolcas, los hemos ido a traer.

Dijo Malintzin a ellos:

—Venid acá: dice el capitán:

"¿Qué piensan los mexicanos? ¿Es un chiquillo Cuauhtémoc?

¿Que no tienen compasión de los niñitos, de las mujeres?

¿Es así como han de perecer los viejos?

Pues están aquí conmigo los reyes de Tlaxcala, Huexotzinco, Cholula, Chalco, Acolhuacan, Cuauhnáhuac, Xochimilco, Mizquic, Cuitláhuac, Culhuacan".

Ellos [varios de esos reyes] dijeron:

—¿Acaso de las gentes se está burlando el tenochca? También su corazón sufre por el pueblo en que nació. Que dejen solo al tenochca; que solo y por sí mismo... vaya pereciendo...

¿Se va a angustiar acaso el corazón del tlatelolca, porque de esta manera han perecido los mexicanos, de quienes él se burlaba?

Entonces dicen [los enviados tlatelolcas] a los señores:

—¿No es acaso de este modo como lo decís, señores?

Dicen ellos [los reyes indígenas aliados de Cortés]:

—Sí. Así lo oiga nuestro señor el "dios": dejad solo al tenochca, que por sí solo perezca… ¿Allí está la palabra que vosotros tenéis de nuestros jefes?

Dijo el "dios" [Cortés]:

—Id a decir a Cuauhtémoc: que toman acuerdo, que dejan solo al tenochca. Yo me iré para Teucalhueyacan, como ellos hayan concertado allá me irán a decir sus palabras. Y en cuanto a las naves, las mudaré para Coyoacan.

Cuando lo oyeron, luego le dijeron [los tlatelolcas]:

—¿Dónde hemos de coger a aquellos [a los tenochcas] que andan buscando? ¡Ya estamos al último respiro, que de una vez tomemos algún aliento!…

Y de esta misma manera se fueron a hablar con los tenochcas. Allá con ellos se hizo junta. Desde las barcas no más se gritó. No era posible dejar solo al tenochca.

Se reanuda la lucha

Así las cosas, finalmente, contra nosotros se disponen a atacar. Es la batalla. Luego llegaron a colocarse en Cuepopan y en Cozcacuahco. Se ponen en actividad con sus dardos de metal. Es la batalla con Coyohuehuetzin y cuatro más.

Por lo que hace a las naves de ellos, vienen a ponerse en Texopan. Tres días es la batalla allí. Vienen a echarnos de allí. Luego llegan al Patio Sagrado: cuatro días es la batalla allí.

Luego llegan hasta Yacacolco: es cuando llegaron acá los españoles, por el camino de Tlilhuacan.

Y esto fue todo. Habitantes de la ciudad murieron, dos mil hombres exclusivamente de Tlatelolco. Fue cuando hicimos los de Tlatelolco armazones de *hileras de cráneos [tzompantli]*. En tres sitios estaban colocados estos armazones. En el que está en el Patio Sagrado de Tlilancalco [Casa Negra]. Es donde están ensartados los cráneos de nuestros señores [españoles].

En el segundo lugar, que es Acacolco también están ensartados cráneos de nuestros señores y dos cráneos de caballo.

En el tercer lugar que es Zacatla, frente al templo de la diosa [Cihuacóatl], hay exclusivamente cráneos de tlatelolcas.

Y así las cosas, vinieron a hacernos evacuar. Vinieron a estacionarse en el mercado.

Fue cuando quedó vencido el tlatelolca, el gran tigre, el gran águila, el gran guerrero. Con esto dio su final conclusión la batalla.

Fue cuando también lucharon y batallaron las mujeres de Tlatelolco lanzando sus dardos. Dieron golpes a los invasores; llevaban puestas insignias de guerra; las tenían puestas. Sus faldellines llevaban arremangados, los alzaron para arriba de sus piernas para poder perseguir a los enemigos.

Fue también cuando le hicieron un doselete con mantas al capitán allí en el mercado, sobre un templete. Y fue cuando colocaron la catapulta aquí en el templete. En el mercado la batalla fue por cinco días.

Y todo esto pasó con nosotros. Nosotros lo vimos, nosotros lo admiramos. Con esta lamentosa y triste suerte nos vimos angustiados.

En los caminos yacen dardos rotos, los cabellos están esparcidos. Destechadas están las casas, enrojecidos tienen sus muros.

Gusanos pululan por calles y plazas, y en las paredes están salpicados los sesos. Rojas están las aguas, están como teñidas, y cuando las bebimos, es como si bebiéramos agua de salitre.

Golpeábamos, en tanto, los muros de adobe, y era nuestra herencia una red de agujeros. Con los escudos fue su resguardo, pero ni con escudos puede ser sostenida su soledad.

Hemos comido palos de colorín [eritrina], hemos masticado grama salitrosa, piedras de adobe, lagartijas, ratones, tierra en polvo, gusanos...

Comimos la carne apenas sobre el fuego estaba puesta. Cuando estaba cocida la carne, de allí la arrebataban, en el fuego mismo, la comían.

Se nos puso precio. Precio del joven, del sacerdote, del niño y de la doncella.

Basta: de un pobre era el precio sólo dos puñados de maíz, sólo diez tortas de mosco; sólo era nuestro precio veinte tortas de grama salitrosa.

Oro, jades, mantas ricas, plumajes de quetzal, todo eso que es precioso, en nada fue estimado.

Solamente se echó fuera del mercado a la gente cuando allí se colocó la catapulta.

Ahora bien, a Cuauhtémoc le llevaban los cautivos. No quedan así. Los que llevan a los cautivos son los capitanes de Tlacatecco. De un lado y de otro les abren el vientre. Les abría el vientre Cuauhtemoctzin en persona y por sí mismo.

El mensaje del Acolnahuácatl Xóchitl

Fue en este tiempo cuando vinieron a traer [los españoles] al Acolnahuácatl Xóchitl, que tenía su casa en Tenochtitlan. Murió en la guerra. Por veinte días lo habían andado trayendo con ellos. Vinieron a dejarlo en el mercado de Tlatelolco. Allí las flechas lo cazaron.

Cuando lo vinieron a dejar fue así: lo venían trayendo de ambos lados cogido. Traían también una ballesta, un cañón, que vienen a colocar en el lugar donde se vende el incienso. Allí dieron gritos.

Luego van los de Tlatelolco, van a recogerlo. Va guiando a la gente el capitán de Huitznáhuac, un huasteco.

Cuando hubieron recogido a Xóchitl viene a dar cuenta [a Cuauhtémoc] el capitán de Huitznáhuac, viene a decirle:

—Trae un recado Xóchitl.

Y Cuauhtémoc conferenció con Topantémoc:

—Tú irás a parlamentar con el capitán [con Cortés].

Durante el tiempo en que fueron a dejar a Xóchitl, descansó el escudo, ya no hubo combates, ya no se cogía prisionero a nadie.

Luego llevan a Xóchitl, lo vienen a poner en el templo de la Mujer [Cihuacóatl], en Axocotzinco.

Cuando lo han colocado allí, luego Topantemoctzin, Coyohuehuetzin y Temolitzin dicen a Cuauhtémoc:

—Príncipe mío: [los españoles] han venido a dejar a uno de los magistrados, Xóchitl, el de Acolnahuácatl. Dizque te ha de dar su recado.

Respondió [Cuauhtémoc], luego dijo:

—¿Y vosotros, qué decís?

Inmediatamente todos alzaron el grito y dijeron:

—Que lo traiga acá… ha venido a ser como nuestra paga. Ya hicimos agüeros con papel, ya hicimos agüeros con incienso. Que oiga solamente su mensaje el que lo ha ido a recoger.

Por tanto, inmediatamente va el capitán de Huitznáhuac, el huasteco, a ver cómo es el mensaje que viene a dejar Xóchitl.

El Acolnahuácatl Xóchitl dijo:

—Os manda decir el "dios" capitán y Malintzin:

"Oiga, por favor, Cuauhtémoc, Coyohuehuetzin, Topantémoc:

¿No tienen compasión de los pobres, de los niñitos, de los viejitos, de las viejitas? ¡Ya todo acabó aquí! ¿Acaso todavía pueden las vanas palabras?

¡Todo está ya terminado!

¡Entreguen mujeres de color claro, maíz blanco, gallinas, huevos, tortillas blancas! Aún es esto posible. ¿Qué responden? ¡Es necesario que por su propia voluntad se someta el tenochca, o que por su propia voluntad perezca!…"

Cuando hubo recibido el mensaje el capitán de Huitznáhuac, el huasteco, luego va a dar la palabra a los señores de Tlatelolco y allí al rey de los tenochcas,

Cuauhtémoc. Y cuando oyeron el mensaje que les vino a comunicar el Acolnahuácatl Xóchitl luego se ponen en deliberación los señores de Tlatelolco. Dicen:

—¿Qué es lo que decís vosotros? ¿Qué determinación tomáis?

Dijo a esto el Tlacochcálcatl Coyohuehuetzin:

—Habladle al huasteco.

Se consulta a los agoreros

Y dice Cuauhtémoc [a los agoreros]:

—Venid por favor: ¿qué miráis, qué veis en vuestros libros?

Le dice el sacerdote, el sabedor de papeles, el que corta papeles.

—Príncipe mío: oíd lo que de verdad diremos:

Solamente cuatro días y habremos cumplido ochenta. Y acaso es disposición de Huitzilopochtli de que ya nada suceda. ¿Acaso a excusas de él tendréis que ver por vosotros? Dejemos que pasen estos cuatro días para que se cumplan ochenta.

Y hecho esto, no se hizo caso. Y también de nueva cuenta empezó la batalla. De modo que solamente fue a presentarla, a dar comienzo a la guerra el capitán de Huitznáhuac, el huasteco.

Por fin de cuentas todos nos pusimos en movimiento hacia Amáxac. Hasta allá llegó la batalla. Luego fue la dispersión, no más por las cuestas están colocadas las gentes. El agua está llena de personas; los comienzos de los caminos están llenos de gente.

Hoja de aperreamiento (*Proceso de Alvarado*)

Éste fue el modo como feneció el mexicano, el tlatelolca. Dejó abandonada su ciudad. Allí en Amáxac fue donde estuvimos todos. Y ya no teníamos escudos, ya no teníamos macanas, y nada teníamos que comer, ya nada comimos. Y toda la noche llovió sobre nosotros.

Prisión de Cuauhtémoc

Ahora bien, cuando salieron del agua ya van Coyohuehuetzin, Topantemoctzin, Temilotzin y Cuauhtemoctzin. Llevaron a Cuauhtemoctzin a donde estaba el capitán, y don Pedro de Alvarado y doña Malintzin.

Y cuando aquéllos fueron hechos prisioneros, fue cuando comenzó a salir la gente del pueblo a ver dónde iba a establecerse. Y al salir iba con andrajos, y las mujercitas llevaban las carnes de la cadera casi desnudas. Y por todos lados hacen rebusca los cristianos. Les abren las faldas, por todos lados les pasan la mano, por sus orejas, por sus senos, por sus cabellos.

Y ésta fue la manera como salió el pueblo: por todos los rumbos se esparció; por los pueblos vecinos, se fue a meter a los rincones, a las orillas de las casas de los extraños.

En un año 3-Casa [1521], fue conquistada la ciudad. En la fecha en que nos esparcimos fue en Tlaxochimaco, un día 1-Serpiente.

Cuando nos hubimos dispersado los señores de Tlatelolco fueron a establecerse a Cuauhtitlan: son

Topantemoctzin, el Tlacochcálcatl Coyohuehuetzin y Temilotzin.

El que era gran capitán, el que era gran varón solo por allá va saliendo y no lleva sino andrajos. De modo igual, las mujeres, solamente llevaban en sus cabezas trapos viejos, y con piezas de varios colores habían hecho sus camisas.

Por esta causa están afligidos los principales y de eso hablan unos con otros: ¡hemos perecido por segunda vez!

Un pobre hombre del pueblo que iba para arriba fue muerto en Otontlan de Acolhuacan traicioneramente. Por tanto, se ponen a deliberar unos con otros los del pueblo que tienen compasión de aquel pobre. Dicen:

—Vamos, vamos a rogar al capitán nuestro señor.

La orden de entregar el oro

En este tiempo se hace requisa de oro, se investiga a las personas, se les pregunta si acaso un poco de oro tienen, si lo escondieron en su escudo, o en sus insignias de guerra, si allí lo tuvieron guardado, o si acaso su bezote, su colgajo del labio, o su luneta de la nariz, o tal vez su dije pendiente, todo cuanto sea, luego ha de juntarse.

Y hecho así, se rejuntó todo cuanto se pudo descubrir. Luego lo viene a presentar uno de sus jefes, Cuezacaltzin de Tlapala, Huitziltzin, de Tepanecapan, el capitán de Huitznáhuac, el huasteco, y Potzontzin de Cuitlachcohuacan. Éstos van a entregar el oro a Coyoacan. Cuando han llegado allá dicen:

—Capitán, señor nuestro, amo nuestro: te mandan suplicar los señores tus vasallos los grandes de Tlatelolco. Dicen:

"Oiga por favor el señor nuestro:

Están afligidos sus vasallos, pues los afligen los habitantes de los pueblos en donde están refugiados por los rincones y esquinas.

Se burlan de ellos el habitante de Acolhuacan y el otomí, los matan a traición.

Y esto más: aquí está esto con que vienen a implorarte: esto es lo que estaba en las orejas y en los escudos de los dioses de tus vasallos".

En su presencia colocan aquello, lo ponen en cestones para que lo vea. Y cuando el capitán y Malintzin lo vieron se enojaron y dijeron:

—¿Es acaso eso lo que se anda buscando? Lo que se busca es lo que dejaron caer en el Canal de los Toltecas. ¿Dónde está? ¡Se necesita!

Al momento le responden los que vienen en comisión:

—Lo dio Cuauhtemoctzin al Cihuacóatl y al Huiznahuácatl. Ellos saben en dónde está: que les pregunten.

Cuando lo oyó, finalmente mandó que les pusieran grillos, que los encadenaran. Vino a decirles Malintzin:

—Dice el capitán: que se vayan, que vayan a llamar a sus principales. Les quedó agradecido. Puede ser que de veras estén padeciendo los del pueblo, pues de él se están mofando.

Que se vengan, que vengan a habitar sus casas de Tlatelolco; que en todas sus tierras vengan a establecerse los

tlatelolcas. Y decid a los señores principales de Tlatelolco: ya en Tenochtitlan nadie ha de establecerse, pues es la
conquista de los "dioses", es su casa. Marchaos.

El suplicio de Cuauhtémoc

Hecho así, cuando se hubieron ido los embajadores
de los señores de Tlatelolco, luego se presentaron [an-
te los españoles] los principales de Tenochtitlan. Quieren hacerlos hablar.

Fue cuando le quemaron los pies a Cuauhtemoctzin.

Cuando apenas va amanecer lo fueron a traer, lo
ataron a un palo, lo ataron a un palo en casa de Ahuizotzin en Acatliyacapan.

Allí salió la espada, el cañón, propiedad de nuestros amos.

Y el oro lo sacaron en Cuitlahuactonco, en casa de
Itzpotonqui. Y cuando lo han sacado, de nuevo llevan
atados a nuestros príncipes hacia Coyoacan.

Fue en esta ocasión cuando murió el sacerdote que
guardaba a Huitzilopochtli. Le habían hecho investigación sobre dónde estaban los atavíos del dios y los
del Sumo Sacerdote de Nuestro Señor y los del Incen-
sador [máximo].

Entonces fueron hechos sabedores de que los atavíos que estaban en Cuauhchichilco, en Xaltocan; que
los tenían guardados unos jefes.

Los fueron a sacar de allá. Cuando ya aparecieron
los atavíos, a dos ahorcaron en medio del camino de
Mazatlan.

Fue en este tiempo cuando comenzó a regresar acá el pueblo bajo, se vino a establecer en Tlatelolco. Fue el año 4-Conejo.

Luego viene Temilotzin, viene a establecerse en Capultitlan.

Y don Juan Huehuetzin se vino a establecer en Atícpac.

Pero Coyohuehuetzin y Topantemoctzin murieron en Cuauhtitlan.

Cuando vinimos a establecernos en Tlatelolco aquí solamente nosotros vivimos. Aún no se venían a instalar nuestros amos los cristianos. Aún nos dejaron en paz, todos se quedaron en Coyoacan.

Allá ahorcaron a Macuilxóchitl, rey de Huitzilopochco. Y luego al rey de Culhuacan, Pizotzin. A los dos allá los ahorcaron.

Y al Tlacatécatl de Cuauhtitlan y al mayordomo de la Casa Negra los hicieron comer por los perros.

También a unos de Xochimilco los comieron los perros.

Y a tres sabios de Ehécatl, de origen tetzcocano, los comieron los perros. No más ellos vinieron a entregarse. Nadie los trajo. No más venían trayendo sus papeles con pinturas [códices]. Eran cuatro, uno huyó: sólo tres fueron alcanzados, allá en Coyoacan.

En cuanto a los españoles, cuando han llegado a Coyoacan, de allí se repartieron por los diversos pueblos, por dondequiera.

Luego se les dieron indios vasallos en todos estos pueblos. Fue entonces cuando se dieron personas en don, fue cuando se dieron como esclavos.

En este tiempo también dieron por libres a los señores de Tenochtitlan. Y los libertados fueron a Azcapotzalco.

Allí [en Coyoacan] se pusieron de acuerdo [los españoles] de cómo llevarían la guerra a Metztitlan. De allá se volvieron a Tula.

Luego ya toma la guerra contra Uaxacac [Oaxaca] el capitán.

Ellos van a Acolhuacan, luego a Metztitlan, a Michoacan...

Luego a Huey Mollan y a Cuauhtemala, y a Tecuantépec.

No más aquí acaba. Ya se refirió cómo fue hecho este papel.[5]

[5] Ms. *Anónimo de Tlatelolco* (1528). Sección referente a la Conquista (versión de Ángel Ma. Garibay K.).

XV

CANTOS TRISTES DE LA CONQUISTA

Introducción

La Visión de los vencidos *se torna también presente en
algunos* icnocuícatl, *cantares tristes, verdaderas elegías,
obras de los* cuicapicque *o poetas nahuas postcortesianos.*

El primer icnocuícatl *acerca de la Conquista que a continuación se transcribe, proviene de la colección de "Cantares
mexicanos" y probablemente fue compuesto hacia el año de
1523. En él se recuerda con tristeza la forma como se perdió
para siempre el pueblo mexica. El siguiente poema es todavía
más expresivo. Tomado del manuscrito indígena de 1528, describe con un dramatismo extraordinario cuál era la situación
de los sitiados durante el asedio de México-Tenochtitlan.*

*Finalmente, el tercer poema, que forma parte del grupo
de poemas melodramáticos que servían para ser represen-*

tados. Comprende desde la llegada de los conquistadores a Tenochtitlan, hasta la derrota final de los mexicas. Aquí tan sólo se transcriben los más dramáticos momentos de la parte final. Estos poemas, con más elocuencia que otros testimonios, muestran ya la herida tremenda que dejó la derrota en el ánimo de los vencidos. Son, usando las palabras de Garibay, uno de los primeros indicios del trauma de la Conquista.

Se ha perdido el pueblo mexica

El llanto se extiende, las lágrimas gotean allí en Tlatelolco.
Por agua se fueron ya los mexicanos;
semejan mujeres; la huida es general.
¿A dónde vamos?, ¡oh amigos! Luego ¿fue verdad?
Ya abandonan la ciudad de México:
el humo se está levantando; la niebla se está extendiendo...
Con llanto se saludan el Huiznahuácatl Motelhuihtzin,
el Tlailotlácatl Tlacotzin,
el Tlacatecuhtli Oquihtzin...
Llorad, amigos míos,
tened entendido que con estos hechos
hemos perdido la nación mexicana.
¡El agua se ha acedado, se acedó la comida!
Esto es lo que ha hecho el Dador de la vida en Tlatelolco.
Sin recato son llevados Motelhuihtzin y Tlacotzin.
Con cantos se animaban unos a otros en Acachinanco,
ah, cuando fueron a ser puestos a prueba allá en Coyoacan...[1]

[1] *Cantares mexicanos.* (Biblioteca Nacional de México.)

Los últimos días del sitio de Tenochtitlan

Y todo esto pasó con nosotros.
Nosotros lo vimos,
nosotros lo admiramos.
Con esta lamentosa y triste suerte
nos vimos angustiados.

En los caminos yacen dardos rotos,
los cabellos están esparcidos.
Destechadas están las casas,
enrojecidos tienen sus muros.

Gusanos pululan por calles y plazas,
y en las paredes están salpicados los sesos.
Rojas están las aguas, están como teñidas,
y cuando las bebimos,
es como si bebiéramos agua de salitre.

Golpeábamos, en tanto, los muros de adobe,
y era nuestra herencia una red de agujeros.
Con los escudos fue su resguardo, pero
ni con escudos puede ser sostenida su soledad.

Hemos comido palos de colorín,
hemos masticado grama salitrosa,
piedras de adobe, lagartijas,
ratones, tierra en polvo, gusanos…

Comimos la carne apenas
sobre el fuego estaba puesta.
Cuando estaba cocida la carne,
de allí la arrebataban,
en el fuego mismo, la comían.

Se nos puso precio.
Precio del joven, del sacerdote,
del niño y de la doncella.

Basta: de un pobre era el precio
sólo dos puñados de maíz,
sólo diez tortas de mosco;
sólo era nuestro precio
veinte tortas de grama salitrosa.

Oro, jades, mantas ricas,
plumajes de quetzal,
todo eso que es precioso,
en nada fue estimado…[2]

La ruina de tenochcas y tlatelolcas

Afánate, lucha, ¡oh Tlacatéccatl Temilotzin!:
ya salen de sus naves los hombres de Castilla y los de
        las chinampas.

¡Es cercado por la guerra el tenochca;
es cercado por la guerra el tlatelolca!

Ya viene a cerrar el paso el armero Coyohuehuetzin;
ya salió por el gran camino del Tepeyac el acolhua.

¡Es cercado por la guerra el tenochca;
es cercado por la guerra el tlatelolca!

Ya se ennegrece el fuego;
ardiendo revienta el tiro,
ya se ha difundido la niebla:

[2] Ms. *Anónimo de Tlatelolco* (1528). (Biblioteca Nacional de París.)

¡Han aprehendido a Cuauhtémoc!
¡Se extiende una brazada de príncipes mexicanos!

¡Es cercado por la guerra el tenochca,
es cercado por la guerra el tlatelolca!³

La prisión de Cuauhtémoc

¡Es cercado por la guerra el tenochca;
es cercado por la guerra el tlatelolca!

Ya se ennegrece el fuego,
ardiendo revienta el tiro:
ya la niebla se ha difundido:

¡Ya aprehendieron a Cuauhtemoctzin:
una brazada se extiende de príncipes mexicanos!

¡Es cercado por la guerra el tenochca;
es cercado por la guerra el tlatelolca!

Pasados nueve días son llevados en tumulto a Coyohuacan
Cuauhtemoctzin, Conacoch, Tetlepanquetzaltzin:
prisioneros son los reyes.

Los confortaba Tlacotzin y les decía:
"Oh sobrinos míos, tened ánimo: con cadenas de oro atados.
prisioneros son los reyes".

Responde el rey Cuauhtemoctzin:
"Oh sobrino mío, estás preso, estás cargado de hierros.

³ *Cantares mexicanos.* (Biblioteca Nacional de México.)

"¿Quién eres tú, que te sientas junto al Capitán General?
¡Ah es doña Isabel, mi sobrinita!
¡Ah, es verdad, prisioneros son los reyes!

"Por cierto serás esclava, serás persona de otro:
será forjado el collar, el quetzal será tejido, en Coyohuacan.

"¿Quién eres tú, que te sientas junto al Capitán General?
¡Ah es doña Isabel, mi sobrinita!
¡Ah, es verdad, prisioneros son los reyes!"[4]

[4] *Cantares mexicanos.* (Biblioteca Nacional de México.)

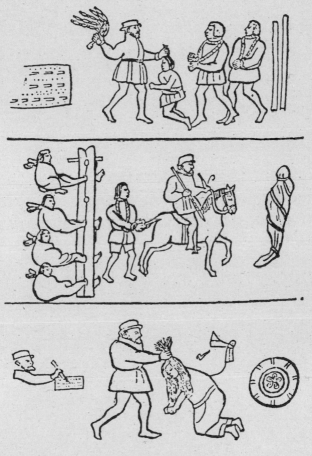

La suerte de los vencidos
(*Quejas contra el corregidor Magariño. Archivo de Indias*)

XVI

TLAXCALTECÁYOTL
EVOCACIÓN DEL FINAL DE UNA FORMA DE VIDA

Introducción

Además de los cantos tristes de la Conquista, incluidos
en ediciones anteriores de la Visión de los vencidos, se
conservan otros, más extensos, que son recordación angus-
tiada de lo que entonces ocurrió. Hay uno en particular
que tiene por título Tlaxcaltecáyotl, es decir, al modo de
los tlaxcaltecas. No significa esto necesariamente que se
trate de una composición debida a quienes fueron aliados
de los caxtiltecas, los hombres de Castilla. Más parece ser
otro canto triste que se entonaba al son de los atabales, los
huéhuetl, los teponaztli y la música de las flautas.

Lo que él expresa deja entender que es un cantar que
daba vida a una antigua danza de la Conquista. En él

aparecen varios bien conocidos personajes que estuvieron presentes en ella. Entre otros se menciona a Cuauhté-moc y a sus aliados, los capitanes tlatelolcas, Coyohue-huetzin e Ytzpotonqui, así como al bien conocido Temi-lotzin, guerrero mexica que fue además cuicapicaqui, poeta, forjador de cantos. Del bando contrario, es decir de los aliados de Hernán Cortés, se habla del tetzcocano Ixtlilxóchitl, el huexotzinca Nepilotzin, el tlaxcalteca Xi-cohténcatl y, de modo genérico, de otros capitanes de los mismos señoríos.

De Cuauhtémoc se expresa hermosa alabanza diciendo que "la flor de la guerra es su palabra" y asimismo que él ha causado asombro al Huitziltépetl, el Cerro del Colibrí, el templo de Huitzilopochtli.

Aun cuando todos los testimonios aquí incluidos proce-den de la palabra indígena en náhuatl, este canto se ofrece no ya sólo en traducción al castellano sino acompañado de su versión original en la lengua que hablaron Neza-hualcóyotl y Cuauhtémoc. Al presentarlo así, quienes se acerquen a él podrán imaginar mejor el momento en que, con acompañamiento de danza y de música, se revivía el drama de la Conquista. Es ésta una evocación de lo que ocurrió cuando los tenochcas y los tlatelolcas, envueltos en el estrépito de la lucha contra los españoles, vieron cómo el mortífero instrumento lanzador de fuego daba muerte a muchos de los que con sus escudos y flechas defendían su ciudad y sus vidas.

Este canto y todos los otros testimonios aquí incluidos son recordación del drama de la Conquista contemplada desde la perspectiva indígena. Contribuyen ellos a reac-

tualizar y valorar el violento enfrentamiento que abrió el camino a un México distinto. En él ha tocado vivir a los mexicanos de hoy y de los tiempos que están por venir, con la esperanza y la voluntad de nueva luz de amanecer.

TLAXCALTECAYOTL

Otacico ye nican Tenochtitlan,
Ximochicahuaca,
yn antlaxcalteca, ye huexotzinca,
¿ye quen concaquiz teuctlo Xicotencatl yn Nelpiloni?
Ximochicahuacan, netleyan.

Hualtzatzia yn tachcauh
yn Cuauhtencoztli,
can conilhuia yn Capitan
ya o tonan ye Malintzin
xacaltecoz Acachinanco otacico,
huel ximochicahuacan, netleyan.

Tlaoc toconchiacan ynacal Capitan,
ye oqui hualaci ynquachpan tepepolli,
ye ixpolihui o
yn macehualtin mexicame,
ximochicahuacan, netleyan.

Xiquinpallehuican totecuyouan,
Tepuztlahuiceque,
quixixinia atle yan tepetl,
quixixinia mexicayotl,
ximochicahuacan, netleyan.

TLAXCALTECÁYOTL
(A la manera tlaxcalteca)

Hemos llegado aquí, a Tenochtitlan,
esforzáos, vosotros
tlaxcaltecas, huexotzincas,
¿cómo escuchará el señor Xicohténcatl a Nelpiloni?[1]
Ea, esforzáos.

Da voces nuestro esforzado Cuauhtencoztli,
le dice al Capitán
y a nuestra madre Malintzin,
hemos llegado a Xacaltenco, a Acachinanco,
mucho esforzáos.

Esperemos aún las barcas del Capitán,
ya se acerca él al montecillo de las banderas,
ya perecen
los macehuales mexicas,
ea, esforzáos.

Ayudad a nuestros señores,
los que tienen armas de metal,
destruyen la ciudad,
destruyen la mexicanidad,
ea, esforzáos.

[1] Nelpiloni era un jefe huexotzinca que acudió en ayuda de Cortés, durante el sitio de la ciudad de México. Véase Alva Ixtlilxóchitl, *Obras históricas*, t. II, p. 1256.

Xictzotzona yn mohuehueuh,
xihueuetzcaya Yxtlilxochitl
xonmitotia o yn quauhquiauac
Mexico nica
mocueçalizchimalo
Cuecueyauayan Temalacatitlan y
ximochicahuacan, netleyan.

Iaopapac ynitzin,
tlahuiznenequitzin,
yn quachic aya Yxtlilxochitl
xonmitotia o Cuauhquiauac,
Mexico, nican y.
Mocuezalizchimal,
Cuecueyauayan, Temalacatitlan.
Ximochicahuacan, netleyan.

In icuac hualmomantihui,
auan tomachuan,
yn quachicayan yn Anahuacatzin,
yn otomitl teuctli Tehuetzquiti,
huel ximochicahuacan, netleyan.

O cuel achica
Cemilhuitl on yeuaya yn tlachinolxochitl
motlatol tiCuauhtemoctzin.
Moteocuytlayacaxochiuh
tlatlauizcallehuatimani;
yn mochcaxochiuh que tzaltica cueyauatimani.
Otitlamahuizo Huitziltepetl.
Ximochicahuacan, netleyan.

Haz resonar tu tambor,
ríe, ríe Ixtlilxóchitl,[2]
baila en la puerta del águila
en México, aquí,
tu escudo de plumas de ave cuezal,
en Cuecueyauayan, en Temalacatitlan.
Ea, esforzáos.

El que se alegró en la guerra,
el que anhela las armas,
el guerrero Ixtlilxóchitl,
baila en la puerta del águila
en México, aquí,
tu escudo color de ave cuezal,
en Cuecueyauayan, en Temalacatitlan.
Ea, esforzáos.

Cuando van yendo
nuestros sobrinos,
el guerrero Anahuacatzin,
el otomí,[3] señor Tehuetzquiti.
Ea, esforzáos.

Por breve tiempo,
por un día, la flor de la guerra
es tu palabra, tú, Cuauhtémoc.
Las flores de tu nariguera de oro
resplandecen con luz de amanecer;
tus flores de algodón con plumas de quetzal relucen.
Te maravillaste en el Huitziltépetl, el Cerro del Colibrí,
ea, esforzáos.

[2] Se refiere al señor tetzcocano que, enfrentado a Cacamatzin, optó por aliarse con Cortés.
[3] *Otómitl*, literalmente "el otomí", era otro rango dentro del ejército mexica.

Queuelzo tehuatzin tetoca,
ye mopan o matiaz tauh totepeuh,
¿Ye mach oc timoxicoz?
Cequi mopatiuh yetiuh.
Moteocuitlayeuatzaca,
mochcaxochiuh quetzaltica cuecueyauatimani.
Otitlamahuizo Huitziltepetl.
Ximochicahuacan, netleyan.

Tla huel xiquimotacan,
¿ac yehuantin chimaltica mitotia?
Otonexineque.
Yn Tehuetzquiti, yn Tecohuatzin
¿tlenozo ayezque?
Mayecuele ma onetotilo;
yn tla xicuicaca, nincahuan.

Ma cecen otli ypan ximochicahuacan,
TiCuahuitl, yn tiYtzpotonqui,
¿tlenozo anyezque?
Maocyecuele, ma onnetotilo,
yn tla xicuicaca, nincahuan.

Onel ticyacauhque
y tauh yn totepeuh y Tenochtitlan,
México, ye nican.
Xamellaquauacan tiCoaiuitl, yn tiYtzpotonqui,
¿Tlenozo anyezque?
Maocyecuele onnetotilo,
yn tla xicuicacan, anincahuan.

Favorecido por la gente estás,
en ti echa ramas nuestra ciudad,
¿acaso todavía tendrás envidia?
Algo será tu precio.
Tu dorado atavío de piel,
tus flores de algodón con plumas de quetzal relucen.
Te maravillaste en el Huitziltépetl, el Cerro del Colibrí.
Ea, esforzáos.

Vedlos bien,
¿quiénes son aquellos que con escudos bailan?
Los que tienen aspecto de otomíes.
Tehuetzquiti, Tecohuatzin,
¿acaso estaréis?
Que haya danza,
cantad vosotros, mis hermanos menores.

En cada camino esforzáos,
tú Coaíhuitl,[4] tú Ytzpotonqui,[5]
¿acaso estaréis?
Que haya baile,
cantad vosotros, mis hermanos menores.

En verdad hemos abandonado
nuestra ciudad Tenochtitlan,
México, aquí.
Esforzáos tú, Coaíhuitl, tú, Ytzpotonqui,
¿acaso estaréis?
Que haya baile,
cantad vosotros, mis hermanos menores.

[4] Coaíhuitl era un capitán mexica al tiempo de la Conquista.
[5] Ytzpotonqui, capitán tlatelolca al tiempo de la Conquista.

Tla xicaqui ye nocuic,
yn huel nelli a niquitohua, niquehua,
ye ye tonazizquia
yn ytzta nanauhcan yn Tlatelulco.
Ma zan tlapic ye mochiuh, tlaxcalteca,
yn tla xicuican, annicahuan.

Zan nicyayttac,
nicmahuizo ye oncan Nanauacalteuctli
Chimaltica, y expalatica,[a]
yequene quihualtocaya yn tlaxcalteca,
yn Caxtillan tlaca
Atitlan quincahuato,
ya tacito.
Ma zan tlapic omochiuh, tlaxcalteca,
Yn tla xicuicacan annicahuan.

Tlaoc xomitoti, o toOquizteuctli,
Titlatohua, xictzotzona yn teocuitlahuehuetl,
xiuhtlemiyahuayo,
concauhtehuaque yn teteucti,
tlatoque, auh ya yehuatl
yc xiquimonahuilti yn nepapan tlaca
tonahuac onoque,
tlaxcalteca yn meetlo, ye huexotzinca yn meetla.

Telhuelic aye onnez Mexico
ye nican, Cuitlachihuitl, aya yn tlatohuani
yhuanylteuctli Tlachtepec tlali tocati Tepixohuatzin,
anqui mochtin ye omicuiloque
ye in chimaltitech
o nepapan tlaca tonahuac onoque.
Tlaxcalteca yn meetlo, ye huexotzinca yn meetla.

[a] Se emplea aquí la palabra *espadas* pero nahuatlizada.

Escucha mi canto,
en verdad lo digo, lo elevo,
ya habríamos de llegar
desde los cuatro rumbos a Tlatelolco.
Que no suceda en vano, tlaxcaltecas,
cantad vosotros, mis hermanos menores.

Sólo lo vi,
admiré allá al señor Nanahuácatl.
Con escudos, con espadas,
lo vienen siguiendo los tlaxcaltecas,
los hombres de Castilla.
Junto al agua fueron a dejarlos,
ya llegamos,
en vano se hizo, tlaxcaltecas,
cantad mis hermanos menores.

Baila todavía, señor Oquiztli,
tú cantas, haz resonar el atabal dorado
el de llamas color de turquesa,
lo dejaron los señores,
los que gobiernan,
con él dales contento a las gentes
que junto a nosotros están,
tlaxcaltecas, huexotzincas.

Ya apareció en México,
aquí, Cuitlachíhuitl,[6] el gobernante
y señor de Tlachtepec, Tepixohuatzin,
así ya todos están pintados
al lado de los escudos
las gentes que junto a nosotros están,
tlaxcaltecas, huexotzincas.

[6] Cuitlachíhuitl, otro guerrero mexica en la Conquista.

Mochimalitotico
nican yn tlatohuani yn Alpopoca Mexico,
anquin nican chimalaztaxochihuaque,
huahuanpatzaque,
yn teuctli oquixpan,
tlaxcalteca yn meetlo, yn huexotzinca yn meetla.

Auh azo nelli yeic conacic,
quemoyancuili ynnin tepoztopilli yxpayolme,[b]
anqui nican chimalaztaxochihuaque,
huauanpatzaque,
yn teuctli ou anyxpan,
tlaxcalteca yn meetlo, yn huexotzinca yn meetlo.

Hualchimallaza ya yehuan Motelchiuhtzin,
Tecuilhuitl,
yn tel huel honesta,
ynn ocacique yn intlequiço[c] yn tepehuanime.
Conitohua yn Atoch
maa onetotillo,
tlaxcalteca y meetlo, ye huexotzinca yn meetlo.

Ye xixinia ye cuauhtenamitl
auh ocelotenamitl,
yn Tecuilhuitl,
teluelic onnezta
yn ocacique ynn intlequiquizo y tepehuanime.
Quitoa yn Atoch,
ma onetotilo
tlaxcalteca yn meetlo, ye huexotzinca yn meetla.

[b] Nahuatlización de la palabra *españoles*.
[c] *Tlequizo*: lo que hace salir fuego, el cañón.

Vino a bailar la danza del escudo
aquí, el señor Alpopoca en México,
los que aquí tienen las flores blancas del escudo,
los rayados para el sacrificio,
delante del señor,
tlaxcaltecas, huexotzincas.

Acaso en verdad ya lo alcanzó,
tomó la lanza de los españoles,
los que tienen las flores blancas del escudo,
los rayados para el sacrificio,
delante del señor,
tlaxcaltecas, huexotzincas.

Viene a arrojar el escudo Motelchiuhtzin,
es Tecuílhuitl, la Fiesta de los Señores,
ya fueron apareciendo,
se apoderan del tubo lanza fuego de los que conquistan.
Dice Atoch,
hágase el baile,
tlaxcaltecas, huexotzincas.

Ya se destruye el muro de las águilas
y el muro de los jaguares,
es Tecuílhuitl, la Fiesta de los Señores,
ya fueron apareciendo,
se apoderan del tubo lanza fuego de los que conquistan.
Dice Atoch,
hágase el baile
tlaxcaltecas, huexotzincas.

Y huel ximotzomoco
ma xonmihcalia can titlacateccatl a yn Temillotzin.
Yn yc oquizaco yn iacal caxtilteca.
Chianpaneca
Yaoyahualolo;
yn tenuchcatla ya yaoyahualolo,
yn tlatelulcatl.

Yn oc tlatzatzaquato
yn tlacochcalcatl yn Coyohuehuetzin
a ye on oquicaco yn acolihua
yn Tepeyacac o yn huey otlipa,
yaoyahualolo yn tenochcatl,
a yaoyahualolo yn tlatelulcatl.

Ye huel patiohua yn Tenuchtitlan,
yxpolihuio ye ypilhuany, zan yehuantin,
chalchiuhcapitan yhuan Guzman Mexico.
Nican yaoyahualolo yn tenuchcatl,
yaoyahualolo tlatelulcatl.

Y xiuhalcaputztica[d]
Tlatlatlatzinia, ayahuitl moteca,
y no conanque ya yn Cuauhtemoctzin,
Cematl onnantia y mexicaa yn tepilhuan.
Yaoyahualolo yn tenuchcatl,
yaoyahualolo yn tlatelulcatl.

[d] *Alcaputztica*: nahuatlización de *arcabuz* con el sufijo -*ica* que significa "con".

Mucho esfuérzate,
lucha, tú *tlacatéccatl*,[7] Temilotzin.
Ya vinieron a salir de sus barcas los hombres de Castilla.
Los chinampanecas
son rodeados en son de guerra;
los tenochcas, los tlatelolcas
son rodeados en son de guerra.

Ya fue a cerrarles el paso
el *tlacochcálcatl*[8] Coyohuehuetzin,[9]
ya vinieron a salir los acolhuas
en el gran camino de Tepeyac,
los tenochcas, los tlatelolcas
son rodeados en son de guerra.

Se pone precio a Tenochtitlan,
ya perecen sus hijos, sólo ellos,
el Capitán de jade y Guzmán[10] en México.
Los tenochcas, los tlatelolcas
son rodeados en son de guerra.

Con arcabuces de turquesas
hay truenos, la niebla se tiende,
aprehendieron a Cuauhtémoc.
Por el agua se van los príncipes,
los tenochcas, los tlatelolcas
son rodeados en son de guerra.

[7] *Tlacatéccatl*, alto rango militar.

[8] *Tlacochcálcatl*, otro alto rango militar.

[9] Coyohuehuetzin es un guerrero de Tlatelolco que en más de una ocasión puso en fuga a los españoles.

[10] Numerosos indígenas, consumada la Conquista, recibieron como apellido *Guzmán*. En los *Anales antiguos de México y sus contornos*, al hablar del año 12-Conejo (1530) se dice que entonces entraron en Culhuacán los mexicas, don Pablo Xochiquentzin, Motelchiuhtzin y Guzmán.

Ma xiquilnamiquican tlaxcalteca, tomachhuan
yn iuhqui ticchiuhque Coyonacazco,
neyzoquihuilo yn mexica ye cihua,
ye tepepenalo[e] yn tlacahuaque.
A yc pachiuhtia yyollo
Ximachoctzin, Chimalpaquinitzin,
yn iuhqui oticchiuhque Coyonacazco,
neyzoquihuilo yn mexica ye cihua
ye tepepenalo yn tlacahuaque.

Ye onetzacualoc Acachinanco Tehuexolotzin
a conicihuitia
ynin Tlamemeltzin yn Xicotencatl yn Caxtañeda

Y xihuapoynaca.
Ticahuane,
yn tliNelpilonitzin.
Yn yahue conicihuitia
yni Tlamemeltzin Xicotencatl yn Caxtañeda
Ma ye yhui netle yn chicunahuilhuititica onteaxitilo
yn Coyohuacan yn Cuauhtemoctzin,
yn Cohuanacoch, Tetlepanquequetzatzin,
ye neculilolo yn teteucti.

Quinelaquahuaya a yn Tlacotzin,
ye quimonilhuia:
Tomachhuane, ximochicahuacan,
teocuitlatepozmecatica ya tonilpiloque.
Yn ye neculilolo yn teteuctin.

[e] Se emplea aquí la voz pasiva del verbo *pepena* (escoger) del que
se deriva el nahuatlismo "pepenar".

Recordad, tlaxcaltecas, sobrinos nuestros,
cómo lo hicimos en Coyonacazco,
se enlodaron el rostro las mujeres mexicas,
fueron escogidas por quienes serán sus dueños.
Nunca está satisfecho el corazón
de Ximachoctzin, Chimalpaquinitzin,
como lo hicimos en Coyonacazco,
se enlodaron el rostro las mujeres mexicas,
fueron escogidas por quienes serán sus dueños.

Fue encerrado en Acachinanco Tehuexolotzin,
lo apremian
Tlamemeltzin, Xicohténcatl y Castañeda.[11]

Corred de prisa,
hermanos nuestros menores,
tú, Nepilotzin.
Lo apremia Tlamemeltzin, Xicohténcatl, Castañeda.
En nueve días se hizo llegar
a Coyoacán a Cuauhtémoc,
a Cohuanacochtli, a Tetlepanquetzatzin,
ya son apresados los señores.

Les da ánimo Tlacotzin,
ya les dice:
sobrinos míos, nuestros,
con cuerdas de metal precioso hemos sido atados.
Ya son apresados los señores.

[11] Castañeda, hijo de Aquiyahualcatecuhtli, principal de Tlax-cala.

Quihuallitohua o yn tlatohuani o yn Cuauhtemoctzin:
hua nomatzine
¿can tonanaloc tontzitzquiloc?
¿aquinahuac timotlalia?
Genelal Capitan
ahuae nella doyan[f] Yxapeltzina,
nomactiticatzine,
nella ye necuilolo yn teteuctin.

[f] *Doyan:* "doña". *Ixapeltzin*, Isabel, hija de Motecuhzoma.

Dice el señor Cuauhtémoc:
sobrina mía,
¿Dónde has sido capturada, apresada?
¿Junto a quién te colocas?
Es el Capitán General,
en verdad es doña Isabel,
sobrina mía.
En verdad son capturados los señores.

XVII

LO QUE SIGUIÓ

Introducción

Los templos y palacios, el gran mercado, las escuelas, las casas, todo quedó en ruinas. No pocos sacerdotes, sabios, guerreros y otros muchos, los dioses mismos, perecieron o no se supo más de ellos. Los presagios funestos que Motecuhzoma y algunos otros dijeron haber contemplado, parecieron cumplirse. Podía pensarse que la nación mexica estaba herida de muerte. Pero, ¿es que acaso todo se perdió?

Los testimonios que aquí se incluyen muestran hasta qué grado algunos sacerdotes y sabios sobrevivientes lograron rescatar el doloroso recuerdo, en imágenes y palabras, de la tragedia ocurrida y del heroísmo que había sostenido a su pueblo. Algunos con la palabra evocadora, o en sus xiuhamoxtli, anales con pinturas y signos glíficos

—sus códices—, y otros valiéndose ya del alfabeto adaptado por los frailes para representar los fonemas del náhuatl preservaron la memoria de los aconteceres ominosos, los actos de valor y muerte, su tragedia en fin.

Con el paso del tiempo, en tanto que la mayor parte de los libros sagrados fue reducida a cenizas, algunos ancianos sobrevivientes y luego varios de sus hijos y nietos, que también habían aprendido de los frailes el arte de la escritura alfabética, continuaron produciendo muchos relatos que hablan de su vida cotidiana y la difícil coexistencia con los hombres de Castilla. Redactaron escritos de diversos géneros: peticiones, quejas y demandas de justicia, numerosas cartas, crónicas y a veces compilaciones de tradiciones orales, cantares, poemas, piezas de teatro y también traducciones y adaptaciones de obras originalmente escritas en castellano o latín.

Todas estas expresiones integran una literatura muy rica en la que en ocasiones se mezcla lo indígena con el contenido y estilo de ideas y creencias introducidas por los europeos. Como podía esperarse, tema recurrente, que hasta hoy reaparece en algunas composiciones de nahuas contemporáneos, es el de sus diarios sufrimientos e incesantes confrontaciones. Muchas de estas producciones —las del periodo colonial y otras— se conservan inéditas en diversos archivos. No es raro encontrar allí páginas en las que reaparecen temas en estrecha relación con la Visión de los vencidos, aunque, variadas las circunstancias, cambien también los enfoques. Pero, dado que "Lo que siguió", casi siempre fue adverso a los hijos y nietos de los vencidos, diremos que hasta el presente, la secuencia de los textos mantiene con frecuencia un tono afín. Tan sólo en años *recientes se percibe una luz de esperanza. No es ella regalo. Es palabra y consecuencia de la acción de quienes buscan ser ya dueños de su propio destino.*

Nahuas de noble linaje escriben al rey,
11 de mayo de 1556

Sólo treinta y cinco años después de que los españoles habían tomado la ciudad de México-Tenochtitlan, un número muy significativo de nahuas, sobre todo tetzcocanos y mexicas, además de haber aprendido a leer y escribir en su lengua y en la de Castilla, estaban ya familiarizados con los procedimientos ordenados por la Corona española para presentar quejas, demandas, peticiones y otras formas de documentos. En particular, no pocos de los sobrevivientes de la antigua nobleza, así como algunos de sus descendientes y otros más de entre la gente del pueblo, educados en las escuelas de los frailes, habían desarrollado ya estas capacidades que de pronto supieron aprovechar.

Un hijo de Motecuhzoma, llamado don Pedro Motecuhzoma Tlacahuepantzin, y los gobernadores y jueces nativos de lugares tan importantes como Tlacopan (Tacuba), Iztapalapa y Coyoacán, se reunieron en 1556 para escribir al rey denunciando las muchas ofensas de las que ellos y sus pueblos eran víctimas. Describiendo dramáticamente, tanto en náhuatl como en castellano su situación, ofrecieron una triple imagen de los españoles. Una, la de aquellos con quienes tenían que coexistir; otra la que se habían forjado del rey, que era ya Felipe II, a quien, aunque no conocían, tenían por bueno y justo con sus vasallos, pero del todo le-

227

jano. Finalmente, otra era la imagen que habían concebido
de un fraile dominico, fray Bartolomé de las Casas. Decían
que buscaban a un varón "de toda cristiandad y bondad al
cual recurramos con las cosas que se nos ofrecieren, por-
que muchas de ellas son de tal calidad que requieren sola
vuestra real presencia". Los argumentos exhibidos debieron
impresionar al monarca.

Al muy alto y poderoso Rey y Señor nuestro, don Felipe, rey de España […]
    Muy alto y poderoso Rey y Señor nuestro:
    Los señores y principales de los pueblos de esta
Nueva España, de México y su comarca, vasallos y
siervos de Vuestra Majestad, besamos los reales pies
de Vuestra Majestad y con la debida humildad y acatamiento suplicamos y decimos que, por cuanto estamos muy necesitados del amparo y socorro de Vuestra
Majestad, así nosotros como los que a cargo tenemos,
por los muchos agravios y molestias que recibimos de
los españoles, por estar entre nosotros y nosotros entre
ellos, y porque para el remedio de nuestras necesidades
tenemos muy gran necesidad de una persona que sea
protector nuestro, el cual resida continuamente en esa
real corte, a quien acudamos con ellas y dé a Vuestra
Majestad noticias y relación verdadera de todas ellas,
pues nosotros no podemos por la mucha distancia de
camino que hay de aquí allá, ni tampoco podemos ma-
nifestarlas por escrito, por ser tantas y tan grandes que
sería dar gran molestia a Vuestra Majestad. Por tanto,
pedimos y humildemente suplicamos a Vuestra Majestad nos señale al obispo de Chiapas don fray Bartolomé

de las Casas para que tome este cargo de ser nuestro protector y a él mande Vuestra Majestad que lo acepte.

Y, si acaso fuere que el dicho obispo estuviere impedido por muerte o enfermedad, suplicamos a Vuestra Majestad en tal caso nos señale una de las principales personas de su real corte de toda cristiandad y bondad al cual recurramos con las cosas que se nos ofrecieren, porque muchas de ellas son de tal calidad que requieren sola vuestra real presencia, y de sola ella, después de Dios, esperamos el remedio, porque de otra manera nosotros padecemos cada día tantas necesidades y somos tan agraviados, que en breve tiempo nos acabaremos, según cada día nos vamos consumiendo y acabando, porque nos echan de nuestras tierras y despojan de nuestras haciendas, allende de otros muchos trabajos y tributos personales que de cada día se nos recrecen.

Nuestro Señor la real persona y estado de Vuestra Majestad prospere y guarde como vasallos y siervos lo deseamos. Deste pueblo de Tlacupan, donde todos para esto nos juntamos, a 11 días del mes de mayo, mil quinientos cincuenta y seis años.

Vasallos fieles y siervos de vuestra Real Majestad, don Esteban de Guzmán, juez de México. Don Hernando Pimentel. Don Antonio Cortés. Don Juan de Coyoacán. Don Pedro de Motecuhzoma [y otras firmas].[1]

---

[1] Carta conservada en el Archivo General de Indias, Sevilla, Audiencia de México 168. Publicada y comentada por Miguel León-Portilla en: *Culturas en peligro*, México, Alianza Editorial Mexicana, 1976, pp. 102-103.

Carta del Consejo de Huexotzinco al rey Felipe II,
30 de julio de 1560

Es ésta una petición al rey solicitándole reduzca el monto de tributo impuesto por las autoridades novohispanas. Los autores de la carta eran miembros del Consejo de Huexotzinco, señorío que, antes de la llegada de los españoles, había luchado al lado de Tlaxcala contra la llamada Triple Alianza formada por Tenochtitlan, Tetzcoco y Tlacopan (Tacuba). En Huexotzinco había habido algunos importantes y bien conocidos gobernantes, asimismo poetas, opuestos a la actitud beligerante de sus poderosos vecinos. Este sentimiento parece aflorar todavía en este texto que muestra con ciertos detalles la antigua complejidad política de la región central de México. Se habla de los tlaxcaltecas pero no, como lo harían algunos mexicas, reprochándoles su alianza con Hernán Cortés sino, curiosamente para hacer ver al monarca que mucho más grande ayuda le proporcionaron los huexotzincas.

Hay en esta carta expresiones que podrán sonar a servilismo. En realidad, los huexotzincas no encuentran mejor argumento para liberarse de las cargas impuestas que recordar al monarca sus servicios. Visión de vencidos es ésta que —a pesar de su antigua alianza con los conquistadores— pone de manifiesto su actual situación de desgracia.

Católica Real Majestad:

Señor nuestro, nuestro reverenciado gobernante, tú, rey don Felipe, delante de ti nos inclinamos, ante tu majestad nos postramos y humillamos en tu presencia, señor que gobiernas, admirable y que estás lejos, gracias a quien todo lo puede, el Dador de la vida Dios. No es nuestro merecimiento besar tus pies, solamente desde lejos nos inclinamos ante ti que eres cristiano y mucho agradas a Nuestro Señor Dios. Porque tú eres su imagen aquí en la tierra [...]

Confiamos en ti, delante de Nuestro Señor Dios, que nos puso en tus manos para que nos guardaras y fuéramos tus vasallos y tus servidores. Por razón de Él, el Señor Nuestro Dios, y por tu muy admirable y muy grande majestad, acuérdate de nosotros, ten compasión de nosotros, porque es muy grande nuestra pobreza, nuestra aflicción, las que se han producido aquí en la Nueva España, entre nosotros sus habitantes.

¡Oh señor nuestro, gobernante nuestro reverenciado, tú, rey don Felipe, nuestro señor, con nuestras palabras nos hacemos ver ante ti, nos situamos ante ti, nosotros huexotzincas! Yo, el gobernador, y nosotros los alcaldes y nosotros los regidores, y nosotros los señores y nosotros los nobles, nosotros los señores, nosotros gente tuya, nosotros tus servidores, con grande humildad te imploramos porque la desgracia que ha ocurrido entre nosotros es muy grande; la tristeza, la aflicción que nos oprime. No ha llegado a nosotros tu socorro, tu compasión, no hemos alcanzado a merecerla [...]

En verdad escuchamos y se nos dice que eres muy compasivo para con todos tus vasallos [...] que podamos ahora nosotros merecerlo, alcanzarlo, porque todos los días sobre nosotros se produce la pobreza, la aflicción, por eso gemimos, nos afligimos. ¿A dónde habremos de ir? Nosotros tus pobres vasallos, nosotros huexotzincas, los que vivimos en tu ciudad. Si no estuvieras tan lejos, muchas veces nos presentaríamos ante ti. Aunque mucho queremos y anhelamos acercarnos a tu presencia, no lo podemos hacer, porque somos muy pobres y nada aparece de lo que necesitamos para el camino, ni las embarcaciones, ni lo que habremos de comer, ni cuantas cosas se requieren para que nos acerquemos a tu lado. Por eso, ahora sólo con nuestras palabras nos presentamos ante ti, y en tu presencia exponemos nuestras pobres y tristes palabras. Que tu muy grande cristiandad y muy admirada majestad escuche nuestras tristes voces [...]

Cuando tus servidores españoles se acercaron a nosotros y vino el capitán general don Hernando Cortés, aun cuando no sabíamos de la omnipotente y muy compasiva Santísima Trinidad, Nuestro Dios, el Dueño del cielo, Dueño de la tierra, nos hizo favor y con su compasión nos iluminó para que te perteneciéramos, y nos hiciéramos gente tuya, tus vasallos. Ningún otro pueblo nos sobrepasó en esto aquí en la Nueva España en que primeramente nos arrojáramos ante ti, nos diéramos por ti.

Y también nadie nos amenazó, nadie nos obligó sino que en verdad Dios hizo que mereciéramos, voluntariamente perteneciéramos a ti y así recibiéramos alegres a los recién llegados españoles que se acercaron a nosotros aquí en la Nueva España. Porque, estando aún lejos, dejamos nuestras casas, así salimos, así de lejos fuimos a encontrar, a cincuenta leguas fuimos a saludar a él, al capitán general don Hernando Cortés y a los otros que él guiaba. Los recibimos con alegría, los abrazamos, con lágrimas los saludamos, aun cuando todavía no los conocíamos. Y nuestros padres y nuestros abuelos tampoco los conocían pero, por la misericordia de nuestro señor Dios, en verdad los conocimos. Porque son nuestros semejantes los amamos, no los atacamos. Les dimos de comer, los servimos. Algunos vinieron enfermos, así los llevamos en nuestros brazos, en nuestras espaldas, así los servimos de otras muchas formas que no podemos decir ya aquí.

Aunque aquellos que se llaman, se dicen tlaxcaltecas, que ayudaron, nosotros mucho los presionamos para que ayudaran y nosotros los exhortamos que no hicieran guerra, pero aunque esto les advertimos, sin embargo hicieron guerra [a los españoles] durante quince días. Pero nosotros, cuando estaba afligido un español, siempre en verdad hicimos lo necesario para acercarnos a él. Nosotros no mentimos en esto porque bien lo saben todos los conquistadores, los que ya murieron y algunos que viven ahora.

Y cuando comenzaron su conquista y a hacer guerra, entonces también nosotros bien nos preparamos para ayudarlos, porque de nosotros provinieron los atavíos de guerra, nuestras armas y todas nuestras pertenencias y no sólo nombramos alguno sino que fuimos, nosotros los que gobernamos y también todos nuestros nobles y todos nuestros vasallos, los llevamos para que ayudaran a los españoles […]

Y cuando conquistaron a los mexicas con barcos [bergantines], nosotros los ayudamos, les dimos madera, resina de pino para que hicieran sus barcos los españoles. Y, al conquistar a los mexicas y a cuantos estaban sometidos, nunca los abandonamos, ni tampoco los dejamos atrás. Y cuando fueron a conquistar Michoacán, Xalisco, Culhuacan y allá también en el Pánuco, y allá en Oaxaca, Tehuantepec y Guatemala, aquí en la Nueva España, cuando conquistaron e hicieron guerra, para que terminaran su conquista nunca los abandonamos. Tampoco nunca los dejamos en sus acciones de guerra, aun cuando algunos de los nuestros perecieron, aun cuando de ninguno de nosotros fue nuestro merecimiento, en verdad bien cumplimos con lo que debíamos [...]

Señor nuestro, gobernante nuestro, también delante de ti decimos, hacemos ver que cuando se acercaron a nosotros tus reverenciados padres sacerdotes, los doce hijos de San Francisco a quienes envió el que está muy lejos, el gran señor sacerdote, Santo Padre, y a los que también tú enviaste teniendo compasión de nosotros, para que vinieran a enseñarnos el Evangelio, hacernos conocer la santa fe católica, la fe, para que viniéramos a conocer al Dios único, al Señor Nuestro Jesucristo, a nosotros huexotzincas, a los habitantes de tu ciudad, de igual manera tuvo compasión Dios, nos iluminó para que los recibiéramos con alegría.

Ahora, por ello y gracias a Dios, escucha estas nuestras palabras, todo lo que delante de ti manifestamos, decimos, para que te apiades de nosotros, para que ejercites tu poder, tu mando, nos consueles y ayudes en cada día que lloramos, nos afligimos. Estamos muy afligidos, oprimidos y como si fuera a hacerse pedazos, a desaparecer tu ciudad de Huexotzinco. He aquí lo que nos está ocurriendo ahora. Sobre nosotros han impuesto tus tesoreros, oficiales y tu fiscal, doctor Maldonado, un muy gran tributo que corresponderá a ti, es catorce mil ochocientos pesos, y también fanegas de maíz que habrá de ser lo que tenemos que entregar.

Señor nuestro, nuestro gobernante, antes nunca ocurrió así con nosotros, en todo el tiempo que vinieron a acercarse a nosotros tus servidores, tus vasallos españoles, porque en verdad tu servidor don Hernando Cortés, capitán general, Marqués del Valle, en todo el tiempo que aquí vivió junto a nosotros, siempre nos mostró amor, nos dio alegría, nunca nos perturbó, nos agitó. Aun cuando le dábamos tributo, siempre lo pidió con moderación, aun cuando dábamos oro, aunque era poco [...] Muchas veces nos decía que delante de ti hablaría, nos ayudaría, haría saber de cuántas formas te servimos, te ayudamos. Cuando él fue ante ti entonces tú lo confirmaste y le hiciste mercedes, lo honraste y lo premiaste por la manera en que te sirvió a ti, en la Nueva España. ¿Pero, acaso delante de ti se olvidó de nosotros? ¿De qué manera lo habremos de decir porque nosotros no podemos acercarnos, no podemos hacernos oír de ti? ¿Quién en verdad entonces hablará por nosotros?

Y cuando tú enviaste a tu representante, el presidente, obispo don Sebastián Ramírez [de Fuenleal], a los oidores, licenciado Salmerón, licenciados Ceynos, Quiroga, Maldonado, ellos sostuvieron las órdenes que tú diste para nosotros, hombres en la Nueva España los habitantes de ella. En muchas cosas ellos nos ayudaron, aligeraron el gran tributo que teníamos y en otras muchas cosas que eran nuestros servicios nos los disminuyeron, nos los perdonaron [...]

Pero ahora, mucho cambia, se nos aflige y decimos, ¿acaso hemos hecho algo malo, nos hemos portado mal contigo, tú señor nuestro, tú el que nos gobierna o acaso contra Él, Dios omnipotente? Si hemos pecado contra Él, acaso has escuchado acerca de nuestras maldades y por eso ahora sobre nosotros cae un tributo siete veces más grande que el que pagábamos antes, aquel que era de dos mil pesos.

Y ahora decimos delante de ti que no pasará mucho tiempo para que perezca por completo y se destruya tu ciudad de Huexotzinco, porque no sabía de tributo ni lo daban a nadie nuestros padres, nuestros abuelos, los antepasados, porque no dependían de nadie [...]

Oh señor nuestro, tú que nos gobiernas, tú rey, en verdad nosotros confiamos en ti y en Dios que vive en el cielo, el Dios único. Confiamos en ti como en nuestro padre. Apiádate de nosotros, compadécete de nosotros. Sobre todo acuérdate de aquellos que viven entre los pastizales en los bosques, aquellos que nos causan llanto y lástima. En verdad vivimos en una pobreza igual que la de ellos, bien delante de ti aquí estamos, porque así hablamos delante de ti para que no después te irrites contra nosotros, cuando hayan perecido, se hayan arruinado todos tus vasallos. Ya termina aquí nuestra palabra de tristeza.

Y en verdad son muchas las cosas que afligen, que oprimen a tu ciudad Huexotzinco, las que no podemos describir [...] Esta carta se hizo en la ciudad de Huexotzinco el día 30 del mes de julio, en el año del nacimiento de Nuestro Señor Jesucristo, de 1560.

Don Leonardo Ramírez, gobernador. Don Mateo de

la Corona, alcalde. Don Diego Alameda, alcalde. Don Felipe de Mendoza, alcalde [siguen otras firmas].[2]

Una de muchas denuncias, agosto de 1595

Además de escritos, como los que hemos visto, de prominentes personajes nahuas, dirigidos al soberano español, se conservan, también de los siglos coloniales, numerosas cartas, denuncias, quejas y peticiones de gente del pueblo, remitidas a autoridades de menor rango, visitadores, alcaldes y otros. Esta copiosa documentación —conservada en el Archivo General de la Nación, en México y en los de no pocos pueblos, así como en repositorios de España y otros lugares— hace oír la palabra indígena. Revela cuáles eran los sufrimientos que afligían a los macehualtin, *la gente del común.*

Al redactar testimonios como éste, los escribanos indígenas que ejercían su oficio en muchos lugares del país, solían recrear los diálogos de quienes habían sido parte en el asunto que constituía el tema del escrito.

Aquí se presenta la denuncia que hizo en agosto de 1595 un Miguel Hernández, de Chiyauhtzinco, ante el sacerdote visitador Alonso Ruiz, que se encontraba en Huamuxtitan (Huamuxtitlan) en el actual estado de Guerrero. El asunto sobre el que versa la denuncia está tipificado en el derecho canónico como "solicitación al administrar el sacramento

[2] Carta conservada en el Archivo Histórico Nacional, Madrid, documento 165. Fue publicada en versión al inglés por Arthur J. O. Anderson *et al.*, en *Beyond the Codices: The Nahua View of Colonial Mexico*, Berkeley, University of California Press, 1976, pp. 181-187.

de la confesión". El caso fue que un clérigo llamado Bartolomé López, cura de Chiyauhtzinco, había incitado a la
mujer del agraviado, Miguel Hernández, a que acudiera
a dormir con él a cambio de dinero y ropa. En el Archivo
General de la Nación hay no pocos documentos como éste
que dejan ver, tal vez para sorpresa de algunos, la defensa que aprendieron a hacer los vencidos de sus derechos,
hasta obtener se hiciera justicia en su favor.

Muy respetado señor:

Yo, Miguel Hernández, que tengo mi casa en Chiyauhtzinco, con respeto me presento ante ti, hago llegar mi petición a ti, mi muy respetado y reverenciado
señor, señor doctor don Alonso Roiz, visitador, que
aquí estás en el pueblo de Quamochtitla.

Y ahora delante de ti me inclino, me pongo de rodillas, voy al encuentro de tu mano de señor, porque
nuestro sacerdote, Bartolomé López, cuando confesaba a mi mujer, no la confesaba, sino que allí la provo-
caba a pecar.

Le dijo: Hija mía, habrás de dejar por la noche a tu
marido. En seguida le dijo mi mujer: Padre, ¿cómo habré de dejarlo, porque es un hombre fiero? Pero él luego
le dijo: Hija mía, no tengas miedo de que él te haga
algo, de que él averigüe acerca de ti. En verdad, si acaso
conmigo pecas, te daré tomines [dinero] y tu camisa y
tus faldas. Y si él, tu marido, te maltrata, yo luego iré
a dejarte en Cuetlachcoapan [la ciudad de Puebla], al
lado de mis parientes. En verdad, allí tú estarás conten-
ta al lado de ellos. Pero luego mi mujer le dijo: Padre,
allí me buscará, porque es muy fiero mi marido. [Él le

respondió]: Hija mía, no te aflijas, porque entonces yo habré de golpear a tu marido, no te aflijas.

Pero, tú señor, tú nuestro reverenciado señor sacerdote, si tú no vigilas, ¿cómo, aquí, junto a él, mantendré [a mi mujer]? Si tú no lo haces salir del pueblo, ¿cómo, junto a él, mantendré a mi mujer? Hace ya seis años que comenzó [el padre Bartolomé López] a incitarla a que pecara con él. Hace ya dos años que la hizo azotar a mi mujer, porque ella no consentía.

Pero, mi reverenciado señor sacerdote, tú, el que no desea ser alabado, el que dijo allí, cuando confesaba a la gente, al lado del altar, el que dijo: Hijo, que se levante mi bastón para corregir, pero no temas, él habrá de levantarse [para corregir]. En verdad mi amigo es la gente del pueblo. ¿Acaso me envanezco porque no tengo la cabeza encrespada? Porque sólo soy vuestro amigo.

Así yo sólo a él: yo a ti te importuno, noble señor, señor que gobiernas, para que apliques tu justicia, porque él [Bartolomé López] mucho nos aflige, a nosotros los hombres del pueblo. Compadécete de nosotros, porque para esto tú has venido, para ayudarnos has venido. Así yo pido justicia delante de ti.

Miguel Hernández[3]

El rescate de la memoria

A fines ya del siglo XVI y principios del siguiente hubo en la región central de México un renacer historiográfico,

---

[3] Archivo General de la Nación, México, Ramo de Inquisición, volumen 146, expediente 5.

logrado por hombres que bien merecen el calificativo de distinguidos investigadores nahuas. Sobresalen entre ellos Hernando Alvarado Tezozómoc [c.1526-c.1610], Cristóbal del Castillo [c.1526-1604], Chimalpain Cuauhtlehuanitzin [1570-c.1640] y Fernando de Alva Ixtlilxóchitl [c.1578-1650]. Este último, aunque tenía ancestros españoles, se preció siempre de su linaje tetzcocano.

Todos ellos inquirieron en las mejores fuentes a su alcance: algunos códices con pinturas y signos glíficos, así como en los testimonios de ancianos sobrevivientes, cuyos nombres consignaron en varios casos. Rasgo común en lo que escribieron sobre el pasado de sus respectivos pueblos y señoríos —México-Tenochtitlan, Chalco-Amecameca y Tetzcoco— fue el amor que demuestran por ellos y el afán de preservar el recuerdo de su historia.

Lejos de asumir posturas de resentimiento por cuanto ocurrió a sus pueblos, consideran que lo más importante es reconstruir su identidad con sólido fundamento histórico. Siendo plenamente conscientes del drama de los vencidos, se propusieron restañar sus heridas mostrando a sus descendientes que provenían de gentes que fueron grandes creadores de cultura. Como muestra de estos rescates de la memoria, se ofrece una parte del principio de la Crónica mexicáyotl por Hernando Alvarado Tezozómoc:

Aquí se dice, se refiere cómo llegaron, entraron los ancianos, los nombrados teochichimecas, gentes de Aztlan, los mexicas cuando vinieron a buscar tierras, a merecerlas, aquí en la gran ciudad de México-Tenochtitlan, lugar de su fama, su dechado, el lugar donde se halla el tenochtli, el tunal silvestre, dentro del agua, donde el águila se yergue, donde ella grazna, donde se extiende, donde devora, donde es desgarrada la serpiente, donde nada el pez, en el agua azul, el agua amarilla, el lugar del encuentro, donde el agua hace espuma, dentro de los carrizales, los tulares, el lugar de reunión, donde se aguarda a gentes de los cuatro rumbos del mundo [...]

He aquí, aquí comienza, aquí se verá, está puesta por escrito la relación de su renombre, el relato, la historia del origen [...]

Así lo vinieron a decir, lo vinieron a asentar en su relato, y para nosotros lo vinieron a dejar en sus papeles los ancianos, las ancianas. Eran nuestros abuelos, nuestras abuelas, nuestros bisabuelos, nuestras bisabuelas, nuestros tatarabuelos, nuestros antepasados. Se repitió como un discurso su relato, nos lo dejaron y vinieron a legarlo a quienes ahora vivimos, a los que salimos de ellos. Nunca se perderá, nunca se olvidará lo que vinieron a hacer, lo que vinieron a asentar, su tinta negra, su tinta roja, su renombre, su historia, su recuerdo.

Así en el porvenir jamás perecerá, jamás se olvidará, siempre lo guardaremos nosotros, hijos de ellos, nietos, hermanos menores, tataranietos, bisnietos, descendientes, su sangre, su color. Lo vamos a decir, a comunicar a quienes habrán de vivir, habrán de nacer, los hijos de los mexicas, los hijos de los tenochcas.[4]

[4] Hernando Alvarado Tezozómoc, *Crónica mexicáyotl*, edición de Adrián León, México, UNAM, Instituto de Investigaciones Históricas, 1998, pp. 3-5.

La lucha en defensa de las tierras

A las muchas desgracias que afligieron a los vencidos —como la sujeción a sus nuevos señores, encomiendas y tributos— se sumaron las frecuentes pestilencias que provocaron una pavorosa disminución demográfica entre los indígenas. Sólo a partir del último tercio del siglo XVII comenzó a producirse una cierta recuperación poblacional. Ella trajo consigo la apremiante urgencia de poder exhibir títulos de propiedad que ampararan el derecho a las tierras ancestrales.

Para responder a dicha necesidad los nahuas produjeron entonces una relativamente copiosa documentación que presentaron en los litigios a que dieron lugar sus requerimientos. En no pocos casos se elaboraron códices o manuscritos de estilo indígena, con pinturas, glifos y también con texto en náhuatl valiéndose del alfabeto. Dichos códices son designados como del "grupo Techialoyan", en razón de que el primero que se descubrió procedía del pueblo de tal nombre en el Estado de México.

Otros textos se elaboraron también por ese tiempo con parecidos propósitos. Casi todos se presentaron como portadores de testimonios cercanos a los años de la Conquista que legitimaban la posesión de las tierras de la comunidad. Aquí se reproduce uno de esos escritos. En él aparece hablando un señor principal, que establece a su pueblo, consumada la Conquista, en el lugar que hoy se conoce como Santo Tomás Ajusco. La reconstrucción de lo que, hacia 1710, pudo recordarse o se pensó eran las palabras de los que, huyendo de males, allí se habían asentado, incluye expresiones de considerable dramatismo.

Mis queridos hijos:

Hoy el segundo día de Tóxcatl [una de las veintenas de días] de 1531, que pertenece al único y verdadero Dios que está en el cielo y en la tierra y por todas partes en el mundo, mis queridos hijos, sabed que por todas partes se afligen todos los señores de los pueblos y también sabed qué es lo que han hecho y siguen haciendo los blancos hombres de Castilla. Es conocido cómo atormentan a los reverenciados señores, los que tienen a su cargo los pueblos, los que tienen el bastón de mando.

Es sabido cómo los atormentan porque les piden sus riquezas, porque no les dan todo el metal amarillo y también sus piedras preciosas. Es bien conocido cómo les arrebatan sus mujeres y también sus estimadas hijas doncellas. No están satisfechos sino sólo con el oro y las piedras preciosas. Se burlan de las mujeres de los señores. No están satisfechos sino cuando queman a los señores, como al muy grande y reverenciado Señor de Michoacán, el muy grande Caltzontzin. Y así lo hicieron también con otros señores que tenían a su cargo a los pueblos, los que mandaban allá en Xalapan, Tlaxcalan, Tehuantepec, Oaxaca y también con los señores de otros pueblos a donde se acercaron los envidiosos, hambrientos de oro, que se llaman cristianos […]

¡Cuánta sangre se derramó, era la sangre de nuestros padres! ¿Y para qué? ¿Para qué se hizo así? Sabed porque sólo ellos quieren ser los que gobernarán, porque están hambrientos de oro, de las propiedades de los otros, porque quieren tenerlos debajo de sus pies […]

Allá en Anáhuac, en México, bien se sabe que a Cortés, hombre de Castilla, allá en Castilla le fue dado poder para que viniera. Es él quien hace poco se nombra Marqués del Valle. Según se dice, se refiere que secretamente este señor Marqués vendrá a adueñarse de nuestras tierras y a nosotros nos impondrá el trabajo de la tierra, que las dará a pueblos distintos. ¿Y ahora a nosotros a dónde nos arrojará? ¿En dónde nos colocará? Una muy grande tristeza nos aflige. ¿Qué haremos, hijos míos?

Mi corazón se fortalece, y acuerdo establecer aquí en la falda del monte Axoxco, Xaltícpac, sobre la arena porque, sólo desde abajo hasta aquí es el lugar de los hombres de Axoxco. De allá abajo hacia arriba, esta tierra es nuestra; nos la dejaron nuestros abuelos. Era su propiedad en tiempos antiguos.

Y me acuerdo, fundaré aquí un pequeño templo en donde le haremos su casa al nuevo Dios, el que nos han dado los hombres de Castilla, el nuevo Dios que ellos quieren adoremos. ¿Qué haremos hijos míos? Conviene que mojemos nuestras cabezas [que nos bauticemos], entreguémonos a los hombres de Castilla, así tal vez no nos maten. Sólo aquí permanezcamos, no vayamos más allá, no entremos más allá, para que no nos maten. ¡Que el verdadero Dios nos ayude a vivir al lado de la gente de Castilla y no muramos a sus manos!

Para que no muramos a sus manos, no disfrutemos de todas nuestras tierras. Reduciremos nuestros linderos y lo que queda que lo defiendan nuestros padres, los señores que mandan en Tlalpan, Topilco, Totoltepec, Atícpac, Tepetícpac y Xalatlaco. Para que no nos maten, mi voluntad es que todos nos bauticemos y adoremos al nuevo Dios, porque yo lo he calificado que es el mismo que ha de ser nuestro. Luego ahora corto y reduzco nuestras tierras, que ha de ser mi voluntad se empiecen nuestros límites por donde sale el sol y empezarán por donde llaman Tzitecomatitlan [...]

Yo pienso que por esta poquita tierra quizá no nos matarán. Qué importa si fue más grande la que conocíamos, pero ahora ya no es mi voluntad. Solamente porque no quiero que mis hijos sean muertos que sea no más esta poquita tierra. Sobre ella muramos nosotros y también nuestros hijos detrás de nosotros. Sólo esta tierra defendamos. A ver si por esto no nos matan. Óiganme, respóndanme hijos míos.[5]

La danza de la gran Conquista

De variadas formas los pueblos nahuas siguieron dando salida a sus recuerdos sobre lo que ocurrió a sus abuelos y antepasados en el encuentro con los hombres de Castilla. Una forma, de gran resonancia popular, fue a través de representaciones escenificadas con acompañamiento de música y danza. Existe, y ha sido objeto de estudio, el que suele llamarse "teatro de la Conquista".

[5] Testimonio de la fundación de Santo Tomás Ajusco, Archivo General de la Nación, México, Ramo de Tierras, volumen 2676, expediente 4 y Archivo Histórico de la Biblioteca Nacional de Antropología, Colección Antigua, volumen 254, fojas 259 r.-260 v. El documento fue publicado con breve introducción por Marcelo Díaz de Salas y Luis Reyes García en *Tlalocan, Revista de fuentes para el conocimiento de las culturas indígenas de México,* vol. VI, 1970, núm. 3, pp. 193-212.

Una muestra de estas composiciones se siguió representando en náhuatl hasta fines del siglo XIX en el pueblo de Xicontepec (Villa Juárez) en el estado de Puebla. En la plaza principal del pueblo aparecían Cortés y Motecuhzoma teniendo a Malintzin como intérprete. Si bien los parlamentos en náhuatl dejan entrever la intervención de algún fraile en su composición, hay una parte que denota la admiración de los indígenas por Cuauhtémoc que también entra en escena.

Es cierto que en esta pieza teatral hay obvios anacronismos, como el que Cuauhtémoc llame a Motecuhzoma "Emperador, gran señor, monarca, como eres llamado aquí en la tierra que se nombra América". No faltan tampoco aconteceres ficticios como el de un mortal combate entre Motecuhzoma y Cuauhtémoc en el que éste pierde la vida. De cualquier forma son elocuentes para los oídos nahuas las palabras de duro reproche y desprecio que dirige éste a Motecuhzoma por su actitud de sumisión ante Cortés. Éstas son las palabras atribuidas a Cuauhtémoc:

Emperador Motecuhzoma, gran señor, monarca, como eres llamado aquí en la tierra que se nombra América. Impropiamente eres llamado así porque ya no debes seguir llevando la corona, porque tú has perdido el valor y tienes miedo [...] ¿Dime, si te atreves a hablar a esta gran ciudad? ¿Puedes darles algo a estos [los hombres de Castilla] que están abajo y fuera del país del que han venido?

Han llegado para burlarse de ti. Todos los que han venido aquí son españoles de bajo rango, que se han perdido, que vienen a decirte que en su país hay grandes ciudades, que hablan de otro rey que está a la cabeza del Imperio de Castilla, el nombrado Carlos V, y de una religión católica.

Ésas son meras historias, mentiras. Yo no creo en otros libros, aparte de los nuestros. Pienso que las palabras de estos extranjeros son sólo como sueños. Tú no tienes valor, pero yo sí lo tengo y voy a hacerles guerra y a poner a prueba la fuerza que dicen tener. Lo voy a ver y muchas artes que causan miedo habrán de practicarse. Allí están los pedernales, las flechas, las piedras. Los pedernales que llevarán consigo quienes marchen a la guerra, guerreros dignos de ser temidos, también chichimecas, como bestias salvajes que mantienen su bravura. Ellos hacen que confiemos ante nuestros dioses, ellos me dan gran conocimiento y saber. Yo seré su capitán. Yo les daré valor, a todos los que vengan juntos y sus ejércitos mostrarán todas las formas de guerra.

Tú perderás tu reino, tu corona y tu cetro. Tú perderás toda la estimación que te tenía porque ya te has entregado. Yo te buscaré en tu reino y tú sufrirás a estos perdidos que están aquí presentes, estos bandidos españoles, que han venido a presentarse. Vienen ellos a engañarte porque ya no mereces continuar teniendo el mando, el gobierno.

Lo merezco yo. Me pertenece porque soy fuerte de corazón, valiente. No quiero que la honra de los dioses venga a parar en nada. Tú verás, experimentarás, quién es el que se llama a sí mismo, el que es nombrado príncipe Cuauhtémoc. Tengo en mis manos fuego, estrépito, relámpagos y rayos, humo, arena, polvo, vientos, remolinos con los que yo los haré retroceder. Si no quieren morir ellos, déjalos que regresen a su país. Pero si no aceptan, perecerán sin que importe lo que tú hagas para tratar de impedirlo.[6]

Los manifiestos de Emiliano Zapata, abril de 1918

Hubo indígenas de lengua náhuatl y otros de diversos lugares del país, entre ellos yaquis de Sonora y mayas de Yucatán, que participaron en la Revolución Mexicana de 1910-1919. Emiliano Zapata, figura carismática y gran luchador en favor de los campesinos sin tierra, atrajo a buen número de nahuas y otros que también se sumaron a sus filas. Sin ser él un indio sino un mestizo, nacido en Aneneculco, un pequeño pueblo de Morelos, conocía el náhuatl y la mentalidad indígena.

Su lucha pareció a algunos un levantamiento nativista y causó tal alarma que un prominente diputado de ideas conservadoras, José María Lozano, dio la voz de alarma: "Tras la aparente calma de Emiliano Zapata, el Atila se sublevó [...] Es el libertador del esclavo, es el prometedor de riquezas para todos, ya no está aislado [...] ha ofrecido reparto de tierras y la prédica ya empieza a dar sus frutos [...] los indios se han rebelado".[7]

[6] Una copia con el texto en náhuatl de esta "Danza" fue transcrita por la etnóloga Bodil Christensen en Xiuhtepec, estado de Puebla, y publicada por Byron McAfee en *Tlalocan, Revista de fuentes para el conocimiento de las culturas indígenas de México*, vol. III, 1952, núm. 3, pp. 246-273.

[7] Del discurso de José María Lozano, transcrito por Gildardo Magaña en *Emiliano Zapata y el agrarismo en México*, México, 1937, p. 30.

Existen varios testimonios que describen la alegría que sentían los nahuas al escuchar a Zapata que se dirigía a ellos en su lengua, la que conocía desde niño pues muchos la hablaban en su pueblo natal. Doña Luz Jiménez, cuyas palabras quedaron recogidas en el libro De Porfirio Díaz a Zapata. Memoria náhuatl de Milpa Alta, recuerda así la llegada de Emiliano al pueblo de Milpa Alta:

> Lo primero que supimos de la revolución fue que un día llegó un gran señor, Zapata, de Morelos. Y se distinguía por su buen traje. Traía sombrero ancho y fue el primer gran hombre que nos habló en mexicano [...] Todos estos hombres hablaban mexicano casi igual que nosotros. También el señor Zapata hablaba el mexicano. Cuando todos estos hombres entraron a Milpa Alta se les entendía.[8]

Después de varios años de lucha y hallándose al frente de un ejército muy diezmado, Zapata intentó aumentar sus fuerzas expidiendo dos manifiestos en náhuatl el 27 de abril de 1918. En uno invitó a indígenas tlaxcaltecas que anteriormente habían seguido a Domingo Arenas, a pasarse a su lado. En el otro buscó atraerse a todas las gentes que vivían en poblaciones cercanas. Estos manifiestos constituyen uno de los últimos documentos públicos en náhuatl en los que, de nuevo, las imágenes de los vencidos y de quienes abusan del poder aparecen vívidamente pintadas. He aquí lo que manifestó Zapata en su primer manifiesto:

[8] Testimonio de doña Luz Jiménez en Fernando Horcasitas (editor y traductor), *De Porfirio Díaz a Zapata. Memoria náhuatl de Milpa Alta*, México, UNAM, Instituto de Investigaciones Históricas, 1974, p. 105.

A VOSOTROS JEFES, OFICIALES Y SOLDADOS
DE LA DIVISIÓN ARENAS

Lo que todos nosotros esperábamos, ya lo hemos visto ahora, aquello que sucedería ahora o mañana: que vosotros os dividiríais de aquellos a quienes engendra Venustiano Carranza. Nunca os favorecieron ellos, ni os quisieron. Os pusieron muchos engaños y envidias. Bien visteis así cómo no os estimaron como a hombres; querían heriros, que no tuvierais honra, haceros a un lado. Ellos nunca os mostraron comportamiento humano y respetuoso. Nunca hubo en esos hombres comprensión adecuada, de afecto por otros, de estimación, en forma voluntaria, de un comportamiento propio de humanos, que proviene de lo humano, en cualquier cosa perteneciente a otros y en cualquier trabajo que alguien realizara. Dar vuelta el rostro contra el mal gobernante, os honra y borra el recuerdo de vuestra falta.

Nosotros que esperamos que logréis los principios por los que se lucha y la unidad de todos nosotros, los que nos apretamos junto a una bandera, para que se haga grande la unidad de corazones, la que nunca podrán destruir esos burladores de la gente y todos aquellos a los que engendra y enluta el carrancismo, nosotros, con todo nuestro corazón, sabemos olvidar la antigua separación; os invitamos a todos, y a quien quisiera de vosotros, para que os contéis al lado de nuestra bandera, porque ella pertenece al pueblo, y a nuestro lado trabajéis por la unidad de la lucha. Ello, ahora y ahora, es así el gran trabajo que haremos ante nuestra madrecita la tierra, la que se dice la patria.

Combatamos al que está allí, el hombre no bueno, Carranza, que ha sido para todos nosotros atormentador; fortalezcamos nuestra unión y así lograremos ese gran mandato, los principios de tierra, libertad y justicia; que cumplamos nuestro trabajo de revolucionarios decididos y sepamos lo que hemos de hacer, eso que es grande, en favor de nuestra madrecita la tierra, a vosotros invita el Cuartel General del Ejército Libertador.

Por ello hago esta palabra mandato y todos los que se apeguen a nuestra lucha, quienes quiera que sean, gozarán de una vida recta y buena. En ello va nuestra palabra de honra, de hombres buenos y de buenos revolucionarios.

Reforma, Libertad, Justicia y Ley
Cuartel General Tlaltizapán, Mor.,
a 27 de abril de 1918
El General en Jefe del Ejército Libertador
Emiliano Zapata/f.

Nota: Rogamos a aquel en cuya mano caiga este manifiesto que lo haga pasar a todos los hombres de esos pueblos.[9]

---

[9] "Manifiesto a los pueblos indígenas comprendidos en la zona de operaciones de la División Arenas, *27 de abril, 1918*", Archivo Zapata, conservado en la Universidad Nacional Autónoma de México, expediente 29. El texto en náhuatl de éste y el otro manifiesto son objeto de comentario en Miguel León-Portilla, *Los manifiestos en náhuatl de Emiliano Zapata*, México, UNAM, Instituto de Investigaciones Históricas, 1978.

Los nahuas y los "coyotes" en la actualidad

Los nahuas perduran en México. En contra de lo que algunos habían pensado o aun deseado, la resistencia indígena después de siglos de adversidad ha hecho posible el renacer de un pueblo con una larga historia cultural. Hay más de cuarenta millones de indígenas en las Américas y cerca de dos millones de nahuas. El esfuerzo intelectual de un número creciente de ellos ha hecho posible el nacimiento de una nueva literatura, atinadamente llamada Yancuic Tlahtolli, "Nueva Palabra".

Entre los escritores nahuas contemporáneos hay algunos que son maestros que enseñan en comunidades rurales; también los hay que son periodistas, estudiantes en la universidad y profesionales de diversas disciplinas. Algunos dominan a la perfección su lengua. También están familiarizados con las creaciones de poetas prehispánicos como Nezahualcóyotl, al igual que conocen antiguos relatos, como los que integran esta visión de los vencidos.

Uno de los autores nahuas, Joel Martínez Hernández, nacido en la Huasteca (Hidalgo), de profesión maestro, ha expresado en náhuatl su pensamiento acerca del presente y el futuro de su pueblo. Conjuntamente ofrece una imagen de lo que él y otros llaman "coyotes", refiriéndose a voraces individuos que tratan de apoderarse de lo poco que lograron conservar los indígenas.

Algunos coyotes [hombres voraces no indígenas]
dicen que los macehuales [los de la gente del pueblo]
desapareceremos,
que los macehuales nos extinguiremos,

que nuestro idioma no se escuchará más,
nuestro idioma no se usará más.
Los coyotes con esto internamente se alegran,
los coyotes esto es lo que buscan.
¿Por qué es así, por qué causa
buscan que desaparezcamos?

No es necesario pensar mucho,
cuatrocientos años nos han enseñado
cuál es el deseo del coyote.
Al coyote se le antoja nuestra tierra,
se le antojan nuestros bosques,
nuestros ríos, nuestra fatiga,
se le antoja nuestro sudor.
El coyote quiere que vivamos
en los arrabales de las grandes ciudades,
que por allí vivamos desnudos,
muramos de hambre,
que por allí nos hagan objeto de sus engaños,
nos hagan objeto de sus juegos.
El coyote desea convertirnos en sus asalariados
por esto desea que abandonemos
nuestras tierras comunales,
nuestros trabajos comunales,
nuestras ocupaciones de gente del pueblo,
nuestro propio idioma […]

¿Qué es lo que haremos los macehuales,
gente del pueblo?
¿Nos abandonaremos sin luchar?
Es necesario que una o dos palabras
pongamos en nuestro corazón,
que internamente digamos,
que la luz llegue a nuestros ojos,
que vivamos en plena conciencia.

Varias tareas tenemos que afrontar.
Por ahora sólo unas cortas palabras diremos,
unas palabras a sus oídos diremos.

Nosotros los macehuales
no estamos en un solo lugar,
estamos dispersos, estamos regados,
los de habla náhuatl en dieciséis estados,
estamos en ochocientos ocho municipios.
Por esto es necesario entender
que no sólo en nuestro rancho,
que no sólo en nuestro municipio estamos.
Nosotros los macehuales estamos por todas partes
de estas tierras de México [...]
Por esto bien podemos decir,
aunque quisieran que desaparezcamos,
los macehuales no nos extinguimos.
Los macehuales crecemos, vamos en aumento.[10]

*Los nahuas, vencidos y oprimidos durante siglos, han creci-
do ciertamente en número y, al igual que otros pueblos indígenas, son conscientes del derecho que tienen a preservar
su propia lengua y cultura, incluso su autonomía. Con esta
convicción, reflexionan sobre lo que ha de ser su destino.
Los "otros", imaginados y descritos en varias formas desde los días de la invasión española, deben ya enterarse de
lo que ellos piensan. Su posición no es ya pedir concesiones
o regalos. Como otros amerindios, al sur y al norte de este
continente, hacen oír su voz expresando demandas que en
el fondo se dirigen a terminar con la exclusión de que han*

[10] Joel Martínez Hernández "¿Quesqui nahuamacehualme tiiz-
toqueh?", en *Nahua Macehualpaquilistli* [Alegría nahua], México,
1983, pp. 4-9.

sido víctimas. Saben que, para hacerse dueños de su propio destino, han de confiar en sí mismos. Un poeta nahua, Natalio Hernández Xocoyotzin, nativo de Naranja Dulce, Veracruz, ha expresado bellamente esta idea. He aquí su poema:

Necesitamos caminar solos

Algunas veces siento que los indios
esperamos la llegada de un hombre
que todo lo puede,
que todo lo sabe,
que nos puede ayudar a resolver
todos nuestros problemas.

Sin embargo, ese hombre que todo lo puede
y que todo lo sabe
nunca llegará;
porque vive en nosotros,
se encuentra en nosotros
camina con nosotros;
aún duerme,
pero ya está despertando.[11]

Dardos rotos, red hecha de agujeros, ¿fue todo un sueño? ¿La palabra y la triste realidad del pueblo fueron, como lo dijo un antiguo forjador de cantos, tan sólo "como las flores que se secaron"? Los nahuas saben que quien habrá de ayu-

[11] Natalio Hernández Xocoyotzin, *Cempoalxóchitl, Veinte flores, una sola flor*, edición bilingüe, prólogo de Miguel León-Portilla, México, UNAM, Instituto de Investigaciones Históricas, 1987, pp. 30-31.

darlos existe en ellos mismos, está despertando y comunica su fuerza al corazón mismo del pueblo. La significación de esto puede parecer nueva, pero si se presta atención a las palabras, podrá percibirse en ellas la antigua sabiduría de los abuelos nahuas:

No acabarán mis flores,
no cesarán mis cantos,
yo cantor los elevo.
Se difunden, se esparcen
y aunque parezca que amarillecen
vivirán en el interior de la casa
del Ave de plumas preciosas.[12]

[12] *Cantares mexicanos*, manuscrito 1628 bis, folio 16 v., Biblioteca Nacional de México.

Evolución cultural del México antiguo

El esplendor mexica que contemplaron los conquistadores no fue, como es obvio, resultado de generación
espontánea. Constituía en realidad, el último eslabón
de una larga secuencia cultural, que se remonta a tiempos muy antiguos, anteriores a la era cristiana.

Para hacer comprensible la evolución cultural prehispánica, ensayaremos un rápido recorrido, a través
de los milenios del México antiguo, correlacionándo-
los con hechos bien conocidos en la historia del Viejo
Mundo.

Ante todo hay que recordar que, mientras la presencia del hombre en la Tierra tiene por lo menos medio millón de años, la llegada de los primeros seres humanos al continente americano parece haber ocurrido
tan sólo hace algo más de treinta mil años. El hombre
en el Valle de México es todavía más reciente, ya que
el fósil humano más antiguo, encontrado en Tepexpan,
cerca de las pirámides de Teotihuacan, parece remon-
tarse a unos diez mil años aproximadamente.

La aparición de formas de cultura superior en América es igualmente más tardía que en el Viejo Mundo.
Mientras en Egipto y Mesopotamia hubo ya centros

urbanos desde el milenio IV a.C., en Mesoamérica las más antiguas ciudades —como Teotihuacan en el altiplano central— datan de tiempos cercanos a los comienzos de la era cristiana.

Los más antiguos restos arquitectónicos, que indican la presencia de centros ceremoniales en el México prehispánico, datan probablemente de más de mil años a.C., es decir que son anteriores a los reinados de David y Salomón en Israel y al nacimiento del gran rapsoda Homero en el ámbito de Grecia. Al parecer, el más importante fermento de cultura superior precolombina se localiza en las costas del Golfo de México, donde aparecieron extraordinarios artífices y de donde proceden los más antiguos monumentos en piedra, anteriores a la era cristiana. Esos misteriosos creadores de cultura de la región del Golfo, que a falta de nombre mejor, han sido llamados "los olmecas", palabra que quiere decir en lengua náhuatl, "gente de la región del hule", iban a influenciar posteriormente con su arte, sus técnicas y sus ideas religiosas a otros numerosos grupos. Pronto se dejarían sentir las consecuencias de ese influjo cultural. Entre otras cosas, en el centro que hoy se conoce como de Monte Albán, en Oaxaca, se inició un extraordinario florecimiento. Ahí se conservan algunas de las más tempranas inscripciones mesoamericanas: el conjunto de signos jeroglíficos que se ve en las llamadas "estelas de los danzantes".

A principios de la era cristiana, mientras en Roma se consolidaba el imperio y el cristianismo empezaba a extenderse por el mundo Mediterráneo, en Mesoamérica comenzaban a surgir los que con razón podrían

llamarse también otros imperios. En las selvas centro-
americanas se echaban los fundamentos de las que llegarían a ser las ciudades sagradas de los mayas en Tikal,
Uaxactún, Yaxchilán, Copán y Palenque. Fue entonces
cuando en la región central de México, a unos cuarenta kilómetros al norte de la actual ciudad del mismo nombre, se comenzaba a edificar la gran metrópoli
de los dioses, Teotihuacan, que con sus pirámides, sus
palacios, esculturas y pinturas llegaría a ser paradigma
e inspiración de las ulteriores creaciones de los otros
pueblos que habrían de venir. La ruina del imperio ro-
mano coincide en el tiempo con el esplendor clásico
de las ciudades del mundo maya y de Teotihuacan, con
sus incontables palacios cubiertos de inscripciones y
frescos. Muchas de esas mismas inscripciones y representaciones de dioses habrán de encontrarse más tarde
en los libros de pinturas y en el arte de los mexicas
contemporáneos de la Conquista.

Hacia los siglos IV y V, especialmente en el mundo
maya, las inscripciones redactadas con una escritura
en parte ideográfica y en parte fonética, se vuelven en
extremo abundantes. Son testimonios de que esos pueblos poseyeron un hondo sentido de la historia y del
tiempo, como lo prueba su calendario, un diezmilésimo
más cercano al año astronómico que nuestro propio
calendario actual.

Por razones, en gran parte desconocidas, hacia los
siglos VIII y IX, los grandes centros rituales de Teotihuacan y del mundo maya comenzaron a decaer y fueron
al fin abandonados. Algunos estudiosos han atribuido
esto a la llegada de nuevas tribus procedentes del norte,

que como en el caso de los bárbaros de origen germáni-
co constituyeron la gran amenaza de los creadores de
cultura ya establecidos. Así, mientras en Europa hacia
el siglo IX d.C. se consolidan el feudalismo y posteriormente los nuevos reinos, dentro de una cultura que
llamaríamos mestiza, resultado de los elementos gre-
corromanos y bárbaros, en la región central de México
nace también un nuevo Estado, asimismo mestizo, in-
fluido culturalmente por la civilización teotihuacana.
Se trata del llamado "imperio tolteca", integrado por
gentes venidas del norte que hablan ya sin género de
duda la misma lengua náhuatl que varios siglos más
tarde sería también el idioma de los mexicas.

Los toltecas se establecieron en Tula y bajo la égida
del gran héroe cultural Quetzalcóatl, extendieron aún
más la cultura creada por los teotihuacanos. Acerca de
los toltecas hablan numerosos textos indígenas. Se dice
de ellos que fueron grandes artífices, gente en extremo
religiosa, comerciantes, hombres extraordinarios. Tan
grande fue el prestigio dejado por ellos, que la palabra
tolteca se volvió sinónimo de artista.

Los toltecas extendieron su influencia mucho más
allá de Tula, situada a unos 60 kilómetros al norte de
la actual ciudad de México. Su presencia se dejó sentir
más allá de los grandes volcanes, llegando hasta Centro-
américa y Yucatán como puede comprobarse visitando
la ciudad sagrada de Chichén-Itzá. Allí los mismos mayas que también habían iniciado un renacimiento cultural, se vieron hondamente influidos por los toltecas.

Pero, una vez más los moradores de Tula, impelidos
probablemente por nuevas hordas llegadas del norte,

tuvieron que abandonar su ciudad. Quetzalcóatl marchó hacia el oriente, con la promesa de que algún día habría de regresar de más allá de las aguas inmensas. Los nuevos grupos venidos del norte recibieron, una vez más, la influencia cultural de origen teotihuacano y tolteca. Así fueron apareciendo alrededor del gran lago del Valle de México numerosas ciudades-Estado, principio de otro renacimiento cultural, casi contemporáneo del primer renacimiento italiano.

Hacia el siglo XIII, nacen dos Estados que alcanzan considerable esplendor. Uno estaba situado al sur de los lagos y había florecido gracias a la presencia de numerosas gentes de origen tolteca. Se trata del célebre Culhuacan, relativamente cerca de la actual Ciudad Universitaria, al sur de la ciudad de México. El otro era un Estado integrado por gentes de las más diversas filiaciones étnicas. Dotado de sentido guerrero y administrativo, había logrado mayor poderío que sus vecinos del sur. Se trata de Azcapotzalco, al oeste de los lagos y dueño de grandes territorios.

A mediados del siglo XIII, penetró en el Valle de México el último de los muchos pueblos nómadas que habían llegado del norte. Al pasar cerca de las ciudades-Estado donde ya florecía la cultura, se les rechazaba con violencia como a forasteros indeseables. Es cierto que hablaban la misma lengua que los antiguos toltecas, pero carecían de buena parte de su cultura. Como dice un viejo texto indígena, "en realidad nadie conocía su rostro". Esos nómadas eran precisamente los aztecas o mexicas, que traían consigo como única herencia una fuerza de voluntad indomeñable.

Después de sufrir incontables vejaciones, los mexicas lograron establecerse en un islote del lago. La fecha de la fundación de su ciudad, de acuerdo con antiguos libros de pinturas, fue el año de 1325. En poco más de un siglo, aunque parezca increíble, hacia 1428, los antiguos menesterosos, los forasteros mexicas, habían logrado asimilar la cultura milenaria, consolidando al mismo tiempo su plena independencia. A partir de ese momento, los mexicas dieron principio a su etapa dominadora. Y de nuevo, en menos de un siglo, extendieron sus dominios desde las costas del Golfo hasta el Pacífico, llegando al sur hasta apartadas regiones de Guatemala. Como veremos, el móvil de su acción fue lo que hoy día pudiera llamarse hondo misticismo guerrero, derivado de su concepción del mundo y de la divinidad.

Su ciudad se enriqueció. Conocida con el nombre de México-Tenochtitlan, vino a ser una ciudad más poderosa que la antigua Tula de los toltecas. Sus templos, sus jardines y palacios habrían de dejar estupefactos a los conquistadores españoles que iban a contemplarla por primera vez en noviembre de 1519.

Pero, simultáneamente con este periodo de expansión de los mexicas, en el Viejo Mundo desde 1416, empezaban a tener lugar los primeros descubrimientos. Entre ese año y 1432, navegantes portugueses descubrían las islas de Madera y Azores, primer paso que llevaría al encuentro con el nuevo continente. Durante los años que siguieron, otros desde puertos lusitanos llegaron a atravesar la línea ecuatorial en las costas del Africa, hacia 1470, y en 1487 el célebre Bartolomé Díaz llegaba al Cabo de Buena Esperanza, tan sólo unos cuantos años antes de que Cristóbal Colón viniera a toparse con el Nuevo Mundo.

De este modo la nación mexica que ensanchaba sus dominios y difundía la antigua cultura, iba precisamente a encontrarse frente a frente con otro movimiento expansionista mucho más poderoso, por poseer armas y técnicas de destrucción que deben calificarse de superiores. Ese encuentro iniciado, por lo que a los mexicas se refiere, en 1519, iba a ser interpretado inicialmente en formas bien distintas. Los mexicas creyeron que los forasteros llegados por las costas del Golfo, eran Quetzalcóatl y los dioses que por fin regresaban. Los españoles, para los que resultaba difícil valorar la antigua cultura precolombina, tuvieron por bárbaros a los mexicas y vieron en ellos la posibilidad de adueñarse de sus riquezas, imponiéndoles nuevas formas de vida.

Ese encuentro del que dejaron un vivo testimonio los conquistadores y también los vencidos, significa en realidad no ya sólo el choque de dos movimientos expansionistas, sino la confrontación de dos culturas y de dos maneras de entender la existencia. Por una parte, la mentalidad de los españoles, que recién terminadas las guerras de reconquista contra los árabes, se habían convertido de pronto en la potencia más poderosa de Europa. Por otra, el Estado mexica que llegaba entonces a su clímax, como lo mostraba entre otras cosas su extraordinaria metrópoli (México-Tenochtitlan) y su vigorosa estructura religiosa, social, económica y política. Para comprender mejor la tragedia que significó la destrucción de la cultura indígena vale la pena trazar en breves líneas el cuadro de su grandeza final, el mismo que contemplaron quienes en un principio fueron tenidos por dioses venidos de más allá de las aguas inmensas, en 1519.

México-Tenochtitlan, metrópoli de los mexicas

Humildes fueron los principios de la capital mexica, fundada en 1325 en un islote en medio de los lagos que cubrían entonces la mayor parte del gran Valle de México. Las crónicas indígenas hablan de las vicisitudes y trabajos al empezar a edificar unas cuantas chozas miserables y un pequeño altar en honor de su dios supremo, el señor de la guerra Huitzilopochtli. Pero, la fuerza de voluntad lo pudo todo. Poco menos de dos siglos más tarde el conquistador español Bernal Díaz del Castillo describe entusiasmado lo que casi como un sueño contemplaron sus ojos, cuando establecidos ya en Tenochtitlan los españoles en calidad de huéspedes de Motecuhzoma, pudo darse cuenta de su grandeza al recorrerla con su mirada desde lo más alto del Templo Mayor:

De allí vimos las tres calzadas que entran a México, que es la de Iztapalapa, que fue por la que entramos cuatro días había, y la de Tacuba, que fue por donde después salimos huyendo la noche de nuestro gran desbarate, cuando Cuedlabaca [Cuitláhuac], nuevo señor, nos echó de la ciudad, como adelante diremos y la de Tepeaquilla. Y veíamos el agua dulce que venía de Chapultepec, de que se proveía la ciudad y en aquellas tres calzadas, las puentes que tenía hechas de trecho a trecho, por donde entraba y salía el agua de la laguna de una parte a otra; y veíamos en aquella gran laguna tanta multitud de canoas, unas que venían con bastimentos y otras que volvían con cargas y mercaderías; y veíamos que cada casa de aquella gran ciudad, y de todas las más ciudades que estaban pobladas en el agua, de casa a casa no se pasaba sino por unas puentes levadizas que tenían hechas de madera, o en canoas; y veíamos en aquellas ciudades cúes y adoratorios a manera de torres y fortalezas, y todas blanqueando, que era cosa de admiración, y las casas de azoteas, y en las calzadas otras torrecillas y adoratorios que eran como fortalezas.

Y después de bien mirado y considerado todo lo que habíamos visto, tornamos a ver la gran plaza y la multitud de gente que en ella había, unos comprando y otros vendiendo, que solamente el rumor y zumbido de las voces y palabras que allí había sonaba más que de una legua, y entre nosotros hubo soldados que habían estado en muchas partes del mundo, y en Constantinopla, y en toda Italia y Roma, y dijeron que plaza tan bien compasada y con tanto concierto y tamaña y llena de tanta gente no la habían visto...[1]

Razón tenía el conquistador español al describir la ciudad en forma tan entusiasta. Hoy día, en función de algunos mapas antiguos y del testimonio de la arqueología, es posible ofrecer algunos datos concretos que corroboran y esclarecen la opinión de Bernal Díaz del Castillo. La ciudad que había ido creciendo gracias al terreno que, fruto de lo que podría llamarse hábil ingeniería lacustre, se iba ganando, se extendía en una

---

[1] Bernal Díaz del Castillo, *Historia verdadera de la conquista de la Nueva España,* 2 vols., México, Porrúa, 1955, pp. 280-281.

superficie con la forma de un cuadrado más o menos regular de aproximadamente tres kilómetros por lado.

Por el norte, México-Tenochtitlan se había unido con el islote vecino de Tlatelolco, en otro tiempo independiente pero sometido al fin al poderío mexica en 1473. Tlatelolco estaba comunicado por una calzada construida en medio del lago con el santuario de la diosa madre Tonantzin, situado ya en tierra firme en la orilla septentrional del lago, donde hoy se levanta la Basílica del Tepeyac en honor de la Virgen de Guadalupe.

Hacia el sur de la ciudad salía otra calzada que comunicaba con Iztapalapa en la tierra firme, por donde penetraron los conquistadores. Por el rumbo del oriente se abría la superficie del lago y en días claros podía contemplarse en la ribera opuesta la ciudad de Tetzcoco, famosa por su célebre rey poeta Nezahualcóyotl. Finalmente al occidente, otra calzada se dirigía al señorío aliado de Tlacopan o Tacuba, calzada por la cual tuvieron que escapar los españoles en la célebre "Noche Triste".

México-Tenochtitlan estaba dividida en cuatro grandes secciones, orientadas hacia cada uno de los rumbos del universo. Al noroeste, Cuepopan, "el lugar donde se abren las flores", que corresponde al actual barrio de Santa María la Redonda. Al suroeste, Moyotlan, "el lugar de los mosquitos", sección consagrada posteriormente por los misioneros españoles en honor de San Juan Bautista. Al sureste, estaba Teopan, "el lugar del dios", barrio conocido después durante la Colonia, con el nombre de San Pablo. Finalmente, al noreste, estaba Atzacualco, "en la represa del agua", lugar en donde edificaron los misioneros la iglesia de San Sebastián.

En México-Tenochtitlan los dos sitios más importantes eran sin duda el enorme recinto sagrado en el que se levantaban los setenta y ocho edificios que constituían el Templo Mayor con sus adoratorios, escuelas y dependencias, y la gran plaza de Tlatelolco donde tenía lugar el mercado en el que se vendían y compraban los más variados productos, procedentes de lejanas tierras. El recinto del Templo Mayor estaba circundado por un muro que formaba un gran cuadrado de aproximadamente 500 metros por lado. En la actualidad gracias a las excavaciones que se iniciaron en 1978, pueden contemplarse impresionantes vestigios de las varias etapas constructivas del gran templo, en el corazón mismo de la ciudad. Numerosas esculturas, bajorrelieves y ofrendas, dejan entrever la magnificencia que alcanzó el templo en vísperas de la Conquista.[2]

Frente al Templo Mayor, por su costado occidental, se levantaba el palacio de Axayácatl, antiguo gobernante mexica de 1469 a 1481, que fue precisamente donde fueron alojados los españoles cuando llegaron a la ciudad en calidad de huéspedes. El palacio imperial de Motecuhzoma, situado frente a una gran plaza, ocupaba aproximadamente el mismo sitio en el que hoy se levanta el Palacio Nacional de México.

[2] De las varias obras publicadas acerca de lo descubierto en el recinto del Templo, puede consultarse: Eduardo Matos Moctezuma y Miguel León-Portilla, *El Templo Mayor*, ed. de Beatrice Trueblood, México, 1981.

Además de éstos y otros palacios había un sinfín de templos menores y de construcciones de cal y canto reservadas para habitación de los nobles, los comerciantes, los artistas y la gente del pueblo.

Las calles eran más bien estrechas y en muchas de ellas existían canales que permitían la entrada de las embarcaciones provenientes de las riberas del lago. Entre los atractivos de la ciudad pueden mencionarse los jardines botánico y zoológico, que tanta admiración provocaron en los conquistadores españoles.

En México-Tenochtitlan, al tiempo de la Conquista vivía una población que puede calcularse en cerca de ciento veinte mil habitantes. Su actividad era múltiple. Por una parte estaban las ceremonias en honor de los dioses, los sacrificios y el solemne ritual. A esto hay que añadir la presencia de los sabios maestros que con sus grupos de estudiantes entraban y salían de los *calmécac* y *telpochcalli,* centros de educación prehispánicos. El ir y venir de las canoas cargadas de mercaderías y la actividad continua de los comerciantes y la gente del pueblo en el mercado de Tlatelolco eran tan impresionantes que a los conquistadores pareció todo aquello algo así como un hormiguero. Los ejercicios militares y la entrada y salida de los guerreros constituían asimismo otro espectáculo en extremo interesante. En pocas palabras, puede decirse que la vida de esa gran ciudad era la de una metrópoli, cabeza de lo que en forma análoga puede llamarse un inmenso imperio. A ella llegaban embajadores y gobernantes de lejanas regiones. Por sus canales y calles entraban los tributos, las joyas de oro y plata, los plumajes finos, el cacao, el papel hecho de corteza de amate, los esclavos y las víctimas para los sacrificios humanos. México-Tenochtitlan era ciertamente un hormiguero en el que todos sus integrantes trabajaban incansablemente en servicio de los dioses y en favor de la grandeza del que habría de llamarse "pueblo del Sol".

Lo que hizo posible el imperio mexica

La riqueza y el poderío militar y económico de México-Tenochtitlan eran consecuencia de las conquistas realizadas desde los tiempos de Itzcóatl (1428-1440). Él había sido quien junto con el famoso señor de Tetzcoco, el sabio Nezahualcóyotl, había derrotado a los antiguos dominadores de Azcapotzalco y había establecido la que se conoce como "triple alianza", o sea la unión de México-Tenochtitlan, Tetzcoco y lo que podría llamarse "estado pelele" de Tlacopan o Tacuba.

Un factor asimismo muy importante en la consolidación de la grandeza mexicana fue la acción del consejero real, Tlacaélel, personaje en extremo sagaz, sobrino de Itzcóatl, quien inició una reforma en el orden político, religioso, social y económico. Profundo conocedor de la herencia cultural recibida de los toltecas, aprovechó de ella cuanto creyó conveniente, pero dándole un sesgo distinto, dirigido fundamentalmente a consolidar el poderío y la grandeza de su pueblo.

Un texto en náhuatl, que se conserva en el *Códice Matritense*, relata que además de engrandecer con títulos y tierras a los principales caudillos del pueblo mexica, a raíz de su victoria en 1428, sobre los antiguos dominadores de Azcapotzalco, Itzcóatl y Tlacaélel decidieron dar a su pueblo una nueva versión de la historia. He aquí las palabras del texto indígena:

Se guardaba su historia.
Pero, entonces fue quemada:
cuando reinó Itzcóatl, en México.
Se tomó una resolución,
los señores mexicas dijeron:
no conviene que toda la gente
conozca las pinturas.
Los que están sujetos [el pueblo]
se echarán a perder
y andará torcida la tierra,
porque allí se guarda mucha mentira,
y muchos en ellas han sido tenidos por dioses.[3]

La nueva visión de su historia iniciada entonces, se conserva en los textos de procedencia mexica que hoy día se conocen. En ellos los mexicas aparecen frecuentemente emparentados con la nobleza tolteca. Las divinidades mexicas, especialmente Huitzilopochtli, se sitúan en un mismo plano con los antiguos dioses creadores, es decir con Tezcatlipoca y con Quetzalcóatl. Pero sobre todo, se trasluce en esa documentación el espíritu místico-guerrero, del "pueblo del Sol", o sea de Huitzilopochtli, que tiene por misión someter a todas las naciones de la tierra, para hacer cautivos, con cuya sangre habrá que conservarse la vida del astro que va haciendo el día.

[3] *Códice Matritense de la Academia de la Historia*, fol. 192 v. (edición facsimilar de Del Paso y Troncoso).

La figura de Huitzilopochtli dejó de ser el numen tutelar de una pobre tribu perseguida y se fue agigantando cada vez más, gracias a la acción de Tlacaélel. A Huitzilopochtli comenzaron a dirigirse las antiguas plegarias de origen tolteca y los sacerdotes compusieron himnos en su honor, como los que ya existían a honra de Quetzalcóatl principalmente. Identificado con el Sol, Huitzilopochtli es al mismo tiempo quien da vida y conserva, alentando la guerra, esta época en que vivimos. Por otra parte, Tlacaélel fue quien insistió en la idea de la necesidad de mantener la vida del Sol-Huitzilopochtli con el agua preciosa de los sacrificios.

Es cierto que ya antes de los mexicas había sacrificios humanos. Sin embargo, no se sabe que se practicaran con tanta frecuencia como entre ellos. La explicación de esto es tal vez que Tlacaélel supo inculcar a los varios reyes mexicas, de quienes fue consejero, la idea de que era su misión extender los dominios de Huitzilopochtli, para obtener víctimas con cuya sangre pudiera preservarse la vida del Sol. De un breve discurso de Itzcóatl, de quien se dice que "no hacía más que lo que Tlacaélel le aconsejaba", transcribimos las siguientes palabras:

> …éste es —dice— el oficio de Huitzilopochtli, nuestro dios, y a esto fue venido: para recoger y atraer a sí a su servicio todas las naciones con la fuerza de su pecho y de su cabeza…[4]

[4] Fray Diego Durán, *Historia de las Indias de Nueva España e Islas de Tierra Firme*, ed. José F. Ramírez, t. I, México, 1867-1880, p. 95.

En honor de Huitzilopochtli, se empezó a edificar lue-go —por consejo también de Tlacaélel— un Templo Mayor, rico y suntuoso. En él se iban a sacrificar nume-rosas víctimas al Sol-Huitzilopochtli, que había lleva-do a los mexicas a realizar grandes conquistas: primero de los señoríos vecinos, y luego de los más lejanos de Oaxaca, Chiapas y Guatemala.

Tal fue en el pensamiento de Tlacaélel el sentido de las "guerras floridas", organizadas para obtener víc-timas que ofrecer a su dios Huitzilopochtli. Y así como introdujo reformas en el pensamiento y culto religioso, así también transformó, el orden jurídico, el servicio de la casa real de Motecuhzoma, el ejército, la orga-nización de los *pochtecas* o comerciantes y aun, por no dejar, llevó a cabo la creación de un verdadero jardín botánico en Oaxtepec, en las cercanías de Cuauhtla, en el estado actual de Morelos.

Tlacaélel, que así consolidó el poderío de los mexi-cas, no quiso aceptar jamás la suprema dignidad de rey o *tlahtoani* que insistentemente le ofrecieron los no-bles, al morir Itzcóatl (1440), o al morir el primero de los Motecuhzomas (1469). Prefirió seguir influyendo con su consejo como un verdadero poder detrás del trono que hacía posible la realización de los que consi-deró supremos designios de su pueblo.

Habiendo muerto, según parece poco antes de 1481, Tlacaélel no llegó a sospechar que toda la grandeza de su pueblo, sería destruida por la Conquista antes de cuarenta años. Mas, pensando en la sagacidad de este hombre extraordinario, y tan poco estudiado en las his-torias, fácilmente se ocurre una pregunta de respuesta imposible: ¿qué hubiera sucedido si la llegada de los europeos hubiera tenido lugar en tiempos de Tlacaélel?

Pero, volviendo de nuevo la atención a los que sí fueron resultados reales de la acción de Tlacaélel, conviene enumerar al menos las principales conquistas realizadas por los mexicas y la forma como en ellas establecieron su poderío. Consolidada la triple alianza con Tetzcoco y Tlacopan, se inició la dominación de los numerosos señoríos situados en las riberas del lago. Sucumbieron así Coyoacan, Cuitláhuac, Xochimilco y Chalco.

Ante la amenaza creciente del poderío mexica otros varios Estados optaron por suscribir tratados de alianza, en los que además se comprometían a pagar un tributo a México-Tenochtitlan. Entre otros muchos, puede mencionarse a los tlahuicas, gente de la misma lengua y cultura que los mexicas, pobladores de la región sur del actual estado de Morelos.

Marchando hacia el oriente llegaron los mexicas a las costas del Golfo, estableciendo contacto con la región de Cempoala, que también se comprometió a pagar tributos al rey de México. Precisamente por esa región habrían de aparecer los conquistadores españoles y habrían de percatarse con extraordinaria sagacidad de la poca simpatía que en realidad tenían los cempoaltecas respecto de México-Tenochtitlan.

Unas veces en plan de conquista, otras en misión comercial, pero siempre con un criterio determinado, los ejércitos mexicas avanzaron después hacia el sur, a lo que hoy son los estados de Oaxaca y Chiapas, llegando en ocasiones hasta Guatemala y según algunas relaciones, hasta el Istmo de Panamá. De todas esas comarcas llegaban tributos y asimismo productos resultado del comercio que se hacía a nombre del rey de Tenochtitlan. Los mexicas respetaron, sin embargo, a un Estado vecino de ellos, integrado por lo que hoy cabría llamar una "confederación de cuatro repúblicas". Se trata de Tlaxcala, que conservó su independencia frente al poderío mexica. Probablemente la razón principal por la cual los mexicas gustosamente aceptaron reconocer la independencia de los señoríos tlaxcaltecas, fue la de hacer posible la obtención en territorio cercano de víctimas para los sacrificios humanos. Para esto mantenían con ellos un estado permanente de guerra, no de conquista, sino de lo que en su propio lenguaje llamaban "guerras floridas". Además de esto, los mexicas pensaban que Tlaxcala ofrecía la posibilidad de adiestrar sus ejércitos en un terreno vecino, capturando al mismo tiempo esclavos y víctimas para ser sacrificadas al Sol-Huitzilopochtli. Esta extraña forma de convenio, aceptado por los tlaxcaltecas a más no poder, despertó en ellos profundo odio contra los mexicas, odio que se puso más de manifiesto a la llegada de los españoles y que explica por qué los tlaxcaltecas se aliaron con Cortés, con la esperanza de vencer al fin a los mexicas.

Consecuencia de la acción dominadora de México-Tenochtitlan, fue que a la llegada de los españoles en 1519, los mexicas ejercían dominio sobre varios millones de seres humanos, que hablaban distintas lenguas, desde el Pacífico hasta el Golfo y desde la región central de México hasta apartadas regiones vecinas con la actual república de Guatemala. El desarrollo de su poderío y la afluencia continua de riquezas, tuvieron por consecuencia la transformación de la forma de vida de los antiguos mexicanos. Las incipientes clases sociales fueron consolidándose y adquiriendo gran prestancia. Surgió así una compleja estructura político-social que dejó asombrados a los mismos conquistadores españoles.

La sociedad mexica

La estratificación en clases sociales de lo que había sido una antigua tribu de nómadas tuvo su origen en un hecho en cierto modo singular. Al entrar en contacto desde mediados del siglo XIII con pueblos de avanzada cultura descendientes de los toltecas, experimentaron los mexicas inmensa admiración por ellos y quisieron desde luego ligarse con el mundo tolteca por vínculos de parentesco. Para esto, lograron los mexicas que su primer rey o *tlahtoani* fuera precisamente un noble culhuacano de origen tolteca, llamado Acamapichtli. Habiendo procreado éste numerosos hijos de varias mujeres mexicas, sus descendientes vinieron a constituir el núcleo de la clase social de los nobles o *pipiltin.* Por diversas ligas y parentescos con antiguos jefes mexicas esta clase de los nobles creció considerablemente y obtuvo al fin un *status* social propio: los *pipiltin,* que recibían de ordinario una educación mucho más esmerada, eran poseedores de tierras adjudicadas en forma individual; eran ellos quienes ejercían los más elevados cargos en el gobierno y únicamente de entre ellos podía ser electo el rey o *tlahtoani.*

Diferente de la clase social de los *pipiltin* existía, claramente definida la clase de los *macehualtin,* o gente del pueblo. Los *macehualtin* formaban parte de lo que se ha llamado clanes geográficos, o sea linajes de gente emparentada entre sí, con una determinada ubicación y una dotación de tierras poseídas en forma comunal. Es cierto al menos entre los mexicas, que tanto los *pipiltin,* como los *macehualtin,* todos debían concurrir a las escuelas comunales. Pero, la educación de los *pipiltin* o nobles era de ordinario más esmerada ya que aprendían, entre otras cosas, el arte de interpretar y escribir los códices, la astrología, la teología y en una palabra la antigua sabiduría heredada de los toltecas.

Los *macehualtin* se ocupaban en la agricultura, formaban los ejércitos y precisamente algunos de ellos llegaron a constituir las organizaciones o gremios de comerciantes y artesanos. Juntamente con estas clases sociales, coexistían los grupos de los *mayeques* que trabajaban la tierra en beneficio de otros, así como varias categorías de esclavos, casi siempre por un periodo limitado de tiempo. Sin embargo es menester subrayar que ni los *mayeques,* ni los esclavos, constituían en realidad clases sociales claramente diferenciadas de los *macehualtin.*

De entre los *pipiltin* o nobles se escogían quienes habían de desempeñar las más importantes dignidades, tales como la de sumos sacerdotes, jueces, comandantes de los ejércitos, etcétera. Según el testimonio de varias fuentes indígenas, parece ser que fue principalmente entre los *pipiltin* entre quienes se conservaron no pocas ideas y prácticas de antiguo origen tolteca.

Tanto en la vecina ciudad de Tetzcoco como en Tenochtitlan y en otras poblaciones había grupos de sabios, conocidos con el nombre de *tlamatinime*, que continuaban el estudio del antiguo pensamiento religioso tolteca, del que por obra de Tlacaélel había surgido enteramente transformada la que cabe llamar visión místico-guerrera de los mexicas.

Los *tlamatinime* preservaron, en contraste con el culto popular al dios de la guerra, Huitzilopochtli, la antigua creencia en un dios único que estaba más allá de todos los pisos celestiales. Ese dios supremo era conocido e invocado con diversos títulos. Se le llamaba a veces *Tloque-Nahuaque*, "dueño del cerca y del junto"; *Ipalnemohuani*, "Dador de la vida"; *Moyocoyatzin*, "el que se está inventando a sí mismo". Desde otro punto de vista, se consideraba que esta divinidad suprema, siendo única en sí misma, tenía en realidad dos aspectos o rostros, uno masculino y otro femenino. Así era invocada como *Ometéotl*, "el dios de la dualidad". Otras veces se le designaba por medio de dos términos, *Ometecuhtli* y *Omecíhuatl*, "el Señor y la Señora de la dualidad".

En función de este concepto de un dios dual que es al mismo tiempo potencia generativa y principio que concibe cuanto existe en el universo, se encuentran innumerables títulos referidos a esa misma pareja suprema, en sus diversos atributos. Así por ejemplo se habla de *Mictlantecuhtli*, *Mictecacíhuatl*, "el Señor y la Señora de la región de los muertos"; *Chalchiuhtlicue* y *Chalchiuhtlatónac*, "la Señora y el Señor de las aguas", etcétera.

Mas, debe añadirse que lo que en el pensamiento de los sabios aparecía como meros títulos del principio supremo, el pueblo lo interpretaba como si se tratara de un sinnúmero de dioses distintos. Esto y la introducción de los númenes tutelares, como en el caso de Huitzilopochtli, produjo en los conquistadores la impresión de que los mexicas eran un pueblo en extremo idólatra y politeísta. Un análisis más cuidadoso del pensamiento de los sabios prehispánicos, muestra que al menos en los estratos sociales superiores en realidad se adoraba tan sólo a un único dios, Señor de la dualidad, Dador de la vida, que se está inventando a sí mismo.

La guerra en el México antiguo

Si se recuerda la interpretación místico-guerrera tan insistentemente inculcada entre los mexicas desde los tiempos de Tlacaélel, y en función de la cual había que someter a todos los pueblos al yugo de Huitzilopochtli, identificado con el Sol, para alimentarlo con la sangre de las víctimas, habrá que reconocerse la preponderante importancia de la guerra como institución cultural. La guerra se emprendía, como es obvio, por diversos motivos. Unas veces eran fines de conquista y otras se dirigía a repeler diversas formas de agresión. Por otra parte, las "guerras floridas", concertadas periódicamente sobre todo con los señoríos tlaxcaltecas, tenían como fin hacer posible la obtención de víctimas para conservar con los sacrificios la vida del Sol.

Desde jóvenes los mexicas, al igual que los habitantes de otros señoríos del México central, se adiestraban en la guerra, principalmente en los *telpochcalli* (centros de educación). El ejército estaba compuesto por pequeñas unidades de veinte hombres que se combinaban para formar cuerpos mayores, de aproximadamente cuatrocientos individuos, a las órdenes de un *tiachcauh*, procedente del propio barrio. Los jefes superiores que iban al frente de los varios cuerpos de guerreros, eran generalmente caballeros águilas y tigres que recibían diversos títulos como el de *tlacatécatl* "jefe de hombres", *tlacochcálcatl* "señor de la casa de las flechas".

Las armas que se usaban eran principalmente las macanas, hechas de madera con agudas puntas de obsidiana. Como una prueba de la eficacia de estas macanas puede recordarse que durante la Conquista con ellas se cortó de un solo tajo en más de una ocasión la cabeza de un caballo. Otra arma sumamente usada era el *átlatl*, tiradera o lanzadardos, al igual que los arcos y flechas de diversos tamaños, las cerbatanas, así como varias clases de lanzas, principalmente con punta de obsidiana. Para su defensa usaban los guerreros prehispánicos escudos de madera o tejidos de diversas clases de fibras, algunas veces ricamente pintados y adornados con plumas. Igualmente empleaban una especie de armadura hecha de algodón acolchonado, cuya utilidad era tan grande que algunos de los españoles pronto sustituyeron sus armaduras de metal por las indígenas de algodón.

En ocasiones, algunos guerreros llevaban además diversas especies de máscaras y cascos, hechos de pieles de animal, en los que se representaban las insignias principalmente de águilas y tigres y de los diversos grados militares. La guerra no podía iniciarse sin practicar antes una especie de ritual. Consistía éste en el envío de ciertos escudos, flechas y mantas a aquellos con los cuales se iba a luchar, haciéndoles saber por este medio que se apercibieran a la guerra. Precisamente este hecho explica la sorpresa de los mexicas al ser atacados súbitamente por los españoles, que residían en calidad de huéspedes dentro de su capital, sin que mediara un solo motivo que justificara la lucha y fuera enteramente de lo que cabría llamar el ritual preliminar de la guerra.

Educación prehispánica

Entre las instituciones culturales que permiten mejor comprender el desarrollo de los antiguos mexicanos están su sistema educativo y su posesión de una escritura y de sistemas calendáricos. Para los mexicas, al menos durante los cien años que precedieron a la Conquista, la educación era universal y obligatoria. Todos los niños debían asistir, bien sea a los *calmécac,* o centros de educación especializada, o a los *telpochcalli,* a los que acudía la mayor parte del pueblo. Según parece, en la ciudad de México-Tenochtitlan existían al menos seis *calmécac.* Según los testimonios indígenas, en estas escuelas se transmitían las doctrinas y conocimientos más elevados, como eran los cantares divinos, la ciencia de interpretar los códices, los conocimientos calendáricos, la historia y las tradiciones, la memorización de textos, etcétera. Existiendo en forma sistemática esta memorización de textos fue posible, después de la Conquista, reducir a escritura latina, pero en idioma indígena, muchos de los poemas y tradiciones que de otro modo se hubieran perdido para siempre.

Aun cuando generalmente concurrían a los *calmécac* los hijos de los nobles y de los sacerdotes, de acuerdo con varios testimonios históricos, en algunos casos podían asistir niños y jóvenes del pueblo, siempre que tuvieran particular disposición para estos estudios.

Los *telpochcalli*, "casa de jóvenes", eran los centros de educación para la gran mayoría del pueblo en el mundo prehispánico. Casi todos los *calpullis* o "barrios" tenían su propio *telpochcalli*. Dichos centros de educación estaban consagrados al dios Tezcatlipoca. En ellos se transmitían a los niños y jóvenes los elementos fundamentales de la religión, la moral, etcétera. Asimismo se adiestraba allí a los jóvenes en las artes de la guerra. Comparados los *telpochcallis* con los *calmécac*, puede decirse que los primeros poseían un carácter más técnico y elemental. Como se ha dicho, al menos en la ciudad de México-Tenochtitlan, todos los niños concurrían a uno de estos dos tipos de centros educativos, ya que al nacer, sus padres hacían promesa de enviarlos cuando tuvieran la edad adecuada, que al parecer fluctuaba entre los seis y los nueve años.

Escritura prehispánica

Las culturas más desarrolladas del México antiguo, principalmente la zapoteca, maya, mixteca, tolteca y mexica, llegaron a poseer sistemas propios de escritura, como lo muestran entre otras cosas sus inscripciones en piedra y los códices de origen precolombino que todavía se conservan. Puede decirse que fue la escritura maya la más desarrollada del México antiguo.

Los sistemas de representación mexica y mixteco, distintos de la escritura maya, poseían caracteres o glifos pictográficos, ideográficos y parcialmente fonéticos. Además de la representación de los números y signos calendáricos, eran abundantes los glifos de carácter onomástico y toponímico. Especialmente en estos últimos se llegó al análisis fonético de sílabas y aun de algunas letras como es el caso de la *a*, la *e* y la *o*, representadas por el símbolo del agua (*a-tl*), de frijol (*e-tl*), y de camino (*oh-tli*), respectivamente. Aun cuando existen varios estudios sobre la escritura prehispánica, queda aún un amplio campo que investigar, acudiendo a los manuscritos indígenas, tanto precolombinos como de la primera etapa de la Colonia, o sea del siglo XVI, en el que aún se conservaba bastante pura la técnica precolombina. Los libros indígenas, conocidos generalmente como códices, estaban hechos de papel procedente de la corteza del amate (*ficus petiolaris*). Como lo prueban entre otros los códices del llamado grupo Borgia, su contenido era de carácter mitológico, religioso, calendárico y en algunos casos histórico.

Al ofrecerse en el presente libro el testimonio indígena de la Conquista, se incluyen precisamente no pocas ilustraciones tomadas de algunos de esos códices posthispánicos, en los que siguiendo la antigua tradición, se preservó también el recuerdo del drama de la Conquista.

En el mundo mexica, al igual que entre otros pueblos como los mayas y mixtecas, existían dos formas principales de calendario. Uno era el *xíhuitl* o "cuenta del año". Este calendario estaba formado por dieciocho grupos de 20 días que daban un total de 360, a los que se añadían cinco más, considerados como nefastos. Durante cada grupo de 20 días, bajo el patrocinio de diversos dioses, se iban combinando los 20 signos del calendario con sus respectivos numerales del 1 al 13, dieciocho veces consecutivas hasta completar los 360 días.

Como, a pesar de los cinco días que se añadían al fin, el calendario se iba adelantando en relación con el año trópico, los sabios indígenas, según el testimonio de algunos cronistas, añadieron un día más cada cuatro años, al modo como se hace en el calendario de tipo occidental en los años bisiestos. En el presente libro, con frecuencia aparecen fechas en función de este calendario, indicándose unas veces el nombre del grupo de veinte días y otras el signo calendárico precedido de un numeral. Para su comprensión, en nota se indica siempre el equivalente de dichas fechas en el calendario de tipo occidental.

La segunda forma de calendario existente en el México antiguo, era el *tonalpohualli,* o "cuenta de los días". Estaba formado por veinte grupos de 13 días que daban un total de 260 y que al relacionarse con el año de 365 días, no coincidían en una misma fecha idéntica, sino hasta al cerrarse "un ciclo indígena", formado por un periodo de 52 años. La finalidad principal del *tonalpohualli* era servir como una especie de almanaque o calendario astrológico, para determinar el carácter fasto o nefasto de los diversos días.

Literatura indígena

Los pobladores del México antiguo, entre sus diversas creaciones culturales, dejaron un rico legado de carácter literario. Como se ha dicho, los mayas, los mexicas y otros varios pueblos más, poseyeron un sistema de representación de tipo pictórico, ideográfico y parcialmente fonético. Aún se conservan algunos de sus códices o libros de pinturas de procedencia claramente prehispánica. Por otra parte, en sus antiguos centros de educación, o sea, en los *calmécac* y *telpochcalli*, se transmitían y fijaban en la memoria desde tiempos inmemoriales, los cantares divinos, los mitos, las narraciones épicas y otras formas de composición literaria. Los conquistadores españoles destruyeron durante el siglo XVI esos antiguos sistemas educativos y redujeron a cenizas la mayor parte de los códices y antiguos libros de pinturas.

Pero, en contraste con esta actitud destructora, algunos misioneros como fray Andrés de Olmos, Bernardino de Sahagún, Diego Durán y otros varios se empeñaron en recoger de los indígenas, tanto sus antiguos libros de pinturas, como las tradiciones y cantares que en lengua indígena habían memorizado en la época prehispánica. Reduciendo al alfabeto castellano los antiguos textos, recibidos de labios de los nativos,

allegaron un caudal muy grande de esas produ[...]
consideradas con razón como literarias.

El sentido que mostraron los recopiladores de [...]
textos indígenas, principalmente en el caso de Saha[...]
gún, así como el mismo contenido de los textos, son
la mejor prueba de su genuino carácter prehispánico.
Además de ese grupo de misioneros humanistas, em-
peñados en conocer la antigua cultura, hubo también
indígenas, tanto entre los mayas de Yucatán, como
entre los nahuas de la región central, que habiendo
aprendido el uso del alfabeto europeo, se valieron de
él para transcribir en idioma indígena sus tradiciones,
poemas, historias y mitos antiguos.

Hoy día se conservan en bibliotecas de Europa y
América no pocos de esos manuscritos. Por lo que se
refiere a la literatura náhuatl, el doctor Ángel Ma. Garibay K., moderno iniciador de estos estudios, ha mos-
trado la existencia de más de cuarenta manuscritos en
dicho idioma en los que puede estudiarse la produc-
ción poética de tipo religioso, lírico, épico, dramático,
así como la prosa, los discursos didácticos, leyendas,
historias, etcétera, de los antiguos mexicanos. Entre
los manuscritos que contienen textos literarios del
México antiguo ocupan lugar principal: los *Textos de
los informantes indígenas de Sahagún* (Códices *Matriten-
ses* y *Florentino*), la *Colección de cantares mexicanos* de
la Biblioteca Nacional de México, los varios *Huehueh-
tlahtolli* o pláticas de los viejos, varios de ellos en la Biblioteca Nacional de París, los *Anales de Cuauhtitlan,* la
Historia tolteca chichimeca, la *Colección de cantares* que
se conserva en la Universidad de Texas, etcétera.

...tinuando esa tradición prehispánica de carácter... rerario e histórico, algunos de los sabios sobre... ...ientes a la Conquista redactaron precisamente los ...extos cuya versión se ofrece en este libro. En ellos se conserva el testimonio de quienes contemplaron con sus propios ojos la Conquista y la destrucción de su propia cultura.

No siendo posible en este breve estudio, referirnos a otras muchas instituciones culturales prehispánicas, entre las que pueden mencionarse la organización sacerdotal, el culto a los dioses, las diversas formas de sacrificios, las varias técnicas de los artistas, el modo como se llevaba a cabo el comercio, lo tocante a su alimentación, vestido, etcétera, referimos al lector a la bibliografía final, donde se mencionan algunas obras que tratan de estos puntos.

La visión aquí expuesta acerca de la vida, el pensamiento y la evolución cultural del México antiguo, muestra al menos algunos de los aspectos fundamentales de ese pueblo que experimentó en carne propia la tragedia de la Conquista. Mientras el mundo mexica parecía llegar a lo más alto de su desarrollo, las expediciones de Francisco Hernández de Córdova y de Juan de Grijalva merodeaban ya por las costas del Golfo. El jueves santo de 1519, Hernán Cortés ponía pie en tierra firme unos cuantos kilómetros al norte de lo que hoy es la moderna ciudad de Veracruz. Las noticias recibidas por Cortés acerca de la grandeza mexica lo movieron a ponerse en marcha para realizar la conquista de lo que consideró ser un imperio fabuloso, en el que el oro y las piedras preciosas existían en abundancia.

El 18 de febrero de 1519, Hernán Cortés partió de la isla de Cuba al frente de una armada integrada por 10 naves. Traía consigo 100 marineros, 508 soldados, 16 caballos, 32 ballestas, 10 cañones de bronce y algunas otras piezas de artillería de corto calibre. Venían con él varios hombres que llegarían a ser famosos en la conquista de México. Entre ellos estaba Pedro de Alvarado, a quien los mexicas habían de apodar *Tonatiuh*, "el Sol", por su extraordinaria prestancia y el color rubio de su cabellera. Venían también Francisco de Montejo, que posteriormente conquistaría a los mayas de Yucatán; Bernal Díaz del Castillo y otros varios que consignarían por escrito la historia de esa serie de expediciones.

Al pasar por la isla de Cozumel, situada frente a la península de Yucatán, Hernán Cortés recogió a Jerónimo de Aguilar que, como resultado de un naufragio, había quedado allí junto con otro español desde 1511 y había aprendido la lengua maya con bastante fluidez.

Más adelante, frente a la desembocadura del Grijalva, tuvo lugar el primer encuentro bélico entre los españoles y los indígenas. Hecha la paz, entre otros presentes les fueron ofrecidas veinte esclavas indias, una de las cuales, Malintzin (la Malinche), había de desempeñar un papel de suma importancia. Esta mujer hablaba la lengua maya y la náhuatl. Gracias a la presencia simultánea de Jerónimo de Aguilar y de la Malinche, Hernán Cortés iba a contar desde un principio con un sistema perfecto para darse a entender con los mexicas. Él hablaría en español a Jerónimo de

éste a su vez traduciría lo dicho hablando en
con la Malinche, y ella por fin se dirigiría directa-
nte en la lengua náhuatl a los enviados y emisarios
de Motecuhzoma, desde sus primeros encuentros en
las cercanías de la actual Veracruz.

En tanto que los cronistas españoles de la Conquista se refieren a sus primeros contactos con la gente de
Cempoala en la costa del Golfo, los cronistas indígenas
tratan de los mensajes enviados a Motecuhzoma, in-
formándole de la llegada de esos hombres blancos que
venían en unas barcas grandes como montes.

Unos y otros coinciden en lo que se refiere al envío de presentes por parte de Motecuhzoma a Hernán
Cortés, tratando de persuadirlo de que se alejara de
esas tierras. Precisamente algunos de esos presentes,
en particular dos grandes discos, uno de oro y otro
de plata artísticamente grabados, iban a ser enviados
a España por Hernán Cortés aun antes de la caída
de México-Tenochtitlan, como un testimonio de su
lealtad a Carlos V. El célebre pintor alemán Albrecht
Dürer (Durero), tuvo ocasión de contemplar dichos
objetos dejando consignado en su diario que "nunca
había visto trabajos tan maravillosos, que tanto llena-
ran de satisfacción a su propio corazón".

El 16 de agosto de 1519 Hernán Cortés, quien ya
se había ganado la alianza de la gente de Cempoala, se
puso en marcha rumbo a Tlaxcala y a México-Tenochtitlan. Detrás de sí dejaba un Ayuntamiento, en la que
había bautizado como Villa Rica de la Vera Cruz. Cortés llevaba consigo 400 peones, 15 jinetes y 6 piezas de
artillería, algunos centenares de soldados e incontables

cargadores indígenas que llevaban los alimentos y la impedimenta.

Los textos indígenas hablan de la astucia de los tlaxcaltecas quienes, valiéndose de un grupo otomí sometido a ellos, quisieron poner a prueba la fuerza militar de los españoles. Al ver cómo éstos eran fácilmente vencidos por los castellanos, quedaron convencidos los tlaxcaltecas de que esos hombres blancos poseían armas superiores. Decidieron entonces aliarse con ellos, con la secreta esperanza de ver derrotados a sus antiguos enemigos, los poderosos mexicas. Así, el 23 de septiembre de 1519, los españoles entraban en Ocotelolco, quedando desde ese momento convertidos en aliados de los tlaxcaltecas.

El 14 de octubre del mismo año de 1519 tuvo lugar otro hecho importante, acerca del cual difieren las versiones indígenas y las de los propios conquistadores. Se trata de la matanza perpetrada en Cholula por orden de Cortés, que había llegado a esa ciudad sometida al poderío mexica en compañía de sus aliados tlaxcaltecas. Las crónicas españolas afirman que Cortés había descubierto una traición por parte de la gente de Cholula. Según los indígenas, en realidad la traición fue perpetrada por los españoles y por sus aliados tlaxcaltecas.

Por fin, el 8 de noviembre de 1519, después de atravesar los volcanes, Hernán Cortés y su gente hicieron su primera entrada en México-Tenochtitlan, llegando por la calzada de Iztapalapa, que unía a la ciudad con la ribera del lago por el sur. Los textos indígenas son en extremo expresivos al pintar el encuentro de Motecuhzoma con Cortés en dicha calzada, convertida hoy en día en moderno viaducto en la actual ciudad de México. Alojados los españoles en los palacios reales de la ciudad, pudieron percatarse plenamente de la grandeza y poderío de ésta.

Su permanencia en la capital mexica tuvo un final trágico, debido al ataque por traición perpetrado por Pedro de Alvarado, estando ausente Hernán Cortés, durante la gran fiesta de Tóxcatl, que se celebró en fecha cercana a la fiesta de Pascua de Resurrección del año de 1520. Los textos indígenas que aquí se publican relatan este episodio con tal fuerza de expresión que bien parece un poema épico, especie de *Ilíada* indígena.

Cuando los españoles, en compañía de Hernán Cortés, que había regresado, decidieron escapar de la ciudad, perdieron más de la mitad de sus hombres, así como todos los tesoros de que se habían apoderado. Esta derrota sufrida por los conquistadores que trataban de huir de la ciudad por el rumbo del poniente, por la calzada de Tacuba, se conoce con el nombre de la "Noche Triste", del 30 de junio de 1520.

Los españoles fueron en busca del auxilio de sus aliados tlaxcaltecas y no fue sino hasta casi un año después, o sea el 30 de mayo de 1521, cuando pudieron dar principio a un asedio formal de México-Tenochtitlan. Para esto concentró Hernán Cortés más de 80 000 soldados tlaxcaltecas y reforzó sus propias tropas españolas con la llegada de varias otras expediciones a Veracruz. Además, desde el 28 de abril de ese mismo año había botado al agua 13 bergantines que jugarían un papel muy importante en el asedio de la isla.

Las crónicas indígenas hablan de la forma en que los españoles comenzaron a atacar la ciudad a partir del 30 de mayo de 1521. Refieren las diversas incursiones de esos hombres que en un principio habían sido tenidos por dioses, pero a los que al fin se les llamó *popolocas*, palabra con que designaban los nahuas a los bárbaros. Debido a que algunos de esos documentos indígenas fueron escritos por historiadores nativos de la sección norte de la ciudad, o sea del antiguo Tlatelolco, con frecuencia se pondera en ellos el valor de los tlatelolcas por encima del de los mismos mexica-tenochcas.

En las crónicas se habla también de la elección del joven Cuauhtémoc, que había sido escogido como gobernante supremo, ya que muerto Motecuhzoma, su sucesor el príncipe Cuitláhuac había también fallecido víctima de la epidemia de viruela que traída por los españoles causó tantas bajas entre los indígenas. Durante el reinado de Cuauhtémoc los hechos de armas se suceden unos tras otros y no puede negarse que hubo actos de heroísmo por ambas partes. Una vez más las crónicas indígenas vuelven a hablar con la elocuencia de un maravilloso poema épico. Por fin, después de casi 80 días de sitio, en una fecha 1-Serpiente, del año 3-Casa, que corresponde al 13 de agosto de 1521, cayó la ciudad de México-Tenochtitlan, y fue hecho prisionero el joven Cuauhtémoc. Lo que siguió a la Conquista lo relatan también las crónicas indígenas. Los "cantos tristes" que aquí se publican muestran el trauma que dejó en el alma mexica la destrucción de su ciudad y su cultura.

Tal es, en breve síntesis, la secuencia de los hechos que en este libro se presentan, desde el punto de vista de los vencidos. El estudio de las relaciones indígenas de la Conquista abre las puertas a posibles investigaciones de hondo interés histórico. Esta antología pretende ofrecer al lector contemporáneo uno de los más valiosos testimonios dejado por un pueblo que tuvo conciencia de la historia y del valor de sus propias creaciones culturales.

En la introducción general a esta obra se ofrece una breve descripción del origen de los documentos indígenas que aquí se publican, indicándose el sitio preciso en que actualmente se conservan. La traducción de los mismos, procurando ser lo más fiel posible, ha buscado también conservar su fuerza de expresión y su hondo dramatismo. Además del valor histórico de estas crónicas indígenas, se pretende poner de manifiesto su valor como obra literaria, capaz de transmitir un mensaje de profundo sentido humano y universal.

Referencias Bibliográficas

No pretendiendo ofrecer una Bibliografía de la Conquista, únicamente se mencionan aquí aquellas obras particularmente relacionadas con los textos publicados en este libro. Con un breve comentario se señalan primero las principales fuentes indígenas de las que proceden los documentos e ilustraciones incluidas en la presente obra. A continuación se presentan las correspondientes referencias bibliográficas acerca de las principales crónicas y relaciones escritas por los conquistadores, por frailes misioneros de los siglos XVI y XVII, así como por otros escritores coloniales y finalmente por autores modernos y contemporáneos. Siendo muy abundantes las obras, estudios y artículos escritos sobre la Conquista, se incluyen aquí tan sólo los de mayor importancia e interés para quien desee profundizar en este tema.

I. PRINCIPALES TEXTOS Y PINTURAS INDÍGENAS ACERCA DE LA CONQUISTA

Anales de México y *Tlatelolco*. Breve texto anónimo en náhuatl que abarca hechos acaecidos entre 1473 y 1521. Perteneció a Boturini. Se conserva actualmente en el Museo de Antropología de México. Forma parte de la colección *Anales antiguos de México y sus contornos*, compilados por José Fernando Ramírez. Existe la edición bilingüe (traducción muy deficiente de Porfirio Aguirre) publicada por Vargas Rea: *Qualli Amatl, Conquista de Tlatelolco*, México, 1950.

Anales tepanecas (México-Azcapotzalco) (1426-1589), traducidos del náhuatl por D. Faustino Galicia Chimalpopoca, en *Anales del Museo Nacional de México*, t. VII, sep. y dic. 1900, pp. 49-74. Contiene breves datos sobre la Conquista.

Atlas o *Códice de Durán*, en *Historia de las Indias de la Nueva España e Islas de Tierra Firme*, por fray Diego Durán, México, 1867-1880. Existe además otra edición dispuesta por Ángel Ma. Garibay, 2 vols., México, Porrúa, 1968.

Son 50 láminas pintadas en papel europeo por indígenas del siglo XVI. No obstante la influencia española en la técnica de las pinturas, conservan testimonios de documentos indígenas más antiguos. Se incluyen en este "atlas" o códice cinco láminas referentes a la Conquista, desde la llegada de los españoles por el mar hasta el asedio de la capital mexica.

Cantares mexicanos (Colección de Cantares Mex.), manuscrito del siglo XVI conservado en la Biblioteca Nacional de México. Reproducción facsimilar publicada por Miguel León-Portilla y José G. Moreno de Alba, México, UNAM, 1994.

Es éste uno de los más ricos repertorios de cantares en náhuatl. De él proceden algunos *icnocuícatl* acerca de la Conquista. El doctor Ángel Ma. Garibay K. publicó una selección de estos cantares, vertidos al castellano, en *Poesía indígena de la altiplanicie*, México, UNAM, 1940; 6ª ed.: 1992 (Biblioteca del Estudiante Universitario, 11). Otros varios han sido publicados también en la *Historia de la literatura náhuatl* del mismo autor, 2 vols. México, Porrúa, 1953-1954, así como en *La filosofía náhuatl estudiada en sus fuentes*, por Miguel León-Portilla, México, UNAM, 2006.

En 1957 publicó el Instituto Iberoamericano de Hamburgo la versión parcial al alemán dejada por el desaparecido Leonhard Schultze-Jena, *Alt-aztekische Gesänge*, en "Quellenwerke zur alten Geschichte Amerikas", Stuttgart, v. VI, 1957. Véase, además: Ángel Ma. Garibay K., *Poesía náhuatl*, vols. I-III, México, UNAM, Instituto de Investigaciones Históricas, 1964-1968.

CHIMALPAIN CUAUHTLEHUANITZIN, Francisco de San Antón Muñón, *Sixième et septième relations (1258-1612)*, traducido del manuscrito original y publicado por Rémi Siméon, París, Maisonneuve y Ch. Leclerc, 1889.

Chimalpain, descendiente de los señores de Amecameca y Chalco, escribió sus relaciones en náhuatl apoyándose en antiguos testimonios indígenas, a principios del siglo XVII.

Ofrece varios datos de importancia en relación con la Conquista y los hechos que a ella siguieron.

Códice Aubin (o de 1576), *Histoire de la nation mexicaine depuis le départ d'Aztlan jusqu'a l'arrivée des conquérants espagnols*, E. Leroix (ed.), París, 1893. Véase también *Colección de documentos para la historia mexicana,* publicados por Antonio Peñafiel, México, 1903. Existe edición preparada por Charles E. Dibble, Madrid, Chimaliztac, 1963.

Se trata de una recopilación de testimonios indígenas, textos y pinturas, desde la salida de los aztecas o mexicas de Aztlán, hasta bien entrada la época colonial. Contiene importantes datos acerca de la Conquista, como los referentes a la matanza del Templo Mayor.

Códice Florentino (ilustraciones), edición facsimilar, de Del Paso y Troncoso, vol. V, Madrid, 1905. Aunque en estas ilustraciones indígenas se percibe claramente la influencia técnica española, las pinturas son copia de otras más antiguas netamente indígenas, algunas de las cuales se conservan todavía en el *Códice Matritense del Real Palacio,* también editado facsimilarmente por Del Paso y Troncoso, Madrid, 1906.

Códice Florentino (textos nahuas de los informantes de Sahagún), libros I-XII e introducción, publicados por Dibble y Anderson: *Florentine Codex,* Santa Fe, Nuevo México, 1950-1982. El libro XII contiene el texto náhuatl de 1555 de los informantes de Sahagún acerca de la Conquista, con versión al inglés por los mencionados Dibble y Anderson. Hay asimismo versión al alemán de dicho texto preparada por Eduard Seler, en *Einige Kapitel aus dem Geschichteswerk des P. Sahagún aus dem Aztekischen übersetzt von…* [Herausgegeben von C. Seler-Sachs in Gemeinschaft mit Prof. W. Lehmann], Stuttgart, 1927.

La única versión directa y completa del náhuatl al castellano ha sido publicada por el doctor Garibay en *Historia general de las cosas de Nueva España*, por fray Bernardino de Sahagún, 4 vols., México, Porrúa, 1956. Véase t. IV, pp. 78-165. Existe reproducción facsimilar del *Códice Florentino*, publicada por el Archivo General de la Nación, 3 vols., México, 1979. Al igual que en el texto de 1528, los informantes de Sahagún, en su mayoría de Tlatelolco (por lo que toca a la Conquista), exaltan de manera muy especial, el valor y osadía de los tlatelolcas.

Códice Ramírez, "Relación del origen de los indios que habitan esta Nueva España, según sus historias", México, Editorial Leyenda, 1944. Este documento parece ser un resumen fragmentario de los testimonios indígenas allegados por el jesuita Juan de Tovar, durante el último tercio del siglo XVI.

Entre los fragmentos que en él se incluyen, hay textos de clara procedencia indígena acerca de la Conquista y vertidos al castellano. Debido a esto, puede considerarse, al menos en parte, como una fuente indígena.

Informantes indígenas de Sahagún, Historia de la Conquista (véase *Códice Florentino*).

IXTLILXÓCHITL, Fernando de Alva, *Obras históricas*, 2 vols., México, 1891-1892.

Hay nueva edición, *2 vols.*, dispuesta por Edmundo O'Gorman, prefacio de Miguel León-Portilla, México, UNAM, Instituto de Investigaciones Históricas, 1975-1977.

Ixtlilxóchitl, descendiente de la casa real de Tetzcoco, reunió numerosos documentos y pinturas indígenas para escribir en náhuatl, al menos en parte, sus relaciones y su *Historia chichimeca*. Hacia 1608, Ixtlilxóchitl sometió sus obras a la consideración del gobernador de Otumba y de otros varios ancianos indígenas, quienes, examinando pinturas y textos, fallaron que eran "muy ciertos y verdaderos". Como lo indica Garibay (véase *Historia de la literatura náhuatl*, t. II, pp. 308-313), en numerosos fragmentos de las obras de Ixtlilxóchitl "se trasluce el fondo del escrito en náhuatl".

Aun cuando Ixtlilxóchitl defiende la actitud de sus antepasados tetzcocanos, aliados de Cortés, puede afirmarse que los testimonios que aporta quedan muchas veces dentro del rubro general de *Visión de los vencidos*, porque, como se escribió en la "Introducción" de este libro, "si es cierto que los tlaxcaltecas y los tetzcocanos lucharon al lado de Cortés, no deja de ser igualmente verdadero que las consecuencias de la Conquista fueron tan funestas para ellos como para el resto de los pueblos nahuas: todos quedaron sometidos y perdieron para siempre su antigua cultura".

Lienzo de Tlaxcala, Antigüedades mexicanas, publicado por la Junta Colombina de México en el IV Centenario del Descubrimiento de América, 2 vols., México, Oficina de la Secretaría de Fomento, 1892.

Existe nueva edición con comentarios de Josefina García Quintana y Carlos Martínez Marín, México, Papel y Cartón, 1983.

Pintado el original y dos copias a mediados del siglo XVI, en la actualidad sólo se conoce otra copia muy posterior. Entre sus 80 ilustraciones o cuadros hay datos muy valiosos acerca de la Conquista, interpretada por los tlaxcaltecas, quienes querían así testificar la ayuda que habían prestado a los españoles.

Existe una descripción del lienzo escrita por Nicolás Faustino Mazihcatzin y Calmecahua, hacia fines del siglo XVIII: *Descripción del Lienzo de Tlaxcala*, con una nota de F. Gómez de Orozco, en *Revista Mexicana de Estudios Históricos*. Apéndice a los números 2 y 3 del t. I, pp. 59-88, México, 1927.

Manuscrito anónimo de Tlatelolco (1528), conservado en la Biblioteca Nacional de París. Forma parte de los llamados por Boturini *Unos anales históricos de la nación mexicana*. Edición facsimilar de Ernst Mengin, publicada en el t. II del *Corpus Codicum Americanorum Medii Aevi*, Copenhague, 1945. La traducción al castellano de la parte relativa a la Conquista que aquí se publica (capítulo XIV de este libro) fue preparada por el doctor Garibay e incluida primero como un apéndice en la edición de la *Historia* de Sahagún, t. IV, México, Porrúa, 1956, pp. 167-185.

De él existe asimismo una versión al alemán de Ernst Mengin publicada en el *Baessler Archiv*, t. XXII, cuadernos 2 y 3. De dicha versión al alemán procede la deficiente traducción castellana incluida en la Colección de Fuentes para la Historia de México, *Anales de Tlatelolco* y *Códice Tlatelolco*, México, Robredo, 1948 (reimpresión: 1982).

MUÑOZ CAMARGO, Diego, *Historia de Tlaxcala,* ed. Alfredo Chavero, México, Of. tip. de la Sría. de Fomento, 1892. Véase también la 6ª edición cotejada por Lauro Rosell con la copia existente en el archivo del Museo Nacional (México, 1948). Es esta obra, junto con el citado "Lienzo", el principal documento acerca de los tlaxcaltecas y de la Conquista vista por ellos.

Acerca de Muñoz Camargo, dice Beristáin en la *Biblioteca Hispanoamericana Septentrional* "Muñoz Camargo [D. Diego], noble mestizo tlaxcalteca, intérprete de los españoles y diligente investigador de las antigüedades de su patria. Nació [dice Torquemada] en los primeros años de la Conquista y murió muy anciano. Escribió la *Historia de la ciudad y república de Tlaxcala…*"

De la obra de Muñoz Camargo, que muestra los hechos y actitudes de los tlaxcaltecas, aliados de Cortés, cabe decir lo mismo que acerca de los escritos de Ixtlilxóchitl: aunque aliados de los españoles, los tlaxcaltecas sobrellevaron también la más trágica de las derrotas, al ver destruida su civilización y cultura antiguas.

TEZOZÓMOC, Fernando Alvarado, *Crónica mexicana escrita hacia el año de 1598,* ed. de Vigil, México, reimpreso por Editorial Leyenda, 1944.

———, *Crónica mexicáyotl,* paleografía y versión al español de Adrián León, México, UNAM, Instituto de Investigaciones Históricas, 1949 (reimpreso: 1975).

Ambas obras de suma importancia, escritas la primera hacia 1598 y la segunda a principios del siglo XVII, ofrecen datos tomados de manuscritos y pinturas antiguas por Tezozómoc, descendiente de nobles mexicas. Sin ofrecer una historia completa de la Conquista, proporcionan numerosos detalles acerca de la misma.

II. PRINCIPALES RELACIONES E HISTORIAS DE LA CONQUISTA ESCRITAS POR CONQUISTADORES, MISIONEROS Y OTROS INVESTIGADORES COLONIALES Y MODERNOS

ACOSTA, Joseph de, *Historia natural y moral de las Indias*, México, FCE, 1940. (En su presentación de los hechos de la Conquista sigue por lo general el texto de Tovar, *Códice Ramírez* y de fray Diego Durán, en su *Historia*.) Hay varias reimpresiones.

AGUILAR, fray Francisco de, *Historia de la Nueva España*, ed. Jorge Gurría Lacroix, México, UNAM, Instituto de Investigaciones Históricas, 1977.

AMAYA TOPETE, Jesús, *Atlas mexicano de la conquista*, México, FCE, 1958.

ARGENSOLA, Bartolomé Leonardo de, *La conquista de México*, México, Editorial Robredo, 1940.

BANCROFT, H. H., *The Conquest of Mexico*, Nueva York, 1883.

BRADEN, Charles S., *Religious Aspects of the Conquest of Mexico*, Duke University Press, 1930.

CASAS, fray Bartolomé de las, *Brevísima relación de la destrucción de las Indias*, introducción de Agustín Millares Carlo, México, FCE, 1975.

———, *Historia de las Indias*, ed. de Agustín Millares Carlo y estudio preliminar de Lewis Hanke, 3vols., México, FCE, 1965.

CERVANTES DE SALAZAR, Francisco, *Crónica de la Nueva España*, t. I, Madrid, Hauser y Menet, 1914. t. II y III, México, Museo Nacional de México, 1936.

CHAVERO, Alfredo, "Historia antigua y de la conquista", en *México a través de los siglos*, t. I, México y Barcelona, Ballescá, Espasa y Cía., 1887-1889.

CLAVIJERO, Francisco Javier, *Historia antigua de México*, 4 vols., México, Porrúa, 1945 (Colección de Escritores Mexicanos, 7-10). Existen numerosas reimpresiones.

Colección de documentos para la historia de México, recopilados por Joaquín García Icazbalceta, 2 vols., México, imprenta particular del editor, 1858-1866.

CONQUISTADOR ANÓNIMO, *Relación de algunas cosas de la Nueva España y de la gran ciudad de Temestitan México; escrita por un compañero de Hernán Cortés*, México, Edición Alcancía, 1938.

CONWAY, George Robert Graham, *La Noche Triste*, Documentos: Segura de la Frontera en Nueva España, año de 1520, México, Gante Press, 1943.

CORTÉS, Hernán, *Cartas de relación de la conquista de México* (Cartas y relaciones al emperador Carlos V), París, edición de Gayangos, 1866.

Existen otras varias ediciones más recientes: en *Cartas y relaciones de la conquista de América*, México, Editorial Nueva España, s. f. Hay una edición económica: Hernán Cortés, *Cartas de relación de la conquista de México*, 3ª edición, Argentina, Buenos Aires, México, Espasa-Calpe, 1957 (Colección Austral). Eulalia Guzmán inició la publicación de las mencionadas cartas. Véase *Relaciones de Hernán Cortés a Carlos V, sobre la invasión del Anáhuac*, aclaraciones y rectificaciones, por Eulalia Guzmán, t. I (Relaciones I y II). México, Libros Anáhuac, 1958. Edición dispuesta por Mario Hernández Sánchez Barba, México, Porrúa, 1963.

DÍAZ DEL CASTILLO, Bernal, *Historia verdadera de la conquista de la Nueva España*, 3 vols., México, Robredo, 1939. Véase además la edición preparada por J. Ramírez Cabañas, 2 vols., México, Porrúa, 1955. Hay otras ediciones.

DORANTES DE CARRANZA, Baltasar, *Sumaria relación de las cosas de Nueva España*, con noticia individual de los descendientes legítimos de los conquistadores y primeros pobladores españoles. Paleografiada del original por José Ma. de Agreda y Sánchez, México, Imprenta del Museo Nacional, 1902.

DURÁN, fray Diego, *Historia de las Indias de Nueva España e Islas de Tierra Firme*, 2 vols. y Atlas, publicado por José F. Ramírez, México, 1867-1880. Nueva edición a cargo de Ángel Ma. Garibay K., 2 vols., México, Porrúa, 1968.

FERNÁNDEZ DE OVIEDO, Gonzalo, *Historia general y natural de las Indias, Islas y Tierra Firme*, 4 vols., Madrid, 1851-1855.

GARIBAY K., Ángel Ma., *Poesía indígena de la altiplanicie*, México, UNAM, 1940, 6ª ed.: 1992 (Biblioteca del Estudiante Universitario, 11). Contiene varios *icnocuícatl*, "cantos tristes" de la Conquista.

————, *Historia de la literatura náhuatl*, 2 vols., México, Porrúa, 1953-1954. Incluye numerosos datos acerca de los textos indígenas sobre la Conquista, así como versiones de algunos de esos textos.

GÓMARA, Francisco López de (véase López de Gómara, Francisco).

HERNÁNDEZ, Francisco, *De Antiquitatibus Novae Hispaniae*, Códice de la Real Academia de la Historia en Madrid, edición facsimilar, México, 1926. Hay traducción castellana de J. García Pimentel, México, Editorial Robredo, 1945.

HERRERA, Antonio de, *Historia general de los hechos de los castellanos en las Islas y Tierra Firme de el Mar Océano*, edición que reproduce la española de 1726-1730, 10 vols., Asunción y Buenos Aires, Editorial Guaranía, 1945-1947.

ICAZA, Francisco A. de, *Diccionario autobiográfico de conquistadores y pobladores de Nueva España*, 2 vols., Madrid, Imp. El adelantado de Segovia, 1923.

ILLESCAS, Gonzalo de, *Un capítulo de su historia pontificial sobre la conquista de la Nueva España*, México, Editorial Robredo, 1940.

LEÓN-PORTILLA, Miguel, *La filosofía náhuatl, estudiada en sus fuentes*, México, Instituto Indigenista Interamericano, 1956. Se incluyen las más importantes secciones de los célebres "coloquios" entre los sabios indígenas vencidos y los doce primeros frailes venidos a Nueva España. Existen varias ediciones.

LÓPEZ DE GÓMARA, Francisco, *Historia de la conquista de México*, introducción y notas de Joaquín Ramírez Cabañas, 2 vols., México, Editorial Robredo, 1943.

MARTÍNEZ, Henrico, *Reportorio de los tiempos e historia natural de Nueva España,* México, SEP, 1948.

MÁRTIR DE ANGLERÍA, Pedro, *Décadas del Nuevo Mundo,* Buenos Aires, Editorial Bajel, 1944.

MENDIETA, fray Jerónimo de, *Historia eclesiástica indiana,* 4 vols., México, Editorial Salvador Chávez Hayhoe, 1945. Sólo contiene algunas referencias acerca de la Conquista.

MOTOLINÍA, fray Toribio de Benavente, *Historia de los indios de la Nueva España,* México, Editorial Salvador Chávez Hayhoe, 1941. Contiene menciones breves sobre hechos de la Conquista.

OROZCO Y BERRA, Manuel, *Historia antigua y de la conquista de México,* 4 vols., y Atlas, México, 1880. Nueva edición dispuesta por Ángel Ma. Garibay K. y Miguel León-Portilla, 4 vols., México, Porrúa, 1960.

PÉREZ DE OLIVA, Fernán, "Algunas cosas de Hernán Cortés y México", en *La conquista de México,* por Bartolomé Leonardo de Argensola, pp. 333-357, México, Editorial Robredo, 1940.

PRESCOTT, William Hickling, *History of the Conquest of Mexico,* ed. John Foster Kirk, Londres, Ruskin House, 1949. Edición en español dispuesta por Juan A. Ortega y Medina, México, Porrúa, 1974 (Sepan Cuantos, 150).

RICO GONZÁLEZ, Víctor, *Hacia un concepto de la conquista de México,* México, UNAM, Instituto de Historia, 1953.

SAHAGÚN, fray Bernardino de, *Historia general de las cosas de Nueva España,* ed. Bustamante, 3 vols., México, Imp. Alejandro Valdés, 1829-1930. Edición

Robredo, 5 vols., México, 1938. Edición Acosta Saignes, 3 vols., México, 1946. Edición Porrúa, preparada por el doctor Garibay, 4 vols., México, 1956. Existen numerosas reimpresiones, la más reciente basada en el texto en español del *Códice Florentino*, de Alfredo López Austin y Josefina García Quintana, 3 vols., México, Conaculta, 2000.

SOLÍS, Antonio de, *Historia de la conquista de México, población y progreso de la América Septentrional conocida por el nombre de Nueva España*, 2 vols., México, Imprenta de I. Paz, 1889-1895.

SUÁREZ DE PERALTA, Juan, *Tratado del descubrimiento de las Indias. (Noticias históricas de Nueva España)*, México, SEP, 1949.

Sumario de la residencia tomada a don Fernando Cortés gobernador y capitán general de la N.E. y a otros gobernadores y oficiales de la misma, paleografiado del original por el licenciado Ignacio López Rayón, 2 vols., México, Tipografía de Vicente García Torres, 1852-1853.

TAPIA, Andrés de, *Relación sobre la conquista de México*, en "Colección de Documentos para la Historia de México", publicada por J. G. Icazbalceta, t. II, México, 1866. Se incluye también en *Crónicas de la Conquista*, publicadas por Agustín Yáñez, 5ª ed., México, UNAM, 1993 (Biblioteca del Estudiante Universitario, 2).

TORQUEMADA, fray Juan de, *De los veintiún libros rituales y monarquía indiana*, 3 vols., fotocopia de la 2ª edición, Madrid, 1723.

Hay una nueva edición dispuesta por el Seminario a cargo de Miguel León-Portilla, 7 vols., México, UNAM, Instituto de Investigaciones Históricas, 1975-1983.

TOVAR, Juan de, S. J., *Historia de los indios mexicanos (Códice Ramírez)*, México, 1944.

VÁZQUEZ DE TAPIA, Bernardino, *Relación del conquistador...*, publicada por Manuel Romero de Terreros, México, Editorial Polis, 1939.

VEYTIA, Mariano, *Historia antigua de México*, 2 vols., México, Editorial Leyenda, 1944.

YÁÑEZ, Agustín (ed.), *Crónicas de la Conquista*, 5ª ed., México, UNAM, 1993 (Biblioteca del Estudiante Universitario, 2). Contiene íntegramente el "Itinerario de Juan de Grijalba", la "Relación de Andrés de Tapia", así como la crónica maya de *Chac-Xulub-Chen*. Ofrece asimismo algunas selecciones de las *Cartas de relación* de Cortés, y de la *Historia* de Bernal Díaz del Castillo.

ÍNDICE DE ILUSTRACIONES DOCUMENTALES

ÍNDICE GENERAL

Visión de los vencidos. Relaciones indígenas de la Conquista, editado por el Programa Editorial de la Dirección General de Divulgación de las Humanidades de la Coordinación de Humanidades de la UNAM, se terminó de imprimir el 14 de abril de 2020 en los talleres de Gráfica Premier, S.A. de C.V., 5 de Febrero 2309, Col. San Jerónimo Chicahualco, 52170 Metepec, Estado de México. Su composición se realizó en El Atril Tipográfico, S.A. de C.V., en tipos Goudy de 10:13, 9:11 y 8:9 puntos. La edición consta de 8000 ejemplares impresos en Offset sobre papel Snow Book de 60 gramos. Para los forros se utilizó cartulina sulfatada de 12 puntos. Estuvo al cuidado de Judith Sabines y Marcela Villegas.